社会语言学

汉韩语言接触研究

한한어언 접촉연구

以语音·词汇·语法 文字为中心

朴慶珍 지음

도서출판
신아사

머리말

나는 중국에서 언어학을 전공한 사람으로서 이 논문은 내 10년간의 시간과 노력을 증명해 내는 결과물이자 연구 업적이다. 한중 양국의 문화, 유교사상, 신화(神話), HSK연구 등 여러 방면의 논문을 써 왔지만, 언어학자로서 언어에 관한 논문은 다뤄보지 못했다. 이 서적은 한중언어의 접촉에 관한 사회언어학적 연구 논문으로서 "음운, 어휘, 문법, 문자"를 중심으로 지금까지 한중 양국의 두 나라가 문화교류를 이어오면서 상호간의 언어에 끼친 영향에 대해 연구하고자 한다. 지금까지 학계에서 발표한 논문들과는 차별성을 두어 쌍방향의 연구 구조 및 한중언어 연구에서 빈번하게 발생하는 부족한 부분들을 보완하였다. 이 논문이 언어학을 진공하고자 하는 학생들에게 언어 입문서의 역할이 되길 희망한다.

아름다운 얼음의 도시 중국 하얼빈에서의 유학생활은 내 인생에서 가장 값진 시간이었고, 오늘날 이 논문을 완성하기 위해 그동안 공부를 해온듯 하다. 지나간 세월을 돌이켜보니 포기하고 싶은 순간도 많았지만, 논문이 책으로 완성되는 날이 다가오니 감개무량하다. 흑룡강黑龍江 대학에서 좋은 스승을 만나 그분의 연구정신과 해박한 지식을 조금이나마 얻을 수 있었음에 감사하다. 나의 스승인 대소명戴昭铭 교수님의 빈틈없는 수업 방식과 세심한 지도로 논문의 주제 선택부터 논문의 반복적인 수정까지 나의 논문 지도를 위해 많은 심혈을 기울였다. 논문의 맥락부터 단어의 구두점까지 미세한 그 어디에도 대소명 교수님의 가르침을 빼놓을 수 없다. 나는 대소명 교수님의 가르침으로 결국 이 논문을 완성하였고, 훌륭한 나의 스승 대소명 교수님께 진심으로 경의와 감사를 표한다. 또한 나의 성장길에 버팀목이 되어주신 추소화邹韶华 교수님, 마표马彪 교수님, 은수림殷树林 교수님, 양화杨华 교수님께도 논문이 순조롭게 완성될 수 있도록 기반을 닦아 주셨음에 감사를 표한다.

끊임없는 지지로 대학원 생활을 원만하게 끝낼 수 있도록 도움을 준 동창 리우즈지엔刘子犍, 매번 지치고 힘들어 할 때마다 사랑과 격려로 감싸 안아 준 남편과

부모님, 백석대 임성규 교수님, 평택대 박윤옥 교수님께도 진심으로 감사하다는 말씀을 전하고 싶다.

끝으로, 그동안 편집과 교정 작업에 많은 도움을 주신 편집자님들을 비롯해, 이 논문을 흔쾌히 출간할 수 있도록 허락해 주신 도서출판 신아사의 정현걸 대표님께 이 자리를 빌려 진심으로 감사의 인사를 전하고 싶다.

2019년 무더위가 기승하는 여름
우렁찬 매미의 울음소리와 더불어
니시노미야키타구치西宮北口에서 박경진 씀

한글개요

한국과 중국 이 두 나라의 우의는 역사가 매우 유구하며, 두 나라는 수 천년의 긴 시간 동안 언어문화의 교류를 이어오고 있다. 그중 한국과 중국의 두 언어가 서로에게 미치는 영향은 절대적이다. 1992년 한중 수교 이후, 양국 간의 각 분야의 관계는 비약적인 발전을 이룩하였고, 텔레비전, 인터넷 등의 매체가 발달함에 따라 한국과 중국의 교류협력에 더욱 새로운 추진력을 일으켰다.

이 책은 한국어와 중국어의 특징을 결합하여 음운과 어휘, 문법, 문자 등 이 네 가지를 중점으로 한국어와 중국어가 서로에게 미치는 영향에 대해 분석하여 연구 과정 및 결과를 도출하였다. 이 책은 서론을 포함해 총 7개의 부분으로 구성된다.

서론에서는 이 책의 연구목적과 의의를 간략하게 서술하였고, 일반언어 교류 및 한중 언어교류에 관해 연구한 서적들을 종합하여 서술하였다. 또한 언어교류연구의 원인과 유형 및 한중 언어교류의 특징 등을 깊이 논구하였다. 제1장에서는 한국과 중국의 경제, 정치, 문화 등 여러 방면의 밀접한 관계에 대해 분석하였고, 양국 문화적 교류과정을 통해 한중언어가 서로에게 미치는 영향을 분명하게 밝히는 것에 목적을 두고 있다. 제2장에서는 한국어와 중국어 두 언어의 유형적 주요 특징에 대해 연구하고 있으며, 제3장과 제4장, 제5장, 제6장은 한국어와 중국어 두 언어가 서로 맞닿을 때에 반드시 상호 간의 필연적으로 발생할 수 있는 영향에 대해 분석하여 한중 두 언어의 음운, 어휘, 문법, 문자 등 방면에 미치는 영향에 대해 분별하고 논술한다.

이 책은 사회언어학 관점에서 한국어와 중국어의 언어접촉 문제에 대해 다루고 있으며, 이 새로운 시각은 이 책의 독창성을 확보하는 것에 큰 기여를 하였고, 지금까지 연구되거나 발표한 서적들을 바탕으로 연구의 차별성을 두어 독창성을 실현하였다. 이 책의 주요 독창성은 다음과 같이 정의한다:

1. 쌍방향 연구의 구조: 이 책에서는 중국어가 한국어에 미친 영향 외에, 한국어가 중국어에 미친 영향에 대해서도 연구하여 쌍방향의 연구 구조를 유지하고자 노력하였다. 하지만 지금까지 학계에서 발표한 연구 성과물들을 살펴보면 보편적으로 중국어가 한국어에 미친 영향에 대한 연구물들이 비교적 많아 한쪽 방향의 단조로운 연구로부터 조성되는 편면성과 국한되는 한계성은 피할 수가 없었다. 그렇기 때문에 이 책에서는 한국어가 중국어에 미친 영향에 대해 분석하고자 심혈을 기울였으며, 지금까지 연구되거나 발표된 다른 한중 언어교류 연구에 대한 논문에서 빈번하게 발생하는 부족한 부분 및 필요한 부분들을 보완하였다.

2. 우리는 한중 언어교류의 연구결과에 대한 고찰을 통해 학계가 지금까지 중국어가 한국어의 음성 방면에 미친 영향을 중점으로 연구했다는 사실을 깨달았다. 이에 비해 중국어가 한국어의 문법 및 문자 방면에 영향을 미쳤다는 것에 관한 자료는 비교적 적으며, 또한 이에 대한 연구를 심도 깊게 파고들지 않아 연구내용이 전면적으로 현저히 부족하다는 것을 알 수 있다. 이 책은 어법 및 문자를 중점으로 한중언어 교류문제에 대한 심층 분석과 연구를 진행하였으며, 본 연구의 내용 및 연구 각도를 더욱 광범위하게 다원적으로 연구하여 지금까지 학계에서 발표한 연구성과물의 부족했던 부분들을 보완하였다.

현재 한반도가 남한과 북한으로 인해 분단되는 상태에 이르렀지만, 저자는 한국인으로서 이 책에서 연구하고자 하는 언어를 한국어라 칭한다. 비록 이 한국어가 남한과 북한이 역사적으로 의견을 통일해서 사용하고 있는 같은 조선어라 하지만, 북한에서 사용하고 있는 조선어는 이 책 내용에서 제외되어 있다는 것을 거듭 강조한다.

키워드 : 언어 접촉; 중국어; 한국어; 한자; 영향

中文摘要

中韩两国的友谊源远流长,有数千年的语言文化交流历史。其中汉韩语言接触的影响极为深巨。1992年两国建交后,在各领域的合作更取得了长足发展,随着电视、互联网等媒体的发达,更对汉韩两语的接触产生了新的推动。

本文结合汉语与韩语的特点,试图从语音、词汇、语法及文字等四方面对汉韩语言接触的过程和结果问题进行详细的考察与分析。包括绪论,本文总共分为七个部分。

绪论简述本论文研究的目的和意义,综述一般语言接触及汉韩语言接触研究的文献,并探讨语言接触研究的原因和类型及汉韩语言接触的特点。第一章对中韩两国的经济、政治、文化等诸多方面的密切关系进行分析,目的在于通过探讨中韩两国在文化上的交流过程展示汉韩语言接触的背景。第二章对汉韩两语类型学上的主要特点进行研究,进而揭示语言里面蕴涵着的两国文化源流和文字的起源构成的共性。第三章、第四章、第五章、第六章对汉韩语言接触必然会出现的语言之间的相互影响进行考察与分析,分别阐述中韩两语在语音、词汇、语法、文字等方面影响的结果。

本文从社会语言学的角度对汉语与韩语中的语言接触问题进行调查分析,有自己独到的贡献,在继承前人研究成果的基础上实现了创新。主要贡献在于:

1. 双向研究的架构:除了汉语对韩语的影响外,也研究韩语对汉语产生的影响,避免了单纯从一个方向研究造成的片面性和局限性。前人研究关于汉语对韩语影响的成果比较多,本文以一定篇幅致力于韩语对汉语影响的发掘和分析,弥补了以往汉韩语言接触研究中存在的一项空白。

2. 通过对汉韩语言接触研究成果的考察，我们注意到学界关于汉韩语言接触的研究主要集中在汉语对韩语语音方面的影响，相比之下，关于汉语对韩语语法、文字方面接触的文献较少，且不够全面不深入。本文从语法及文字等方面对汉韩语言接触问题进行重点研究，使研究内容更广泛，研究角度更多元，从而弥补了以往研究中存在的不足。

由于朝鲜半岛南北两方处于分治状态，本人为韩国人，本文所称的韩语，也包括历史上全半岛统一使用的朝鲜语，但不包括目前半岛北部使用的朝鲜语。特此说明。

关键词：语言接触；汉语；韩语；汉字；影响

日本語概要

韓国と中国、この両国の友情は歴史的に非常に悠久であり、両国は数千年の長い間言語文化の交流を続けている。そのうち韓国と中国の二つの言語が互いに及ぼす影響は絶対的である。1992年の韓中国交正常化の後、両国間の各分野の関係は飛躍的な発展を成し遂げ、テレビ、インターネットなどの媒体が発達することにより、韓国と中国の交流協力にさらに新しい推進力を起こした。この本は韓国語と中国語の特徴を結合して音韻や語彙、文法、文字など、この四つを重点に韓国語と中国語がお互いに及ぼす影響について分析して研究過程及び結果を導出した。この本は序論を含め、7つの部分で構成される。序論では、この本の研究目的と意義を簡略に記述し、一般言語交流および韓中言語交流に関して研究した書籍を総合して記述した。また、言語交流研究の原因と類型および韓中言語交流の特徴などを深く論究した。第1章では、韓国と中国の経済、政治、文化など様々な方面の密接な関係について分析し、両国の文化的交流の過程を通じて韓中の言語が互いに及ぼす影響を明らかにすることに目的を置いている。第2章では、韓国語と中国語、両言語の類型的な特徴について研究しており、第3章と第4章、第5章、第6章は韓国語と中国語、両言語があった時、必ずしも相互間の必然的に発生しうる影響について分析して、韓中二つの言語の音韻、語彙、文法、文字などに及ぼす影響について分別して論述する。この本は社会言語学の観点から韓国語と中国語の言語接触問題について取り扱っており、この新しい見方は、この本の独創性を確保することに大きく寄与し、これまで研究されたり、発表された書籍をもとに研究の差別化をはかり独創性を実現した。本書の主要な独創性は次のようである。

1. 両方向研究の構造：この本では中国語が韓国語に及ぼした影響のほか

に、韓国語が中国語に及ぼす影響についても研究して両方向の研究の構造を維持しようと努力した。しかし、これまで学界で発表した研究をみると、普遍的に中国語が韓国語に及ぼした影響に対する研究が比較的多く、韓国語が中国語に及ぼす影響についての研究はわりあい少なかった。そのためこの本では、韓国語が中国語に及ぼした影響について分析するために力を入れており、これまで研究されたり発表された他の韓中言語交流研究に関する論文で頻繁に発生する足りない部分や必要な部分を補完している。

2. 私たちは韓中の言語交流の研究に対する考察を通じて学界がこれまで中国語が韓国語の音声方面に及ぼした影響を重点に研究したという事実がわかった。これに比べて、中国語が韓国語の文法や文字の方面に影響を及ぼしたということに関する資料は比較的少なく、またこれに対する研究を深く取り組まず、研究内容が不足していることが分かる。この本は語法および文字を重点とし、韓中言語交流問題に対する深層分析と研究を進め、本研究の内容および研究角度をより広範囲に多元的に研究し、これまで学界で発表した研究の足りない部分を補完した。

現在、韓半島が韓国と北朝鮮によって分断されている状態であるが、著者は韓国人としてこの本で研究しようとする言語を韓国語と称している。たとえ韓国語が韓国と北朝鮮が歴史的に意見を統一して使っている同じ朝鮮語であるが、北朝鮮で使っている朝鮮語はこの本の内容から除外されていることを重ねて強調する。

キーワード: 言語接触 ; 中国語 ; 韓国語 ; 漢字 ; 影響

Abstract

Language is an important tool for communication and exchange between nations and ethnic groups. There is a long history of exchanges between China and South Korea in various fields, especially the mutually impacts in terms of language. The significant developments of cooperation in many areas have been made between the two countries since 1992, when the establishment of diplomatic relations built. Along with the development of thc media industry such as TV and Internet, it has brought new impacts on the contact between Chinese language and Korean language.

This paper attempts to make detailed investigation and analysis of the process and result of the languages contact between China and Korean in terms of voice, vocabulary, grammar and text based on the characteristics of Chinese and Korean. Including the introduction, this article is divided into seven parts.

The introduction briefly describes the purpose and significance of this paper that summarizes the literatures on general language contact and Sino Korean language contact researches, and it also discusses the causes and types of language contact rescarch and the characteristics of language contact between Chinese and Korean. The first chapter analyzes the close relationship on economy, politics and culture between the two nations. It is to reveal the background of Sino Korean language contact through exploring the cultural exchange process. The second chapter aims on the main characteristics of the two languages as well as reveals the commonalities of the two cultures and the composition of the characters. The rest parts show that the interaction between Chinese and Korean language contact and attempt to explain the influence of the two languages mutual effects on pronunciation, vocabulary, grammar and text.

This paper tries to investigate and analyze the problem of language contact between Chinese and Korean from the perspective of sociolinguistics, and it has its own unique contribution, which has achieved innovation on previous researches achievements. The main contributions are:

1. The two directions structure of research: It is not only a study on the influence of Chinese on Korean but it also studies the other effects from Korean on Chinese. It could avoid the bias and limitation caused by single direction research. Moreover, this article also aims to explore and analyze the influence of Korean on Chinese in a certain length of time, making up for a gap in previous studies which mostly focused the direction from Chinese on Korean.

2. However, the previous researches mainly focus on the influence of the Chinese, the Korean phonetic comparison, literature on Chinese grammar and less on the Korean language study of language contact and not overall depth. This paper could fix on the issue of language contact between Chinese and Korean from the aspects of grammar and text. The results of the study of Chinese and Korean language contact could extend relevant researches in order to make up for the shortcomings in previous studies.

The limitation by the political statement of Korean peninsula, the paper just referred to citizen of Republic Korean with all usage of language in peninsula through pass the history except present usage of language in the region of Democratic people´s Republic of Korean, is hereby.

Keywords: language contact; Chinese; Korean; Chinese characters; Influence

目 录

第一章 中韩两国交流简史

第二章 汉语与韩语各自的特点

第三章 汉韩语言接触在语音方面的影响

第四章 汉韩语言接触在词汇方面的影响

第五章 汉韩语言接触在语法方面的影响

第六章 汉韩语言接触在文字方面的影响

Contents

社会语言学

汉韩语言接触研究

– 以语音、词汇、语法、文字为中心

绪 论

第一节 目的和意义

各国各民族之间的接触和交流离不开语言这一重要的交际工具。中韩两国自古以来就有频繁的接触和交往, 友好交往历史悠久。中国的汉字是世界上最古老的文字之一, 是中国文化的载体。历史上的韩国也曾经使用汉字。虽然两个国家汉字发音不同, 但彼此之间有很整齐的对应规律, 而且这种规律在两个国家的汉字音之间一直存在着。两国在相互交往中, 中国汉字传至韩国, 对韩语产生了重大而深远的影响, 使韩语在语音、词汇、语义、语法等方面都发生了变化。现代年轻人不太理解汉字的内涵, 但是大多老年人对汉字有较多的了解。在他们的时代, 通过电视或报纸等媒体, 比较容易接触到汉字。至今, 韩国人在给孩子起名字时仍很重视名字里包含的汉字含义, 在韩国身份证上, 用汉语繁体字写着名字, 而且在韩国家人关系证明书上, "爸爸"标记为汉字"父", "妈妈"标记为汉字"母"。现代韩国人在日常生活当中还能接触到中国的汉字。另外, 1992年中韩建交以后, 中国和韩国之间的接触和交往日益频繁, 中国也和韩国一样通过电视或互联网等媒体, 接触到更多的韩国文化, 同时当代中国人在日常生活当中还能接触到"思密达(습니다 ; 尊敬阶终结词尾)、欧巴(오빠 ; 哥哥)、欧尼(언니 ; 姐姐)、亲故(친구 ; 朋友)"等的韩语。

本文主要研究汉韩两个民族由于文化交流中相互接触而引起的语言接触。本文结合汉语与韩国语言各自的特点, 试图从语音、词汇、语法及文字等方面对汉韩语言接触的过程和结果问题进行考察与分析。

笔者的研究思路是 : 首先对中韩两国的经济、政治、文化等诸方面的密切关系进行分析，并对中韩两国的文化交流历史和文化交流历史中相互的影响进行探讨。其次，对汉韩两语类型学上的主要特点进行研究，进而得出语言里面蕴涵着的两国文化和两国文字的起源及构成方法。然后，对中韩不同语言的接触必然会出现的语言之间的相互影响进行考察与分析，进而得出汉韩两语在语音、词汇、语法、文字等方面产生的影响。

笔者选择这篇论文的原因是：尽管有关汉韩语言研究或汉韩语言比较的已经有了很多优秀的研究成果，但以往的研究主要集中在对照汉语和韩语，寻找两语的共同点和不同点，而且对于与汉韩语言之间接触影响，研究成果还不够完善，特别是对于汉语对韩语语法方面影响的分析和韩语对汉语影响的分析，由于前的研究成果尚未完备，缺乏汉语对韩语语法方面影响和韩语对汉语语音、词汇、语法、文字方面影响的分析的依据。因此，笔者认为把汉韩语言接触的主题进行研究是具有独创性、有价值的研究。

本文的研究对象是汉韩语言之间接触的影响，运用包括汉韩语言方面的材料、汉俄语言接触、汉日语言接触的文献材料，把现象投射在汉韩语音、词汇、语法、文字中，通过纵横的比较，相信笔者的研究可以得到比较完善而可信的结果。

本项研究的意义在于从理论上说，有助于语言接触理论的研究与发展，从应用上说，本研究成果有利于对韩汉语教学。

第二节 文献综述

一、关于一般语言接触的研究

语言接触研究直至20世纪中期才成为一门独立的学科，当时的研究缺乏系统性和全面性。19世纪欧洲的殖民主义扩张促进了世界各地的军事、文化、贸易等方面的交流，促进了语言接触的发生和发展。语言接触中的借用问题研究不仅没有被忽视，相反却一直受到历史比较语言学的重视。从19世纪中期直至20世纪上半叶，学界对克里奥尔语进行了研究。如奈穆(A.V.name)在1869-1870年间发表的文章《克里奥尔语言语法》；德国语言学家舒哈特(H.Schuchardt)于1880-1914年间发表了大约40篇关于皮钦语和克里奥尔语的论文；还有阿斯科里(G.I.Ascoli)、黑瑟林(D.C.Hesseling)、房德里耶斯(J.Vendryes)、叶斯柏森(O.Jesperson)等语言学家对混合型语言的研究也都做出了很大贡献。[1] 此外，鲍阿斯(F.boas)、梅耶(A.meilet)、萨丕尔(E.Sapir)、马丁内(A.martinet)、魏茵莱希(U.Weinreich)等语言学家，从语言内部结构的角度讨论了语言的接触。[2] 1953年纽约语言学界出版了魏茵莱希的(U.Weinreich)《语言接触：发现与问题》，50年代至60年代期间出版了他的多本关于语言接触的著作。[3] 此时，语言接触研究开始日趋成熟。到了20世纪60、70年代，有关语言接触的研究流行于欧美，更多的语言学家开始研究本国的语言接触现象，语言接触研究成为一个重要的研究领域。20世纪90年代，国际语言学界成立了“语言接触研究协会”并每年召开一次会议，对世界各地的语言接触新问题进行讨论研究。[4]

20世纪90年代起，语言接触研究得到广泛的重视，面貌大为改观。如1990年卢卓群发表了《语言接触的文化背景》；1996年陈保亚发表了《论语言接触与语言联盟》；2000年余志鸿发表了《语言接触与语言结构的变异》；2004年吴安其发表了《语言接触对语言演变的影响》；2007年彭嬿发表了《语言接触研究述评》；2007年胡慧发表了《语言接触、中西文化交融与和谐文化建构》；2010年李香玲发表了《语言接触与文化融合交织出和谐文化》；2012年邹晓玲发表了《语言接触：一个多维度的分析路径》；2012年张嘉星出版了《汉语与亚洲、欧洲语言的接触与交流国际学术研讨会简述》；2013年赵江民出版了《试论语言接触的语外和语内

1 奥丽佳. 汉俄语言接触研究[D]. 黑龙江大学, 2012.

2 彭嬿. 语言接触研究述评[J]. 新疆大学学报(哲学社会科学版), 2007, (2).

3 奥丽佳. 汉俄语言接触研究[D]. 黑龙江大学, 2012.

4 徐来娣. 汉俄语言接触研究[M]. 黑龙江人民出版社, 2007.

因素是如何激发和促进语言之间相互接触的》。

关于语言接触的相关理论问题，学界主要从语言接触的定义、分类、范围及文化等角度展开研究的，其中有的研究将语内和语外因素相结合，有的学者对语言接触问题进行了综述，具体如下：

陈保亚(1996)把语言的接触分为自然接触和非自然接触两类。他认为，自然接触是指在同一空间不同语言的相互接触，如汉语和少数民族语言在相同地区进行的接触；非自然接触是指在不同的空间通过文字的传播或文献翻译展开的语言接触，如隋唐时代日语和中国北方汉语的接触等等。

彭嬿(2007)对语言接触研究进行了述评，该文根据国内外语言接触研究现状，从语言接触有界还是无界、语言接触是否会产生系统的同构和对应以及语言接触的决定性因素是社会因素还是结构因素等三个根本问题方面介绍了国内外学者的观点，并重点介绍了陈保亚的观点：语言接触涉及到词汇、语音，甚至语法，变异的“度”由结构因素决定；社会因素决定接触的深度；结构因素决定了同构和对应的产生。

胡慧(2007)从中西文化交融角度研究了语言接触问题。该文认为，一个民族的语言只有通过与其他民族语言的接触，不断地从中借用、吸收有机的成分，才能保持旺盛的生命力。语言是文化的载体，一个民族的文化也只有借助本民族语言与其他民族语言的接触，才能跟其他民族文化进行交流，才能丰富和发展。通过语言接触与文化交流，可以找到中西文化的最佳契合点，使之珠联璧合、水乳交融，从而建构和谐文化，为建立和谐社会铺平道路。

卢卓群(1990)从文化背景角度论述了语言接触问题。该文认为，不同的民族语言相遇，互相发生影响，这就是语言接触。语言接触是为了交际和交流思想。在语言接触的过程中，出现了语言的夹杂或混用现象，形成了语言接触的亢奋状态。语言的夹杂为语言融合创造了条件。混用现象的代表是“洋泾浜语”，它是一种辅助性的交际工具，是语言接触的极度亢奋状态。语言接触是动态的，如果“洋泾浜语”发展成为一种独立的有体系的语言，即“克里奥尔语”，这就成为静态的了，它属于“语言融合”讨论的问题。了解对方的文化背景，是语言接触达到语言理解的极其重要的方面，有时直接影响到能否正确地理解其语言，以及理解的深度与广度。

李香玲(2010)从文化融合角度论述了语言接触问题。该文认为，文化寓于语言，语言折射文化，语言与文化不可分离。语言接触的过程就是文化融合的过程。文化接触的过程是促进语言深层接触甚至语言融合的过程。语言接触和文化融合在构建和谐文化中具有不可忽视的重要作用。基于语言接触与文化融合的和谐文化是一种语言文化双和谐的优秀文化。

赵江民(2013)以新疆少数民族语言与汉语言接触为例，从语言接触理论出发，以历时的视角探讨了语外和语内因素是如何激发和促进语言之间相互接触的，目的是强调社会功能和语言思维对语言接触的制约作用。从语外因素和语内因素的结合来看，语言接触是语言作为文化载体和思维工具发展的必然。赵文认为，语言接触是指因为社会生活的需要，不同民族、不同社群之间的语言碰撞；亦指不同语言在双语使用者大脑中的相互影响。导致语言接触的基本因素是文化差异和语言发展，即不同文化的相互借鉴和吸收，语言诸要素发展的不平衡所导致的相互借代和影响。前者属于语外因素，后者属于语内因素，语外因素和语内因素在语言接触中并非完全各行其是、自我发展，而是相互交叉、相互作用。

邹晓玲(2012)认为，语言接触指不同语言之间的直接或间接的相互接触现象。语言接触研究又称接触语言学，其涵盖的范围较广，大致包括如下两方面：第一，语言现象的描写及其原因阐释。对语言接触背景下语言成分的借用、混合、分化、融合，语场的升降、语言使用范围的变化、语码转换、双语现象、语言冲突等进行如实的记录和描写。第二，语言问题的解决。在充分描写和分析各种语言现象的基础上，针对语言接触所出现的问题提出解决的方法，包括语言政策的制定、语言规划、语言资源的处理等。就学术意义而言，语言接触作为一个多维度的分析路径，其研究的开展有助于拓展语言接触学研究，有助于语言学及与语言学相关学科的研究领域向纵深方向的发展。就现实意义而言，语言接触研究能增进大众对语言间的影响、语言变异、语言演变等语言现象的理解，能正确理解语言演变的历史性和连续性、掌握语言发展脉络、构拟原始语言和底层语言、预测语言未来、明晰语言关系、规范语言使用、合理地利用国家的语言资源、促进语言的和谐。就语言接触的研究现状来看，社会语言学、民族语言学、方言学、人类语言学、心理语言学里有关语言接触的研究成果已呈现出一种多功能多维度的分析路径，然而，由于学科背景及研究方法的不同，研究侧重点也有所不同。

二、关于汉语与欧洲、亚洲语言接触的研究

中国的语言接触研究是从上世纪30、40年代开始的，到20世纪50年代中期语言调查已经很重视语言间的互相影响，如1958年高名凯出版的《现代汉语外来词研究》一书。此外，美国、德国、法国、俄罗斯、日本、韩国、蒙古、泰国、越南等语言学家也都发表了多种语言方面的论文，20世纪90年代起，汉外语言接触研究得到广泛的重视，面貌大为改观。如首先从研究汉语在欧洲的语言接触方面看，1991年刘先刚发表了《从汉英特点看一般科技资料的英译》、1994年贾秀英；孙福兰发表了《汉法省略句初步对比》、1995年钱文彩发表了《汉德语言对比(一)汉德音位对比之管见》、1996年周志远发表了《汉语与汉民族的观念——从汉英语言的对比说起》、1999年庄敏发表了《汉英语言的某些差异比较》、2002年李发元发表了《试论东西方哲学差异对语言的影响——以汉俄语言为例》、2002年司显柱 发表了《关于汉英语言结构比较研究的思考》、2007年徐来娣《汉俄语言接触初探》、2009年白杨发表了《语言接触与语言变化的社会—心理语言学研究——以汉英语言接触产生的网络语言为例》、2010年山东大学博士田宇发表了《汉语形谓句与法语相应句式的对比》、2012年王勇发表了《浅谈汉德语言中主客观思维方式对于翻译表达的影响》、2013年奥丽佳发表了《汉俄语言接触研究》、2014年胡兴莉发表了《汉语对英语影响的研究：语言接触视角》、2016年冯丽娟发表了《英汉语言的接触与现代汉语词汇的变化研究》。其次，从研究汉语在亚洲的语言接触方面看，1993年王诗荣；秦礼君发表了《汉日语法比较研究刍议》、1998年谭志词发

表了《论汉语语音对越南语语音的影响》, 1998年谭志词又发表了《汉语汉字对越南语言文字影响至深的原因初探》、2002年张晓曼发表了《试论中韩语言的接触》、2003年李剑冲发表了《汉蒙语言人称代词对比分析》、2007年申东月发表了《汉日语言接触对日语辅音系统的影响》、2008年王津京《现代汉蒙语言名词比较研究》、2009年王晓发表了《从语言接触的角度分析当代汉语中的日语借词》、2010年杨亚萍《汉越语言接触及对对越汉语教学的启示》、2012年覃静发表了《从泰汉词汇里的汉借词看汉泰语言接触》、2015年李清萍发表了《从语言接触角度考察汉语中的日语借词》、2016年何佳发表了《从语言接触角度研究汉语中的日语借词》, 使人们开始认知从理论上探讨语言之间相互影响问题的重要性。

三、关于汉韩语言接触的研究

语言接触研究已经进入了繁荣时期, 最近十多年汉韩语言接触的现象也引起了现代语言学家的注意, 汉韩语言接触研究得到广泛的重视, 面貌大为改观。如1991年许壁发表了《朝鲜语中的汉字词——论汉语和日本语对朝鲜语的影响》; 1999年朴钟锦发表了《汉语言文字的传播及其对韩语言文字的影响》; 2002年张哓曼发表了《试论中韩语言的接触》; 2003年韩国博士生任少英发表了《韩汉声韵比较》; 2003年申东月从语音方面论述了《汉字音对韩国语辅音系统的影响》; 2004年张晓曼又发表了《试论中韩语言接触及中韩音韵关系》; 2005年申东月又从元音方面研究了《汉语对韩语的影响》, 文章从汉语与韩语的长期接触使中世纪韩语书面语中产生声调的对立入手, 进而阐明了汉语使现代韩语产生了长短元音的对立; 2005年文美振发表了《从语言接触看汉语成语对韩语与其成语的影响》; 2008年硕士生朴原熙发表了《汉韩语音对比与汉语语音教学研究》, 采用韩汉语语音对比研究的方法, 对韩汉语的语音作了声母与韵母的详细对比; 2009年韩国博士生韩江玲发表了《韩国汉字和汉字词研究》; 2010年朴锦海《从语言接触看汉语对朝鲜语的影响》; 2011年赵杰发表了《语言接触与推挤式义变—

—论汉语对朝鲜语、韩国语持久影响的语义消化规律》；2012年鲁昀发表了《汉语国际推广视角下的中韩语音对比研究》；2013年吴倩发表了《汉韩韵母对比分析及对韩汉语韵母教学研究》；2015年杨丹发表了《韩语汉字音和汉语的语音比较》；2017年王金玲发表了《语言接触视角下的韩汉同形异义词研究》。

关于汉韩语言接触的相关研究，学界主要从音韵关系角度进行，将共时和历时研究相结合，包括汉语对韩语辅音系统、元音系统、声调、词汇及声韵对应规律等方面的研究。少数学者从文化交流和语义接触等方面探讨了汉韩语言接触问题，并指出研究语言接触问题的应用价值。具体如下：

申东月(2003)从语音方面论述了汉字音对韩国语辅音系统的影响，该文在论述韩国语辅音系统中是否存在送气不送气音位对立问题的基础上，提出古代韩语系统中只有送气不送气的音位变体并无音位区别的观点：喉音[h]具有使跟它相连的塞音和塞擦音[p] [t] [k]及[ts]变为送气音音位变体的功能。这些音位变体在汉字音的同化下，最终独立为一套音位。而[h]本身则由原来的双向对立变为单向对立。我们认为，该文的创新之处是将汉字的引入跟辅音送气不送气对立的确立以及/h/音位的变迁联系起来考察。

申东月(2005)又从元音方面研究了汉语对韩语的影响，文章从汉语与韩语的长期接触使中世纪韩语书面语中产生声调的对立入手，进而阐明了汉语使现代韩语产生了长短元音的对立。

申东月(2011)将汉语对韩语的影响扩展到语言结构方面，从内因和外因方面来进行研究，该文认为，汉语对韩语影响的主要表现有三方面：第一，古代韩语辅音系统中，本来没有送气不送气的对立，但这些音位变体在汉字音的同化下，最终独立为一套音位，因为在韩语中有送气化功能的[h]；第二，古代韩语本是无声调语言，汉语使中世韩语书面语中产生了声调，后来由于声调没有语言基础就不得不消失；第三，在现代韩语中声调消失了，但根据固有语言内部需要同时又衍生出了长短音的超音段音位，从而使韩语的音节结构发生了巨大的变化。

张晓曼(2002)认为语言之间的接触，像民族之间的贸易往来、文化交流、移民杂居、战争征服等等，都必然会引起语言的接触。这种接触常常在语言中造成外来成分的借用。反之，也可以此窥见文化之间的交流。韩国语言中有这样丰富的汉字音和汉字词，就是由于这种非自然的语言接触而产生的。作者同时认为，语言的非自然接触与文化上的接触有着密切的关系。一般来说，具有优势文化地位的语言会向其他代表非优势文化的语言输出借词，从而形成语言上的"占优势或主导地位"和"占劣势"的分别。在亚洲历史上，汉民族曾经拥有最发达的民族文化，因此汉语也成为这一时期亚洲地区"占优势或主导地位"的语言。张晓曼(2004)又从中韩两语音韵关系角度来论述汉韩语言的接触情况，该文进行的中韩语言比较研究及中韩音韵关系研究对语言学的理论发展是有价值的。

任少英(2003)对汉韩语声韵的对应规律进行了共时与历时相结合的比较研究，旨在通过两国汉字音的中古音和现代音的比较，找到韩国汉字音、中古汉语和普通话之间的声母、韵母的对应规律以及例外的情况。为了分析两国中古汉字音的对应关系，该文首先比较了朝鲜时代的韩国汉字音以及中古汉语，然后比较了两国现代的汉字音，分析了中古时期两国声母体系以及现代两国声母体系的对应情况；在两国韵母比较方面，介绍了汉语中古音韵母体系和朝鲜韩国汉字音的韵母体系以及普通话韵母体系和现代韩国汉字音的韵母体系，分析了中古十六摄在两国汉字音里对应的情况。该文中反映出的规律有助于两国语言学习者更好地认识到对方和自己语言的差别，又可以了解相互间的对应规律，容易理解两国语音对应的例外情况，对于韩国人学习普通话尤为重要。

崔玉波(2007)指出，由于韩国语从汉语中传入了大量的汉字词，因此这两种语言的语音存在颇多相同和相似之处：一方面，两种语言的语音系统对应得比较整齐；另一方面，有很多意义相同或相近的词语发音也相同或相近。语音上的对应为韩国学生学习汉语语音提供了便利，但同时，又对此产生了相当强的干扰。该文通过汉韩语音的对比和对汉字音的分析指出了导致韩国学生汉语语音偏误的原因，并由此提出了有效的纠偏方法以提高对韩汉语语音教学的效果。

朴原熙(2008)采用韩汉语语音对比研究的方法，对韩汉语的语音作了声母与韵母的详细对比，为找出韩汉语语音之间的差异和一致性及对应的规律性，做了一个以韵母为主的声母和韵母排列的音序表，深入探索和比较了中韩汉字音在应用方面的特征。该文不仅可以增强人们对汉韩语音的全面了解，更有助于两种语言教与学的相互借鉴；该文的调查结果可以应用在汉语教学方面，对其他外语学习也有很好的借鉴作用，在汉字文化圈内不同语言之间的汉字音比较研究中有重要的应用价值。

鲁昀(2012)讨论了汉语国际推广视角下的中韩语音对比，从历史上中韩语言的接触入手，主要概括了韩国古代汉语教育情况，并对中韩音韵关系进行了简单的概述。通过现代中韩对比研究，比较系统地对中韩声母系统、韵母系统以及声调问题进行了论述，通过图表形式对中韩声母系统、韵母系统以及声调问题进行了对比分析。最后，对韩国留学生在学习汉语过程中的语音偏误进行了分析，通过大量数据和图表形式，对韩国留学生在声母、韵母及声调等方面出现的偏误进行了详细的分析。

赵杰(2011)通过对汉韩语中汉字词和固有词的多方接触样态的分析，找到了语义接触的一些鲜为人知的规律，其中最重要的是语义接触的推挤式义变，这是前人的语言接触研究中所没有系统论证过的：汉字词语义通过"推链"的方式(方法论)不断排挤弱势的受影响语——韩语固有词语义，使其被冲挤到边边角角，这是一种典型的"推挤式义变"，这种义变模式是语言接触和强势语影响弱势语的一种普遍规律，具有极重要的典型意义，也是汉语影响朝鲜语、韩国语深入研究后给语言接触学理论和方法论提取的一个创新型的贡献。

第三节 理论问题

"语言接触"在英语里的表达是Language contact, 在韩语里是언어접촉。作为一个概念, "语言接触"是人类交流的主要方式之一, 是指人际交往中两种或多种语言之间的相互碰撞、相互作用和相互影响。人与人之间进行社会交往和思想、信息交流。语言接触是语言发展过程中的必然现象：一个民族的语言只有通过与其他民族语言的接触, 才能跟其他民族文化进行交流, 才能丰富和发展, 才能保持旺盛的生命力。另一方面, 作为一个定义, 许多语言学家在论及语言接触时给出了明确定义。如1953年出版专著《语言的接触:已发现的与待解决的问题》(Language in Contact:Findings and Problems)的语言学家Uriel Weinreich(1926-1967)认为, 如果一个人使用了多种语言, 人们就称这些种语言彼此发生了"接触", 因作为语言使用者的个体就是接触的核心；

哥伦比亚大学教授André Martinet认为, 语言的变化无时无处不在, 每个个体就是一个语言发生变异的"战场", 在这里各种语言类型和言语习惯以及语言间的接触和冲突都在随时发生；[5]

语言学家Harris(1995)、Campbell(1999)、Thomason(2003)认为, 语言接触指的是一种社会语言学的状况, 而非语言演变的过程。任何一种语言在演变、发展的过程中都会在不同程度上跟其他语言发生接触, 因为"没有任何证据可以表明某个语言是在完全孤立与其他语言的情形下发展起来的"。语言接触常常导致语言发生演变, 语言学家通过把这种演变类型称之为"接触引发的语言演变"；[6]

语言学系教授托马森(Thomason2003)认为, 如果存在一种演变, 而这种演变在特定的语言接触情形之外不可能发生, 那我们就可以说, 这种演变是由语言接

---

5 方欣欣. 语言接触与双语研究的经典著作——Weinreich《语言的接触：已发现的与待解决的问题》[J]. 国外汉语教学动态, 2004, (7).

6 吴福祥. 关于语言接触引发的语言演变[J]. 民族语文, 2007, (2)

触导致的；[7]

一位有世界性影响的语言学家叶斯柏森(Otto Jespersen, 1860~1943)认为，语言的本质是人类的活动，是一个人旨在把他的思想传达给另一个人的活动。语言接触(language contact)是指不同民族、不同社群由于社会生活中的相互接触而引起的语言接触关系；[8]

张兴权(1997)认为，语言接触是不同语言的相互接触必然会产生语言之间不同程度的相互影响；[9]

戴庆厦、袁焱(2002)认为，语言接触是由语言关系而引起的一个普遍的语言现象。世界上的语言几乎都存在语言接触。特别是在一个多民族的国家里，由于不同语言接触是由语言关系而引起的一个普遍的语言现象。世界上的语言几乎都存在语言接触。特别是在一个多民族的国家里，由于不同民族在政治、经济、文化等诸方面的密切联系，不同语言之间必然会出现不同程度、不同方式的接触，而语言接触又必然会引起语言功能、语言特点的变异。语言接触引起的语言变异存在多种运动形式，但其中最重要的是互补和竞争。同民族在政治、经济、文化等诸方面的密切联系，不同语言之间必然会出现不同程度、不同方式的接触，而语言接触又必然会引起语言功能、语言特点的变异。语言接触引起的语言变异存在于多种运动形式，但其中最重要的还是互补和竞争；[10]

日本社会语言学家真田信治认为，不同的语言之间的直接或间接的相互接触现象，就叫做"语言接触"；[11]

中国的齐沪扬教授认为，语言接触是一个内涵广泛的概念，主要指不同民族之间由于社会、文化的相互接触和影响在语言上出现了种种关系，如语言影响、

---

7 吴福祥. 关于语言接触引发的语言演变[J]. 民族语文, 2007, (2)

8 冯志伟. 重温叶斯柏森的语言学理论[J]. 现代语文, 2014, (531)

9 冯莉. 从"相对"看间接语言接触导致的语法化[J]. 学术交流, 2012, (9)

10 戴庆厦、袁焱. 互补和竞争：语言接触的杠杆——以阿昌语的语言接触为例[J]. 语言文字应用, 2002, (1)

11 奥丽佳. 汉俄语言接触研究[D]. 黑龙江大学, 2012.

语言兼用、语言转用、语言混用、语言冲突等；[12]

戈夫拉涅克(Б.Гавранек俄罗斯)认为,“语言接触”这一术语使用很方便、很广泛,再加上从语言学角度来看它什么都不需解释,只是定义语言现象；[13]

以上是不同国家的十二位学者给出的定义与观点。

一、语言接触的原因与类型

语言接触的原因是社会接触。社会接触的表现形式包括：1)文化交流；2)贸易往来；3)战争征服；4)政治往来；5)移民杂居；6)教育交流等。其中媒体的影响最深刻。当今社会中,信息技术和城市化的快速发展催生了网络语言接触和城市语言接触两种类型。本文研究的角度着重探讨了网络语言接触和城市语言接触的特点。

当今社会的变化和语言的发展是密不可分的,语言尤其是语言接触等外部社会因素才是推动语言发展的主要动力。如今,中国与韩国正处于向信息化社会转型的阶段,两国交流很频繁,汉语与韩语间的接触程度越来越高,语言接触方式与语言变异相互联系：网络语言与城市语言成为最活跃的语言变异来源,人们的语言表达方式处在巨大的变化之中。本文通过分析各类语言接触方式,探讨不同的语言接触类型给汉语与韩语带来的影响。

我们首先要探讨网络语言接触给汉语与韩语带来的影响。如今,现代人不管老少都在网上交流,使用上网的时间大大地增加,网络交际文化越来越深入于人们的生活,因此缺乏了很多面对面的交际,如语调、表情、动作、体态等。所以交际的压力催生出一种特殊的语言变体,对汉语和韩语词汇方面进行改造。如今,在日常生活的应用中,语音、语法及语用的变异比较少,但词汇的变异比较多。把一些汉语、韩语词汇和英语词汇进行改造,把汉语、韩语词汇和英语词汇相混合,在

---

12 奥丽佳. 汉俄语言接触研究[D]. 黑龙江大学, 2012.

13 奥丽佳. 汉俄语言接触研究[D]. 黑龙江大学, 2012.

句子或文章间把文字、图片和符号等随意链接和镶嵌。韩语也深受汉语和英语的影响, 如：韩国人在网上交流时, 经常使用的几个符号, 就是中国汉字"凸"、"乃"、"一一", 英语"OTL"、"T.T"、"U.U"等。汉字"凸"是指翘起中指, 表示骂人话, "乃"是指竖起拇指, 表示了不起, "一一"是指表情, 表示生气或不满意, 英语"OTL"是指趴在地板上, 表示挫折, "T.T"是指表情, 表示哭, "U.U"是指闭眼睛, 表示睡觉。这种表示方式作为"网民们的拿来主义"的语言态度, 对语言任意解构、混合、借用, 新奇的网络词语不断被创造出来, 并在网络中很快传播。这些产生了语言沟通障碍, 网络语言在带给人们新奇感觉的同时, 也给人们的交流造成不便。在网络语言接触中, 汉语和英语是强势语言。各国语言在接触中相互竞争和发生变异是必然的, 随着网络技术的进一步发展, 网络语言接触会更加深入。

另一类型是城市语言接触。90年代后, 中国与韩国城市化进程加快, 人口流动加剧, 语言接触突破地域限制, 发生了根本性的变化。随着社会发展的加快, 懂外语在职场中有强势竞争作用, 城市居民和农村居民更加重视外语教育。农村的教育设施状况不如首都, 在农村青年都乐于上首都学习外语, 而且面试时, 由于面试官较重视面试者是否会使用普通话, 农村的面试者除了外语以外, 还得学习普通话。城市人也十分重视普通话。在普通话的压力下, 普通话的影响力的增强, 普通话越来越向社会语言靠拢。第二外语对母语产生影响, 城市语言使农村语言发生变化。

二、汉韩语言接触的特点

中韩两国地域相连, 自古以来中韩两国之间的接触和交往日益频繁, 两国间的友好交往历史悠久。1992年中韩建交起, 中韩两国在政治、经济、文化等多方面交流逐渐频繁, 随着互联网、电视等媒体的发达, 韩国词语被汉语所吸纳, 中国词语方面发生了不少变化。例如, 从由于韩流热潮产生的词语看：欧巴(哥哥)、欧尼(姐姐)、大发(超棒)、暖男(帅气男生)、国民MC(国民主持人)、思密达(尊敬阶终结词尾)、亲故(朋友)等。

其次, 中国和韩国在长期交流的影响下, 韩语也吸收了汉语, 从而对韩语的诸多方面均产生了巨大影响, 韩语结构发生了很大的变化, 这种影响是由语言接触带来的。古代的时候, 韩国没有记录的文字, 借用中国汉字来记载文字。但古代韩国社会等级制度森严, 能学习知识和使用汉字的阶层只有贵族阶层, 一般大多数的百姓都是文盲。而且汉语是孤立语, 韩语是粘着语, 汉语和韩语是在类型学上完全不同的两种语言, 用汉字记录韩语受到很大地制约。所以1443年, 朝鲜第四大王世宗大王(1418至1450)模仿中国文字来创制《训民正音》, 于1446年10月颁布施行。15世纪《训民正音》被世宗大王创制以后也由于很多儒学者一直坚持使用汉字, 到1980年为止韩文和汉语繁体字的混用活跃起来, 1990年初韩文和汉语繁体字的混用逐渐消失了。但如今初中、高中教育过程中, "汉文"作为单独的科目来实行义务教育。

韩语在汉字的长期影响下, 其语言单位发生了巨大的变化。比如：第一, 在古代韩语辅音系统中, 本来没有中国音韵的"四声七音"("四声"是指"全清、次清、全濁、不清不浊", "七音"是指"牙音、舌音、唇音、齿音、喉音、反舌音、半齿音"), 在《训民正音》和《东国正韵》创制上, 世宗大王应用中国音韵的分类方法和中国音韵名称, 就产生了"四声七音"；第二, 古代韩语辅音系统中, 本来没有送气不送气的对立。但这些音位变体在汉字音的同化下, 最终独立为一套音位, 因为在韩语中有送气化功能的[h]；第三, 古代韩语本是没有声调的语言, 汉语使中世纪韩语书面语中产生了声调系统。后来由于声调没有语言基础就从语言中消失；第四, 中世纪韩语的声调消失了, 随后韩语语音系统中产生了长短音的对立, 从而使韩语的音节结构发生了巨大的变化；第五, 现代韩语中大部分的词汇是来源于中国汉字, 大量汉字词已经融合到韩语词汇系统之中, 成为韩语词汇系统的主干, 占韩语词汇的60%以上；第五, 韩国随着传入中国的汉字, 许多的中国汉字词语传入韩国, 韩语受到汉语词缀和关联词的影响, 词缀和关联词得到进一步广泛地使用着；第六, 韩语跟汉语具有同样的方块字的字形。韩语在汉语的长期影响下, 改变了自己的语言面貌, 不仅语言单位发生了巨大的变化, 而且语音的深层结构也发生了重大的改变。

语言和文化有着密不可分的关系, 它们相互影响, 特别是词汇和文化有着最直接的密切联系, 韩语对汉语词语方面的影响很深刻, 还有韩语在汉字的长期影响下, 韩语的语音、词汇、语法、文字等诸多方面受到了汉语的巨大影响。

中国语言和韩国语言接触时由于某种原因它们相互之间的影响力不是均等的。中国对韩国产生巨大影响的主要原因如下：中国是世界上最发达的文明古国之一, 拥有五千年的灿烂文化, 是世界上历史最悠久的国家之一。自古以来, 韩国崇拜如此文明发达的中国, 乃至韩国深度模仿中国的一切。公元前2世纪, 中国的文物、文字和思想广泛地渗入了韩国人生活的各个方面, 中国文字和思想传播日益广泛, 对《训民正音》的创制原理以及语音、词汇、语法、文字等许多方面产生了巨大影响。

与此相反, 韩语受汉语影响几乎没有的原因如下：在古代, 韩国是只存在口语, 没有可记载文字的国家。15世纪, 韩国模仿中国的韵学和周易的理学创制了《训民正音》,《训民正音》的创造是今日韩文的始初。韩文是所有国家的文字创造以后, 弥补其他国家文字的缺点创制的文字, 既是在世界上最晚创制的文字, 又是对其他任何一个国家文字没有产生一点儿影响的独创性文字。

第四节 语料来源和研究方法

一、语料来源

1. 本人所收集的中韩两种文本的关于汉韩语言接触研究的文献资料, 包括论文、学术期刊、书籍、词典(含电子词典)和网络检索资料；

2. 日常生活以及交谈中所得的零星语料积存。

二、研究方法

本文研究的主要方法是文献调查法：试图深入细致地进行汉韩语言接触研究资料调查，大量阅读从各角度研究相关题目的文献(如有些文献研究汉语语音，有些文献研究汉语词汇，有些文献研究汉语语法，有些文献研究汉语文字，有些文献研究韩语语音，有些文献研究韩语词汇，有些文献研究韩语语法，有些文献研究韩语文字)，并将其有机整合。本人的研究方式是使研究内容更广泛，研究角度更多元，以便更好地阐释汉韩语言接触问题。

第五节 创新点和不足之处

一、主要创新点

本文从社会语言学的角度对汉语与韩语中的语言接触问题进行调查分析。本文有自己独到的贡献，在继承前人研究成果的基础上实现了创新。本文的主要创新贡献如下：

1. 双向研究的架构韩文思路：除了汉语对韩语的影响外，也研究韩语对汉语产生的影响，避免了单纯从一个方向研究造成的片面性和局限性。前人研究关于汉语对韩语影响的成果比较多，本文把重点放在韩语对汉语影响的发掘和分析，弥补了以往汉韩语言接触研究中存在的一项空白。

2. 弥补了以往研究中普遍存在的不足：通过对汉韩语言接触研究成果的考察，我们注意到学界对汉韩语言接触的研究主要集中在汉语对韩语方面的影响，相比之下，关于汉语对韩语语法、文字方面研究语言接触的文献较少且不全面不深入。本文拟从语法及文字等方面对汉韩语言接触问题进行重点研究，使研究内容更广泛，研究角度更多元，以便更好地对该问题进行阐释。

二、主要不足

本篇论文的题目是《汉韩语言接触研究》，笔者通过各种手段收集跟本文题目有关的资料，除了汉韩语言接触以外，也调查了汉俄语言接触、汉英语言接触、汉日语言接触等的诸多资料，进行研究汉语对韩语的影响，也研究韩语对汉语的影响。但是笔者根本找不出韩语对汉语在语音、语法、文字方面产生的任何影响，只找出来韩语对汉语在词汇方面产生的影响。我认识到，基本上，韩语对汉语产生的影响是十分微弱的。

第六节 本论文结构

本论文结构如下：

1. 绪论简述本论文研究的目的和意义，综述一般语言接触及汉韩语言接触研究的文献，并探讨语言接触研究的原因和类型与汉韩语言接触的特点。

2. 第一章介绍中韩两国交流简史，分为两部分：第一部分谈中韩两国的关系简史，以年度为序简述了从公元前2世纪到21世纪的中韩两国的关系；第二部分谈中韩两国的文化交流简史，分为"政治、经济、大众文化、观光交流、语言教育、留学、大学交流"等七个方面。

3. 第二章介绍汉语与韩语的特点，分为"汉韩两语类型学上的主要特点、汉韩两语文化上的主要特点、以及汉韩两语文字方面的主要特点"，首先谈在汉韩两语类型学上的主要特点，以汉语的汉藏语系和韩语的阿尔泰语系为基础，探讨孤立语和粘着语的特点；接着谈在汉韩两语文化上的主要特点，列举中韩两国的成语和俗语来举例解释成语和俗语里面蕴涵着的其国家的文化，最后谈在汉韩两语文字方面的主要特点，探讨汉韩两语的由来与起源以及文字构造方法等。

4. 第三章讨论汉韩语言接触在语音方面的影响，分为"辅音系统、元音系统、声调系统、词语的音读”四种，分别研究汉语对《训民正音》辅音、元音、声调产生的影响，同时也研究中国汉字对韩语词语的音读产生的影响。

5. 第四章讨论汉韩语言接触在词汇方面的影响，分为“汉字词、汉源词义、固定用语”三部分。“汉字词”分为“韩语中的汉字词”和“汉语中的外来语汉字词”两类，研究韩国从中国和日本借用的汉字词与韩国模仿汉语来自制的汉字词，最后研究中国从韩语传入的汉字词。“汉源词义”分为汉语对韩语汉字词产生的影响和韩语对汉语汉字词产生的影响，首先探讨在韩语中存在的“同形同义汉字词、同形异义汉字词、异形同义汉字词”和“中国文化对韩语词汇意义产生的影响”，其次探讨在汉语汉字词语中受到韩语的影响产生的“同形同义汉字词、同音同义汉字词、异形同义汉字词”和“韩国文化对汉语词汇意义产生的影响”；“固定用语”分为“成语”和“俗语”两类，具体讨论了“从中国传入的韩国四字格成语类型”和“韩国模仿中国成语自制的韩源成语”；“从中国传入的韩国俗语”和“从中国传入的韩国俗语类型”。

6. 第五章讨论汉韩语言接触在语法方面的影响，分为“词法”和“句法”，在此章中着重研究汉语对韩语词法和韩语句法产生的影响。

7. 第六章讨论汉韩语言接触在文字方面的影响，分为“借字标记法、国音字和国义字、繁体字和简体字、现行韩字”四部分。“借字标记法”分为“吏读、乡札、口诀”三类，研究韩国借用汉字来创制的借词标记法的原理及特点。“国音字和国义字”分为“韩国国音字”和“韩国国义字”两类，研究“中国汉字上赋予新的音的韩国固有汉字”和“符合韩国祖先的当时文化、中国汉字赋予新意义的韩国固有汉字”。“繁体字和简体字”部分将韩国繁体字和中国简体字进行对比，以“韩国受到汉语的影响直到90年代为止韩文和汉字一起混用”的事实为基础研究了当今韩国使用的繁体字。“现行韩字”部分，研究了“汉字对现行韩字字体产生的影响”和“汉语对现行韩字构成方式产生的影响”。

由于朝鲜半岛南北两方处于分治状态，本人为韩国人，本文所称的韩语，也包括历史上全半岛统一使用的朝鲜语，但不包括目前半岛北部使用的朝鲜语。特此说明。

第一章 中韩两国交流简史

中韩两国一衣带水，是隔海相望的近邻，自古以来中韩两国之间的接触和交往频繁密切。“唇齿相依”这个成语总是被人们来形容中国和韩国之间相互依存的亲密关系。中韩两国的交流活动是两国人民文化交流的重要组成部分，增进中韩两国人民之间的相互理解以及友好关系，双方文化交流更为广泛，促进了两国的关系进一步发展。

本章主要探讨中韩两国的交流简史，简述部分分为“中韩两国的关系简史”和“中韩两国的文化交流简史”两节。第一节主要探讨中韩两国的关系简史，根据年度列出从近代以前到现代的中韩两国的交流历史，近代以前主要分为“古朝鲜时代、三国时代、朝鲜时代”三个阶段，现代分为“中国和韩国外交关系断绝、中国民航飞机在韩国迫降、海运航空直达航线启航允许、中韩两国外交关系建立、中韩两国的贸易发展、进军中国的韩国企业”六个方面；第二节主要探讨中韩两国的文化交流简史，内容主要分为“政治、经济、大众文化、观光交流、语言教育、留学、人学交流”七种。

第一节 中韩两国的关系简史

中国与韩国是地理位置很近的邻邦。中韩两国交流历史非常悠久，数千年来往来不断，在很多领域方面都保持着密切的关系。中韩两国的频繁往来和交流给中韩之间的贸易发展带来了重要的商机，为两国的自然资源、劳动力资源、文化产业、流通业、制造业等方面的发展做出了巨大贡献。使中韩两国的经济借助友好的中韩关系呈现出顺利地增长的态势, 并在漫长的时间里, 在经济上保持着两国的友好关系和经济关系, 直到今天仍然保持着合作伙伴关系。现在中国和韩国是主要贸易对象国, 中韩两国在经济中占据着很重要的位置。

一、古朝鲜时代

中国和韩国的文化特点往上代追溯有明确地区分。中国和古朝鲜辽东(当时古朝鲜的首都)文化的交涉从古朝鲜就活跃地进行。从7世纪左右, 古朝鲜辽东和山东诸国之间有频繁的海上交通和商业往来。5世纪左右, 韩国从中国传入铁器文化, 促进了韩国社会的飞跃发展, 韩国受到中国的巨大影响, 尤其中国北方的游牧文化也一起传入到韩国。4世纪左右, 铁器文化开始广泛传播到大同江流域, 同时中国的汉字传入到韩国, 开始正式使用, 汉字为韩国语言的文学发展做出了巨大贡献。公元前206年以铁器为基础发展农业和武器生产等的商业贸易, 这时由于感到古朝鲜发展过快将威胁到了中国, 因此燕国人"卫满"带着一千多的人众去征服古朝鲜, 公元前194年赶走古朝鲜的"准王"就成了王。"卫满"登上王位后的古朝鲜被称为"卫满朝鲜","卫满"是历史上最初发动政变篡夺权力的人物, 由于他大大地扩张了古朝鲜的领土, 使经济也不断地增长, 因此带来了对外关系的稳定。

二、三国时代

韩国高句丽时期, 通过中国传入汉文化和佛教以及儒教文化, 中国的佛教和儒教在韩民族的灵魂里慢慢地生根, 达成国家统治的精神基础。佛教被贵族到平民阶层广泛传播, 社会的统治理念固定下来, 为大众服务的思想水平得以提高。而且高句丽从建国初就将儒家思想的理念应用在政治上治理国家。小兽林王2年(372年)设立了国家最高教育机构"太学", 以儒家经典五经为主要教学内容。并且以儒家思想为基础, 模仿中国法制, 制定各种法令与社会统治体制。儒家思想不仅是在学术思想上, 在政治、伦理、教育、法制、风俗等领域也产生了巨大的影响, 伦理学、国家观、人生观等牢牢扎根在当时的高句丽。后来, 新罗与唐朝联合统一三国之后, 佛教更加繁荣起来, 新罗接受了高句丽和百济的文化, 实现了整体文化水平的提高。后来新罗把唐朝赶出了韩半岛, 只吸收唐朝的文化, 发展独自的文化。到了高丽, 高丽的"光宗"采纳实行中国式的科举制度, 成立了以"文治主义(根据学文和法令展开政治的)"转换的契机。高丽整顿官僚体制, 开始使用中国的年号(指皇帝执政期间的称号), 高丽的贵族社会以汉文学为教养之本, 当时高丽的僧侣也会去中国宋朝留学。

三、朝鲜时代至韩国建立

朝鲜的儒家主义者的统治原理是"排佛崇儒"的指导原理, 朝鲜把中国儒教视为国教, 朝鲜时代是中国儒家思想在韩国发展的全盛时期。朝鲜王朝建立后, 随着儒家理念与经典的复兴, 朝鲜的法典编纂水平也有所提高。设立"成均馆(朝鲜时期, 儒学教育的最高机构)"后, 发展了学校教育与人才培养。当时, 儒家思想在朝鲜学术与文化发展中发挥了重要的作用。"世宗大王"根据中国儒家礼仪规范, 编纂了书籍, 并广施仁政。同时, 在天文、地理、医学等方面也取得了很大成就。其中,《训民正音》(1443年世宗大王主持创制的朝鲜文字)最具代表性。《训民正音》是根据周易的阴阳五行与宋朝的理学, 实现了中国儒家学术思想的最伟大的结合。但是当时很多儒学者提倡应该遵从事大主义(侍奉势力强的国家或人的态度, 指当时中国)而反对《训民正音》。1592年从"宣祖(朝鲜第14代王)"25年到"宣祖"31年, 7年时间两次受到日本的侵略, 史上称为"壬辰倭乱"。在"壬辰倭乱"中, 中国派援军帮助朝鲜抵抗日本。1627年和1636年, 朝鲜被满族入侵两次, 并终于向满族屈服, 侍奉他们建立的清朝, 这个时期欧洲的科学知识和文明从中国传入朝鲜, 给朝鲜学者广泛传播的契机。朝鲜后期, 中国清朝严重干预朝鲜的政治, 清朝军曾驻扎在首都汉城。但是"甲午战争(清日战争, 1894年至1895年)"之后, 清朝对朝鲜撤手不管, 朝鲜形式上成了独立国家, 实际上处在日帝统治下。为祖国光复的爱国志士在中国本土和间岛等地展开了独立运动, 终于在1919年在上海建立了大韩民国临时政府。大韩民国成立之后, 1950年爆发了六二五战争(1950年6月25日被北朝鲜军进攻爆发的战争)。1953年7月27日北韩和南韩达成了暂时的休战协议, 朝鲜半岛的休战状态至今仍在持续。

四、中韩两国外交关系建立

1992年2月, 中韩两国商谈贸易协定, 同年7月生效"投资保障协定"。1992年4月中国和韩国通过第三次外长(外交部长)会谈开始建交协商, 两国终于在1992年8月24日达成了正式建交。中国和韩国建交25年以来, 相互间的经贸顺利地合作发展, 两国的经济贸易量以及文化上、人文上的交流都激增。1992年9月27日韩国卢泰愚总统访问中国, 1994年3月韩国金泳三总统访问中国, 1994年10月中国总理李鹏访问韩国, 同年12月开首尔到北京之间的直航。而后1995年11月江泽民国家主席访问韩国, 1998年11月韩国金大中总统访问中国, 2003年7月卢武铉总统、2008年5月李明博总统、2013年6月朴槿惠总统第一次访问中国。如此, 韩国与中国的关系越来越密切。中国和韩国建交以后举行过大约30次以上的首脑会谈和97次以上的两国外交长官会谈, 除总统以外的韩国参谋本部议长和总参谋长, 中国的总参谋长和军队政治委员等相互进行访问, 每年通过两国国防部之间的实务会议, 协议交流计划进行。另外, 中国和韩国以经济合作增加和自由贸易促进、两国的贸易和投资扩大为目的, 每年参加"亚太经合组织(APEC)"和"亚欧首脑会议(ASEM)"。随着亚太经合组织(APEC)和亚欧首脑会议(ASEM)等区域合作体制的发展, 中韩两国经济合作取得了长足的发展, 以自由贸易协定为基础, 中韩两国之间的地区交流与合作是更趋密切, 区域经济一体化逐步实现了。中韩两国的经济合作逐步走向更高的阶段, 两国经贸合作的水平和等级已经进一步地发展起来。这不仅于两国的共同发展有利, 而且也给东亚经济带来更大的活力。中国和韩国是在东亚经济最具有活力的国家，目前中韩两国仍在加强合作，今后必将继续促进东亚地区的共同繁荣。

第二节 中韩建交后的文化交流

一、大众文化

1. 韩国电视剧

中韩建交以来，大众文化交流非常活跃。中国政府的支持对大众文化的开放与交流(如韩国的流行音乐、韩剧播放)起到了巨大作用。在中国，以青少年为主体，对韩国电影、电视剧、音乐、游戏、时装、发型、饮食等方面的传播起了促进作用。中韩建交以后，1997年中国中央电视台首次播放韩国电视剧《爱情是什么》，使13亿人口的中国人获得引起了火爆的人气，韩流开始了。继《爱情是什么》之后，正式的掀起韩流热潮的电视剧是《大长今》。《大长今》是中国香港无线电视(tvb)于2005年1月24日首播，当年的《大长今》席卷整个亚洲，其中以中国最为热潮。随着《大长今》的热播，韩国农产品、食品、药品的进口量也大幅地增加，中国人的饭桌上开始摆上“烤肉、拌饭、汤、冷面、紫菜包饭、炒年糕”等韩国饮食。同时也由于《大长今》的播出效果，中国人引起了对韩文、韩国的饮食、赴韩国旅游的关心与关注。后来2013年12至2014年2月上映《来自星星的你》，《来自星星的你》受到了中国人的火爆人气，在剧中出现的炸鸡和啤酒、方便面、韩国农产品和剧中人物穿的服装、皮包、鞋子等相关商品销售额都大幅地增加。然后2016年2月至4月播出的《太阳的后裔》作为宋仲基、宋慧乔主演的电视剧，由此可见此电视剧在中国当地得到了热烈的反应，同时剧中主人公宋仲基和宋慧乔相关的所有用品，如时装、化妆品、汽车等的物品都表示关心。不仅是收视率、OST，在时尚、美容、旅游、制造、食品等多个领域都创造了经济上的价值。韩国国内拍摄地江原道也是以中国游客为对象开发旅游商品，很多中国游客来韩国。综合计算《太阳的后裔》播放后带来的价值来看，可以预测收到了约三亿韩元的经济效果。《太阳的后裔》伴随着强大的经济效果，跨越电视剧领域，使国家品牌价值上升，引起了多种经济增长的良好效果。

除了《大长今》、《来自星星的你》、《太阳的后裔》以外，《蓝色生死恋》、《冬季恋歌》、《浪漫满屋》、《对不起，我爱你》、《秘密花园》、《步步惊心丽》、《蓝色大海的传说》、《孤单又灿烂的神-鬼怪》等为代表的韩剧更是风靡中国。这样韩剧爆发人气，持续韩流的上升势头，并韩国代表的演员金秀贤、李敏镐、宋仲基、孔刘、宋慧乔、全智贤等很多韩流明星在中国获得了超高人气。K-POP韩流的明星也是不可或缺，其中唱"江南Style"的歌手"Psy"是让国家品牌价值上升的韩国的代表明星。此外，"东方神起、Super Junior、CNBLUE、BIGBANG、少女时代"等的韩国歌手以K-POP为代表坚持韩流。

2. 中国电视剧

韩国节目对中国产生巨大深远的影响，同样中国节目也对韩国一样产生了不小的影响。1998年在中国播放的《还珠格格》于1999年10月在"韩国仁川iTV"首播了。不仅台湾CTV和中国湖南TV合作的这部电视剧在中国达到了54%的收视率，在韩国也占有中国圈电视剧首次第一收视率。《还珠格格》是谈论最佳的中国电视剧时就不会漏掉的名作，在90年代的韩国人中产生了很大影响。很多韩国人通过这部作品对中国文化产生感兴趣，到中国留学或者开始了汉语学习。继《还珠格格》后，2001年6月在"韩国仁川iTV"播出《情深深雨蒙蒙》，在《还珠格格》出演过的主角再一次扮演主角，《情深深雨蒙蒙》也引发了火爆的人气。2001年在中国播出的《流星花园》是从日本电视剧翻拍的，2003年在韩国MBC电视台每周五晚11点半播出了。中国版《流星花园》在韩国获得12%的收视率，在中国版《流星花园》出演的四位的男主角登上亚洲的明星。以后，中国和香港明星积极进行进军好莱坞, 华流跟韩流和日流相比也毫不逊色。实际上2006年1月13日在日本"读卖新闻(よみうり)"中, 报导"韩流的下面就是华流"的题目信息。于2005年和2007年播出了台湾电视剧《恶作剧之吻》第一部和第二部, 在中国获得人气, 2016年在台湾将《恶作剧之吻》重新翻拍播放了。中国版《恶作剧之吻》在韩国和日本获得火爆的人气, 在韩国和日本翻拍中国版《恶作剧之吻》制作了韩国版和日本版的《恶作剧之吻》。继《恶作剧之吻》后, 在韩国第二次翻拍的中国电视剧作为《命中注定我爱你》, 中国版《命中注定我爱你》是2008年创了台湾最高收视率记录的台湾作品。这部电视剧是2014年7月至9月在韩国电视台MBC播放的周三周四电视剧, 获得了11.5%的收视率。继《命中注定我爱你》后, 2011年中国电视剧《我可能不会爱你》也被韩国人欢迎, 在韩国将中国版《我可能不会爱你》改名为《恋爱的条件》播出, 并以"河智苑"、"李阵郁"主演的《爱你的时间》为题翻拍播出了。同年于2011年在中国播放的中国电视剧《步步惊心》第一部受到了火爆的人气, 于2014年又制作了《步步惊心》第二部。这部电视剧被韩国翻拍, 制作韩国版《步步惊心：丽》, 于2016年8月在韩国首播了, 2016年11月达到11.3%的高收视率。不仅被中国翻的拍韩国电视剧在中国播放, 韩国也把中国电视剧配音或翻拍后并在韩国播放, 有的剧则改为新的题目播出。

二、观光交流

1992年8月中韩建交以后, 中国人到韩国观光不仅取海上路线, 空中航线也持续扩大。特别是1998年5月, 韩国指定中国人为海外旅游自由国家, 2000年时, 签证签发数量有限的一些城市地区缓解签证限制, 中国整个地区人民都可以自由地访问韩国。之后, 中韩两国旅游交流更是有了长足的发展, 根据韩国统计厅的统计资料, 2015年1月至12月一年间, 从韩国飞往中国的飞机共有29,817架, 一个月平有2,484架, 每天平均有80架。即使因2016年"崔顺实门"时局混乱的情况下访问韩国的中国游客仍有7,532,186名, 一天平均20,247名。韩国为了中国游客的出入境开设从韩国仁川机场往中国出发的62个航班, 至2017年韩国在中国设有9个领事馆, 韩国成为在全世界的建交国家中, 在中国开设领事馆最多的国家。观光交流的持续发展, 不仅增进了中韩两国间的相互理解促进和文化交流, 引起观光产业的开发、文化商品的生产、销售和两国观光收入等, 也创造出了巨大的经济利益。

三、语言教育

1. 韩国世宗学堂

中国和韩国的关系发展, 急剧提升了理解和学习对方国家文化的愿望。中国人渴望学习韩语, 韩国人也渴望学习汉语, 双方政府都创造便利条件以实现两国民众互学的渴望。至今, 韩国在全球一共建立120所世宗学堂, 其中在中国建立的世宗学堂就有22个。世宗学堂是以第二语言为韩语的人为对象, 宣传韩国文化, 教育韩语的机构。另外有很多中国大学开设韩语专业。韩语学习的氛围渐浓, 其原因主要是中国企业开始关注韩国市场。

2.中国孔子学院

孔子学院的设立其目的是给世界各地存在的汉语学习者, 增进对中国的语言和文化的理解, 加强世界各国的教育文化交流合作, 发展友好关系、促进世界多元性的文化发展、实现和谐世界。世界上第一所孔子学院是2004年11月21日成立的首尔孔子学院。至2016年12月31日, 中国已在140个国家建立起512所孔子学院和1073个孔子课堂。

现在韩国很多大学都开设中文系, 汉语学习不断地发展。韩国企业或个人事业者关注中国市场, 增加了实际性的汉语需求。就业时, 一定需要HSK成绩, HSK成绩总共分为一级到六级, 每年汉语学习者为了得到"HSK(汉语水平考试)", 在与孔子学院搭钩协作的韩国大学学习HSK及汉语。截至2014年底, 以孔子学院的名义开设的各级汉语班达到67,000多个，学生人数达到111万人。到2017年，在韩国设立的孔子学院总共23家。

四、留学

中韩正式外交关系建立后，两国间的交流合作日益扩大，两国的关系密切地发展。2017年以来，逗留在韩国的中国人共有10万名，其中中国留学生68,184名。在韩国的中国留学生占来韩外国留学生数的55.1%。

同时，在中国的韩国留学生的数量为73,240名，创了在外国的韩国留学生总数的30.5%的高比例记录。通过下面的表格就知道中韩留学生的现状。[14]

表1-1 2017年在韩国留学的外国留学生人数表

国家	中国	越南	日本	蒙古	美国	台湾	其他	总计
留学生数	68,184	14,614	3,828	5,384	2,767	2,195	26,886	123,858
比率(%)	55.1%	11.8%	3.1%	4.3%	2.2%	1.8%	21.7%	100.0%

表1-2 2016至2017年在国外留学的韩国人留学生现况

年度	美国	中国	英国	澳大利亚	日本	加拿大	新西兰	菲律宾	其他	总计
2016	63,710	66,672	11,885	16,251	15,279	10,889	4,051	3,772	31,399	223,908
比率(%)	28.5	29.8	5.3	7.3	6.8	4.9	1.8	1.7	14.0	100.0
2017	61,007	73,240	11,065	16,770	15,457	8,735	6,060	13,257	34,233	239,824
比率(%)	25.4	30.5	4.6	7.0	6.4	3.6	2.5	5.5	14.3	100.0

14 교육부(教育部). http://www. moe. go. kr/boardCnts/list. do?type=default&page=1&m=040103&s=moe&boardID=350#contents

五、大学交流

韩国和中国的教育交流最活跃的地方就是大学。20年间, 韩国和中国的许多大学在留学生间的相互交换、研究人员互访和研究合作系统机构建立、两国研究所间的学术协议签订、研究成果的相互交换、对相互关心共同研究和合作研究加强等多个领域和事业领域, 为多种形式进行两国教育间的互相交流。

1990年7月4日, 韩国西江大学代表团访问中国哈尔滨黑龙江大学, 从1990年那年第2学期, 积极支持交换教授及朝鲜语设立的协议, 就是现在的教育交流的开始。随后广泛开展中国和韩国的大学交流活动, 其中最活跃的大学交流活动是语言研修和交换教授, 以及学术活动等。这种交流如今实现了多样化, 不限于人员交流和研讨会等学术活动。中韩两国大学和研究生院的双学位(dual degree program)课程日益扩大。具体的交流现状可在下边的表格中看到。[15]

表1-3 与韩国大学合作交流的中国大学

韩国大学	与韩国大学交流的中国合作大学	双学位学习年限
建国大学	南京大学	建国大学2年+南京大学 2年=双学士学位
东国大学	吉林大学珠海学院	东国大学2年+吉林大学珠海学院2年=双学士学位
世宗大学	上海交通大学	世宗大学2年+上海交通大学 2年=双学士学位
祥明大学	大连外国语大学, 山东大学, 东北师范大学外国语学院, 河北科技大学	祥明大学2年+大连外国语大学, 山东大学, 东北师范大学外国语学院, 河北科技大学2年=双学士学位
亚洲大学	上海交通大学, 北京对外经济贸易大学	亚洲大学2年+上海交通大学, 北京对外经济贸易大学2年=双学士学位
釜山外国语大学	烟台大学, 天津外国语大学, 大连外国语大学, 哈尔滨工程大学, 北京外国语大学, 上海外国语大学	釜山外国语大学2年+ 烟台大学, 天津外国语大学, 大连外国语大学, 哈尔滨工程大学, 北京外国语大学, 上海外国语大学2年=双学士学位

15 张楠. 한중문화교류—수교 이후의 현황과 전망—[D]. 목포대학교, 2015.

表1-4 中韩两国硕博士及双学位授予过程

研究生院区分	韩国大学	中国大学	硕博士及双学位授予
一般及特殊研究生院	梨花女子大学教育研究生院	北京大学	硕士学位授予
	亚洲大学研究生院	上海交通大学, 哈尔滨工程大学, 延边大学	硕博士学位授予
经营专业研究生院(MBA)	首尔大学	北京大学	半年+半年(1年)=双学位
	延世大学(GMBA)	北京大学(MBA)	半年+半年(1年)=双学位
	高丽大学研究生院	复旦大学, 新加坡国立大学	三个国家共同MBA项目

上面的表格表示, 在签订相互协定的中国和韩国的大学修业学分, 在两个大学分别获得双学位的课程。如今中国大学和韩国大学的很多教授, 多次访问中国和韩国召开座谈会, 并肆立设立2+2的双学位制度。看第一个表格就可以知道, 现在韩国主要大学都已运营双学位制度, 为了取得双学位期间是在韩国两年、在中国两年。若在中国和韩国大学总共学习4年, 就能够获得两个大学的学士学位。

第一个表格表示学士双学位, 第二个表格表示硕博士双学位授予过程。授予过程及期间虽然与学士的2+2的授予过程不同, 但学士和硕博士在这一点上相同, 在两个大学结束期间的教育课程, 在两个大学同时能够取得硕士学位或博士学位。双学位制度的长处是可以丰富地经验那国家的政治、经济和文化的。如今积极进行中韩两国大学的交流, 每年在韩国留学的中国留学生和在中国留学的韩国留学生在不断地增加。若除了学士、硕士和博士以外, 还包括短期语言研修和商业语言研修生的话, 韩国和中国之间的学生交流范围在逐步扩大。

第二章 汉语与韩语各自的特点

本章为了探讨汉语和韩语的特点, 从"文化上的特点、类型学上的特点、文字方面的特点"三个方面进行分析。

公元前2世纪汉字从中国传入到韩国, 同时中国古籍也一起传入韩国, 通过中国古籍在韩国广泛扩散, 中国的成语及俗语也进入了韩语。后来, 中国的成语和俗语符合韩国文化需要, 进入韩语的中国成语和俗语的形态和意义也有所改变。国家的语言内蕴涵着其国家的固有文化, 为了学语言首先应该了解其国家的文化。笔者在本章第一节要研究汉韩两个语言的文化上的特点。

中国和韩国不但地理位置较近, 而且中韩两国是在经济、政治、文化、社会等诸多领域保持密切关系的近邻。自古以来, 韩国尤其是借中国汉字来使用, 所以汉语对韩语产生了巨大的影响, 实际上在三国时代, 韩国借用中国汉字, 创制了"史读、乡札、口诀"等的汉字借词标记法, 这些标记法与日常生活嫁接, 使用于多方面。但是因为汉语和韩语是在类型学上完全不同的两种语言, 而用汉字借用标记法都不能完整的表达韩语, 在表达上受到限制。本章第二节重点介绍汉韩两语类型学上的特点。

所有国家的语言一定存在其由来和起源。笔者在本章第三节要讨论汉语和韩语的起源和文字的构成。

第一节 汉韩两语文化方面的主要特点

一、语言的文化背景

“中国、韩国、日本、菲律宾、越南、蒙古”属于东亚文化圈的国家，其中“中国和韩国”是东亚的代表国家。这两个国家地理上相邻，经济往来及贸易交流频密，历来保持密切的关系。在文化交流接触中，相互产生了巨大影响。

古代的时候，韩国没有文字，而借用中国汉字来记录文字。汉字从中国传入韩国，同时中国古籍也一起传入到韩国。中国的汉字词语、成语、俗语等的这些词汇通过中国汉字及古籍广泛地渗进韩国生活的各个方面。随着时代的流逝，中国成语和俗语的形式及意义随着韩国的文化的变化逐渐改变。因此成语和俗语中也蕴含着韩国固有的文化思想。

环境对文化产生影响，文化对语言生活产生影响。自古以来，韩国被称为“东方礼仪之国”，重视礼仪，由于韩国文化是对年龄和上下关系比较敏感，表示尊敬的“补助词尾、特殊词汇、敬语终结语尾”等的敬语法很发达。据资料显示在古代汉语中也有敬语，如今韩语和日语的敬语现象来源于中国。古代中国下属对上司说话或臣子对皇帝奏事的时候必须用敬语。现代汉语基本上没有像韩国一样区分敬语和非敬语，中国人已经很少使用敬语。除了尊称对方时使用的“您”和“贵(贵公司)”、恭敬对方时使用的“位(这位、那位)”、给对方劝说什么时使用的“请”等以外，基本上没有补助词尾、特殊词汇和敬语终结语尾等的敬语法。语言随着文化变迁，文化顺着语言一起流动，语言中渗透着其国家的文化。

二、语言与文化的关系

语言不是在一个时代中形成的结果，而是经过无数的时间形成的人类创造的一切产物的意义。一个社会的语言被用于人们之间沟通，长久以来，生活在同一个时代同一个空间中人们使用的语言里蕴涵着其人们的价值观和生活方式等的多种文化。日常生活中使用的语言受到"媒体、文学、哲学、思想"等文化的很大影响，随着这种文化来形成的所有语言被称为"语言文化"。韩语词汇中有一个惯用语"打糯米糕"，这个短语蕴涵着的意义是"数量足够充分"。古代韩国是种水稻的农耕社会，人们主食是米饭，但大部分的劳动人民很贫穷，没有足够的大米，吃不饱的日子很多。相反有钱的官宦门第大米充盈，能够做打糕吃。所以产生"打糯米糕"这类惯用语，由此可知语言和文化有着密不可分的最密切的关系。其次从中韩两国的俗语看，在中国俗语中有这样一句话，"说曹操曹操就到"，而在韩国俗语中有这样一句话，"说老虎老虎就到"。"说曹操曹操就到"和"说老虎老虎就到"是一句流行的俗语，俗语的意义是指"来比喻刚刚提到某人，某人就来了"，这两个俗语的意义完全一致。虽然具有相同的意义而句子中使用的词语不同，在中国俗语中出现的词语是"曹操"，"曹操"既是中国三国时期政治家又是诗人(155年至220年)，得到古代中国人的称颂，被称为乱世枭雄。然后韩国在俗语中使用"老虎"，其理由是老虎是对古代韩国人恐怖的对象，也是像神一样的存在。所以"老虎是山上的王"、"老虎和龙打斗"、"一看到老虎尾巴都心里发怵"等，韩国俗语中总是出现"老虎"。

由此可知，亘古以来其国家的人们羡慕谁、重视什么，同时可以了解其国家的文化和思想。因此要掌握其国家的语言，首先应该了解其国家的文化。

三、语言的文化内涵

词汇是某一特定领域的用语，大致可以分为"固有语词、外来语词、混合词、固定用语(指成语、俗语、惯用语等)"。从古至今，各个国家通过其他国家的往来，吸收其国家的词汇，人们把外来的词汇按照本来的词形和词义来使用，或者与本国的语言混合来使用，或者按照本国的语言特征和文化，改变词汇的形态和意义来使用。这样使本国语言的词汇更为丰富，在词汇中蕴涵着国家社会的各种历史文化现象。其中，文化内容更为详备的词汇是固定用语，即"成语"和"俗语"。成语和俗语是各国家传统文化的一大特色，由古代传下来，大多数由劳动人民而创造出来，成语和俗语里反映人民生活的经验以及智慧，渗透着人们的价值观和生活方式等多种文化习俗，能够窥见中国和韩国祖先的生活状况。

1. 中韩两国成语与俗语

笔者为了更加明显地比较中韩两国成语和俗语中蕴含着的各国家的文化，拿"意义基本上一致，但形态不同的两个国家的成语和俗语"来举例。成语和俗语研究分为"画饼充饥"与"画中之米糕"、"说曹操曹操就到"与"说老虎老虎就到"、"班门弄斧"与"孔子面前写文字"三个。

(1) "画饼充饥"与"画中之米糕"

"画饼充饥"是中国成语之一，"画饼充饥"的意思是画个饼来解除饥饿，表示用空想来作自我安慰，虚名是没有实际用处的。其次，"画中之米糕"是韩国俗语之一，"画中之米糕"的意思是画中饼不能吃，表示没有实际用处。这种中国成语和韩国俗语在意义上很相同。但是在中国成语中使用的词语是"饼"，在韩国俗语中使用的词语是"米糕"，两国使用的词语不同，这个可以预测与其国家的文化现象有关。

首先从中国成语"画饼充饥"看，"画饼充饥"出处晋 · 陈寿《三国志 · 魏书 · 卢毓传》：三国时期，有一个魏国人，他叫"卢毓"。他是前朝东汉名臣卢植的小儿子。卢毓为人忠厚，学识渊博，魏明帝把他提拔为侍中。他任职三年多提出了不少的好建议，魏明帝最早不太高兴，但是后来见他忠心耿耿，才很信任他，就提拔他做了吏部尚书。选拔官吏，那时选拔官吏，一般是凭人推荐。但推荐者总是只推荐有名的人物，这些有名的人，大多数只重高谈阔论、不务实际、互相吹捧。于是魏明帝很不满意就下令说，"这次选拔的人不要只看名声，我要由卢毓来推荐。名声就像在地上画个饼一样，其实是不能吃的！"[16]

16 画饼充饥. 百度百科. https://baike. baidu. com/item/%E7%94%BB%E9%A5%BC%E5%85%85%E9%A5%A5/1737240?fr=aladdin

上述的文章是中国成语的典故,“画饼充饥”从晋 · 陈寿《三国志 · 魏书 · 卢毓传》中产生。在这成语中出现的是“饼”,能够窥见中国祖先的生活状况以及饮食文化。“饼”为“烙饼”的原意,鸡蛋等材料烙制而成并深受百姓喜爱的中国传统面食之一。战争的时候,没有什么吃的,饥饿的中国百姓就用面粉做煎饼来充饥,当时面粉成为对中国人民很重要的食物资源。“饼”是在中国成语中经常出现的,例如有“一浆十饼”、“宝珠市饼”、“热熬翻饼”等。

其先从韩俗语“画中米糕”看,在韩语俗语中也有一句话,“画中之米糕”。这个俗语从中国成语“画中充饥”传入,意义不改,而适应韩国文化只修改词语,这韩国俗语中的“米糕”也是与韩国饮食文化有关。自古以来,韩国的传统饮食生活早在农耕生活中就固定下来,韩国人以大米为主食。但劳动人民生活很艰难,大米实在很不足。这韩国俗语中出现的米糕是加工大批大米制作的贵重的饮食之一,米糕对劳动人民很珍贵。所以这个“米糕”意味着虽然很想吃,但吃不上的贵重的饮食,“画中之米糕”就是韩国饮食文化中产生的俗语。“米糕”在韩国俗语中经常出现,例如有“镜子中之米糕”、“在梦中尝米糕”、“别人的米糕看起来更大”等。

(2)“说曹操曹操就到”与“说老虎老虎就到”

在汉语俗语中有一句话,“说曹操曹操就到”。这个俗语作为很流行的俗语,形容曹操的耳目众多,动作迅速无所不在,随时都可能出现在你我面前,是必须要提防的人。这个中国俗语来源于《三国演义》:“有一天,有个人向汉献帝说着曹操能保护皇上的安全,推荐曹操。于是汉献帝正准备将曹操叫过来,但汉献帝叫曹操之前曹操就来了,汉献帝就说,‘真是说曹操曹操就到啊’”。如此,此中国俗语“说曹操曹操就到”来比喻刚刚提到某人,某人就来了,事有凑巧,“说曹操曹操就到”从这个故事中产生。《三国演义》中出现的“曹操”既是中国三国时期政治家,又是诗人(155年至220年)。他作为政治人,打下魏国建国的基础,得到古代中国人的称颂,被称为乱世枭雄。“曹操”在中国成语中经常出现,例如有“身在曹营,心在汉”、“曹操作事,干干净净”、“曹操用计,又好又滑”等。

其次从韩国俗语看,在韩国俗语中也有一句话,“说老虎老虎就到”。这个俗语的意义是“说老虎，在深山里的老虎就来”，来比喻刚刚提到某人，某人就来了。这韩国俗语从中国俗语“说曹操曹操就到”传入韩国，在意义上完全相同而在句子中使用的词语不同。在韩国俗语句子中出现的对象是“老虎”，能够窥见韩国祖先的生活状况。古代韩国山里有很多老虎，以至于古代韩国被称为“老虎的国家”。老虎为寻找食物经常会到村子里来。但是人的力量孤单，难以招架凶猛的老虎，总是吓得直打哆嗦。古代韩国人把老虎视为恐怖的事物，视为“山里的神”、“山里的王”，每年祭拜老虎。

韩国俗语“说老虎老虎就到”就是从韩国生活文化中产生的。“老虎”在韩国俗语中常常出现：“虎死留皮，人死留名”、“初生小狗不怕虎”、“被虎叼也只要打起精神，就能九死一生”等。

(3)“班门弄斧”与“孔子面前写文字”

在汉语成语中有一句话，“班门弄斧”。这成语的意义是“在鲁班门前舞弄斧子”，来比喻“在行家面前卖弄本领，不自量力”。“班门弄斧”出于唐·柳宗元《王氏伯仲唱和诗序》：“‘鲁班’是一个善于制作精巧器具的能手，把他称为巧人，民间历来把他奉为木匠的始祖。谁也都不敢在鲁班门前卖弄使用斧子的技术，不敢显示自己的本领。但是总有做这种太不谦虚的可笑行为的人。有一天，一个年轻的木匠走到一个大红门的房子前，举起自己手里的斧子说，‘不管是什么木料，只要用我的斧头这么一弄，就会做出无比漂亮的东西’。旁边的人听完之后，就指着身后的大红门说，‘小师傅，那你能做出比这扇还好的门吗？’，一个年轻的木匠傲慢地说，‘那是当然啊！我是鲁班的学生，难道不能做这样一扇简单的大门吗？’。众人听完就忍不住大笑起来说，‘这就是鲁班先生的家，这扇门就是他亲手做的，你真的能做比这扇门还好的门吗？’。这位年轻的木匠不好意思地跑掉了”。如此，“班门弄斧”成语出于这个古典。“鲁班(公元前507年至公元前444年)”是中国战国时期鲁国人，中国建筑鼻祖木匠鼻祖。有关他的故事都是中国古代劳动人民创造的故事，“鲁班”是成为中国古代劳动人民智慧的象征。有关由他创造的固定用语有“鲁班无木难作屋”、“鲁班门前弄大斧，孔夫子门前读经”等。

其次从韩国俗语来看，在韩国俗语中有一句话，“孔夫子面前写文字”。这个俗语的意思是“在技艺高超的人面前要花样，显示自己的本领”，与中国成语“班门弄斧”意义相同，而在句子中使用的词语不同。在韩国俗语句子中出现的人物是中国的著名的思想家“孔子”。孔子是中国春秋时期的思想家、教育家、政治家、儒家学说的创始人。古代的时候，孔子的儒家思想从中国传入到韩国，韩国作为东方礼仪之国，从古至今，韩国很重视孔子主张的“仁、义、礼、智、信、恕、忠、孝、悌”等的道德。孔子的儒家思想广泛地渗进了韩国生活各个方面，对韩国的社会、教育、文化等方面产生了巨大的影响。如今韩国人把孔子奉为伟大的思想家，他深刻地留在韩国人心中。因此韩国固定用语中可以经常发现有关孔子的俗语：“孔子面前说《论语》”、“孔子曰、孟子曰”等。

第二节 汉韩两语类型学上的主要特点

中国既是一个多民族的国家，又是一个多语言的国家。现在有些少数民族使用两种或两种以上的语言，如今中国民族语言大约有80种以上。这些多种语言按照谱系分类法可以分为“汉藏语系、阿尔泰语系、南亚语系、南岛语系、印欧语系”等的五个语系，其中在世界上使用汉藏语系的人口数量最多。现在中国大多数民族是汉藏语系民族，汉语属于汉藏语系，汉藏语系里包含了“汉语、藏缅语、苗瑶语、壮侗语”四种，主要分布在中国、越南、老挝、柬埔寨、缅甸、泰国、印度、尼泊尔、不丹、孟加拉等亚洲各地，它们总共具有400种语言。其次，阿尔泰语系包括60多种语言，主要分布在“中亚、西亚、东亚、西伯利亚”以及欧洲东部的一些国家。“韩语”和“日语”属于阿尔泰语系，“蒙古语、满语、乌兹别克语、维吾尔语、哈萨克语”等的语言也属于阿尔泰语系。

如上所述，许多国家属于“汉藏语系、阿尔泰语系、南亚语系、南岛语系、印欧语系”等，具有相互不同类型的语言形态和文字结构。一个语言的基本语序是以其语言的句法为基础的类型特点。因为所有重要的句法结构和文章结构取决于基本语序。一般人类语言的基本语序是“SOV、SVO、VSO、VOS、OSV、OVS”等六种，据Tomlin(1986)的统计，在世界语言中，“SOV”占有的比例是45%，“SVO”占有的比例是42%，这两个的合计占全体语言的近90%。“SOV”主要有韩语，“SVO”主要有汉语，笔者在本章主要研究在类型学上中国和韩国的两语特点。

语言的比较研究总是基本上开始在两个方面，第一个方面是通过两个语言的比较分析，要辨析两语的共同点和不同点，第二个是通过“音韵论、形态论(词法)、统辞论(句法)”等类型的比较，要把握特定语言拥有的特点。笔者在本章第一节主要研究“汉语和韩语在类型方面的特点”，其探讨分为“汉韩两语音韵、汉韩两语音节、汉韩两语句法、汉韩两语形态结构”四类。

一、汉韩两语音韵特点

汉语是声调语言(tone lunguage)。汉语音节构成为“声母、韵母、声调”，其中声调是汉语音节必不可少的组成部分，汉语的整个音节是按照高低升降变化，辨别词语的意义。声调在汉语普通话中起到区别意义的重要作用。汉语声调系统共有四个声调，这四个声调可以分为“阴平、阳平、上声、去声”，把它称为“四声”或“四韵”。“四声”也可以用序数表示“一声、二声、三声、四声”。另外，《汉语拼音方案》规定用“ˉ、ˊ、ˇ、ˋ”这四个符号来是指汉语的四个声调，汉语词语代表有“妈、麻、马、骂”。

其次从韩语看，韩语中存在“同音异义词(指形态和发音相同而词义却不同)”，但是韩语与汉语相反，没有声调。虽然韩语中没有像汉语同样的四个声调，但是存在可以分辨“同音异义词”的功能，那就是语音的长短，根据语音的长短辨别词语的意义。例如，韩语的“同音异义词”有“눈”和“눈-”、“밤”和“밤-”、“배”和“배-”等，这些词语在形态和发音上完全一致，但在词语中内涵的意义是两个或三个以上。在“눈(nun)”和“밤(bam)”中存在的意思是两个，把“눈”长点读的话，是成为从天空飘下来的“雪”，短点读的话，是成为人身体部位的“眼睛”，把“밤”长点读的话，这词义

是成为吃的"栗子",短点读的话,成为漆黑的"夜晚"。然后,在韩语"배(bae)"中共有四个意义。如果长点读的话,成为两倍三倍的"倍",短点读的话,成为水果的"梨子"或者人身体部位的"肚子"或者在海上漂浮的"船"。如此,现代韩语只存在语音长短而没有声调。但是据《训民正音·例解本》阐明,15世纪中世韩语也有"平声、上声、去声、入声"四个声调,"平声"是指低声、"上声"是指降升、"去声"是指高声、"入声"是指快声。后来到了16世纪末,韩国的这四个声调消失,有的学者主张目前在"庆尚道"和"咸镜道"使用的方言里还剩下一些声调。

二、汉韩词语音节特点

按照音节的多少,词语可以分为"单音节词"和"复音词"。所谓单音词,以一个音节为基础构成的词,汉语属于单音节词(language monosyllabic)。汉语不管"名词、副词、形容词、动词",都只使用一个单词可以表达意义。例如,名词有"人、山、水、风、火"等,副词有"很、太、挺、只",动词有"做、坐、吃、来、去"等,形容词有"好、坏、快、慢"等。汉语使用这些单音节词可以形成词汇,同时也可以结构句和文章:"狗跑得很快"。据记录,古代汉语的词汇中,单音节词占有的比例很高,几乎所有的词汇都是单音节词。随着时间的流逝,后来才增加多音节词,同时也增加同音词(指发音相同而词义却不同。例如:家境、佳境,树木、数目),而表达文章更为丰富和准确。

与此相反,韩语是为三个音节以上为构成的多音节词。下面是为了明确分析汉语和韩语音节词的差异,拿《论语》的第一句来举例:"学(학:배우다)而(이:그리고)时(시:때때로)习(습:익히다)之(지:그것)不(불:아니다)亦(역:또한)说(열:기쁘다)乎(호:-한가)"。如上所述,汉语是"学而时习之不亦说乎",以9个词语构成文章,韩语是"배우고 그리고 때때로 익히면 그것 또한 기쁘지 아니 한가",韩语的"배우다"是指汉语的"学"、"그리고"是指汉语的"而"、"때때로"是指汉语的"时"、"익히면"是指汉语的"习"、"그것"是指汉语的"之"、"또한"是指汉语的"亦"、"기쁘지"是指

汉语的“说”、“아니”是指汉语的“不”、“한가”是指汉语的“乎”，总共以23个词语构成文章。

由此可知，汉语是只需使用一个音节的词语，就可以形成话语文章的单音节语言，韩语是一定有两个以上的音节的词语，才能够形成话语的“多音节语言”。

三、汉韩两语句法特点

在世界上存在的多种多样的语言中，大部分句子基本结构是“主语+谓语+宾语(Subject+Verb+Object)”和“主语+宾语+谓语(Subject+Object+Verb)”两种。汉语的语法结构的基本顺序是主语+动词+宾语，汉语属于汉藏语系。中国从古至今，一直使用“SVO”的句子基本结构。例如，在“我吃饭”中的“我”是主语、“吃”是谓语、“饭”是宾语，这个汉语句子以“主语+谓语+宾语”为基础结构。这种句子结构与其他很多国家的语言一致，尤其与英语语序基本上相同。例如，把汉语的句子“我买了一本书”翻译成英语的话，是成为“I boughta book”。这句型的两个句子是谓语动词都具有实义，都是主语产生的动作。但是没有宾语的话不能表达完整的意思，必须跟有一个宾语，即动作的承受者，才能使意思完整。这类动词称为“及物动词”。与之相对的是属于阿尔泰语系的韩语。阿尔泰语系句子的基本结构顺序是“主语+宾语+谓语(SOV)”，例如，把上述

的汉语文章“我吃饭”翻译成韩语的话，是成为“나는 밥을 먹다”。这韩语句子中的“나”是主语、“밥”是宾语、“먹다”是谓语。韩语的谓语通常出现在句末，宾语必须在谓语的前面出现。

四、汉韩两语形态结构特点

形态学上方面语言可以分为“孤立语(isolating languages)、粘着语(agglutinating languages)、屈折语(inflexiona1 languages)”三种。首先从孤立语的特点

看，孤立语的主要特点有以下几个方面：第一，孤立语语序严格，不能随意调换句子成分的位置。一个词在句子中属于什么成分没有形态上的标志，完全是根据语序来确定。因此孤立语是语序非常重要。第二，孤立语没有助词[17]和词尾[18]，所以没有丰富的词形变化，汉语就是典型的孤立语。例如，“我爱你”、“你爱我”，仅调换主语和宾语的位置，意义就变完全不同的两种。

但韩语里有助词和词尾，说“나는 너를 사랑해(直译：我你爱)”也是指“我爱你”，说“너를 나는 사랑해(直译：你我爱)”也是指“我爱你”。

其次从粘着语看，粘着语与孤立语相互具有相反的性格。汉语语序比较固定，没有丰富的词语变形，但是粘着语的特点中第一个是形态变化十分丰富，语序并不是重要，可以随意颠倒语序，词语的位置很自由。因为粘着语语言是存在“助词”。所谓助词，用在体词后，表示体词为句子的主格。典型的粘着语是韩语，拿句子来举例，韩语“나는 멋진 남자친구가 있다(直译：我帅气的男朋友有)”句子中，“는”和“가”是主格助词和宾格助词，可以明显地区分“나(我)”是主语，“남자친구(男朋友)”是宾语，因此调换主语位置和宾语位置也意义不变而相同：“나는 멋진 남자친구가 있다(直译：我帅气的男朋友有)”是指“我有帅气的男朋友”、“멋진 남자친구가 나는 있다(帅气的男朋友我有)”也是指“我有帅气的男朋友”。然后粘着语的第二个特点是词汇中存在“词尾”，所以词的前面和中间不发生变化，只是词的尾部发生变化来表示语法意义。例如，上述的韩语句子中“멋진(帅气)”的原型是“멋지다(帅气)”，形容词变成为修饰语功能，表示词尾的丰富的变化。粘着语韩语的特点是在口语中更为表现得十分明显，例如，“할머니께서 나에게 세뱃돈을 주셨다(直译：奶奶我压岁钱给了)”、“할머니께서 세뱃돈을 나에게 주셨다(直译：奶奶压岁钱我给了)”、“나에게 할머니께서 세뱃돈을 주셨다(直译：我奶奶压岁钱给了)”、“나에게 세뱃돈을 할머니께서 주셨다(直译：我压岁钱奶奶给了)”、“세뱃돈을 할머니께서 나에게 주셨다(直译：

17 助词指韩语的“은”、“는”和“이”、“가”或日语的“は”和“が”；用在体词后，表示体词为句子的主格。

18 词尾指韩语的“아요”“어요”或英语的“drive-drove-driven”变形；为表示尊敬的终结词尾，用在谓词后。

压岁钱奶奶我给了)”、“세뱃돈을 나에게 할머니께서 주셨다(直译：压岁钱我奶奶给了)”，等上述的这五个句子的句子结构成分是“主语、宾语、状语、谓语”，谓语的位置一定要放在句子最后边，“主语、宾语、状语”的语序可以随意调换。但是五个句子意义都是一致，在语法上也没有大的问题。

最后，屈折语的特点是跟粘着语一样具有丰富的词形变化，语序也很自由，相反不同点是不需要助词和词尾。语序自由、丰富词形变化的特点是与韩语的粘着语相同，不需要助词和词尾的特点是与汉语的孤立语相同。典型的屈折语是拉丁语和英语。首先拿拉丁语来举例，拉丁语“puer”是“少年”的意思，“puella”是“少女”的意思。造个句子，“Puer puellam amat”是指“少年爱少女”，也可以表示“Puellam puer amat”、“Puellam amat puer”等的各种各样的方式，这三个句子的意义都相同。其次从英语特点看，以前英语与屈折语特点相当一致，但随着语言的演变，现代英语像孤立语同样变化。例如，英语“I have a beautifulpicture”的主语位置和宾语位置调换的话，成为“a beautiful picture I have”，这两个句子的意义大不相同，句子也别扭。另外，英语虽然没有助词，但有词尾变化，“beauty”可以成为“beautiful”，这个是屈折语的特点。

第三节 汉韩文字的主要特点

一、文字简史

文字的基本意思是意义传达、思想交流或承载语言的图像或符号，作为语言载体非常重要。

远古文字产生之前，人类最原始的意义传达工具就是动作和声音。为了转达自己的想法，使用动作表现为视觉的，人类要转达自己的想法和情感的欲求越来越大，使用事物留某个标记发展为行为。后来，古代人开始把要表现的对象的形态描写简单的图画，形成很多的文字形态，把它称为“象形文字(pictograph)”。“象形文字”即是人类的最早文字，又是从创造人类文明使用的文字。公元前3100年左右，创造美索不达米亚的“苏美尔文字(Sumerian writing)”、公元前3000年左右，创造埃及的“神圣文字(hieroglyphic writing)”、公元前1500年左右，创造叙利亚地方的“赫梯文字(Hittite writing)”、公元前1300年左右，创造中国的“汉字(Chinese writing)”。“象形文字”表格如下：

表2-1 苏美尔文字、神圣文字、赫梯文字、汉字

通过上面的表格可知"苏美尔文字、神圣文字、赫梯文字、汉字"都是使用事物的本身形象, 具体地使象形简单化的画。人类最早产生的这四种文字虽然在各自不同的地区、不同时期创造, 但构思方式很相同, 这一点是非常有趣的部分。这种象形文字画得很难, 画得不准确、需要不少时间, 随着时间的流逝, 这种复杂的象形文字逐渐以笔画的样子简单化, 开始带有文字本来的面目。

二、汉韩两语文字的起源

1. 中国汉字起源

甲骨文是在世界上最古老的文字之一, 也是中国最早的具有成熟形态的文字, 即1899年在殷墟(现在的河南省安阳县)最早发现的刻在龟板上的文字。殷朝(商朝)至周朝, 一般把文字刻在龟甲或牛的肩胛骨上, 所以把它称为"甲骨文"、"龟甲文字"、"龟甲兽骨文字"。"甲骨文"的内容是跟占卜有关的, 由此可知"龟甲"和"牛骨"是中国殷朝时使用过的占卜的工具。所以它又被称为"殷墟卜辞"。从新石器时代, 统治者对很多事情都要进行占卜, 为了进行卜占开始使用龟甲或兽骨, 龟甲或兽骨上刻字的行为只是殷朝的一种特色。盤庚至殷末, 甲骨文经过大约200年的时间, 占卜的内容大致可以分为"祭祀、军事、田猎、农耕"四种, 一般被使用于国王的巡幸和问候。

1928年至1937年, 通过当时的中央研究院的发掘工作, 如今已经发现到的甲骨文的数目是大约十多万, 刻在甲骨文上的文字当中, 认识的字数是共4,672个字, 可以解释的字作为1,723字, 不到一半的字数。据文字学者和考古学者的分析结果, "甲骨文"中有汉字的制造方式的"象形、指事、会意、形声"等, 在甲骨文上刻着的文字为主语、谓语、宾语的语序固定, 与现代汉语的语序一致。因此许多学者主张如今在中国使用的汉字起源于"甲骨文", "甲骨文"开启了起初的中国文字文明时代。到了殷朝时代, 文字构成为成熟的文字形态, 为周朝时代青铜器铭文、战国泰汉的简牍、帛书文字、魏晋的石刻文字发展做出了巨大贡献。汉字字体的演变过程如下：

表2-2 汉字字体的演变

2.《训民正音》的起源

古代的韩语只是在口耳相传的过程中产生的口语，没有记录的文字。所以韩国到新罗时代之前，借用汉字来记录文字，古代韩国人把中国的汉字称为“汉文”，中国的汉字对古代韩国人来说，是很重要的记录工具。但是汉字和韩语相比，汉语和韩语是完全不同的两种语言，词序和词尾方面有很大的差异。而且在汉语中没有一些韩语的发音，记录文字时，给韩国带来相当的不便。所以“ㄱ、ㅅ、ㄷ”这三个发音，即以“ㄱ”代“役”、以“ㅅ”代“衣”、以“ㄷ”代“末”使用。另外，对一天一天生活艰难的平民百姓来说，中国汉字数量多，笔画也非常繁，难背、难写、难说。所以朝鲜王朝(1392-1910)第四代王世宗大王创制了韩国文字，这个文字被称为《训民正音》。《训民正音》完成于1443年世宗25年到1444年世宗26年末，于世宗28年(1446年)正式出版。对《训民正音》的起源的争论从很久以前为各种各样被提出了，至今还没找到对《训民正音》创造的起源资料, 而存在许多假设。很多学者看在《世宗实录》上记载的"象形而字做古篆"此一句话, 各自主张自己的想法, 有一位学者主张《训民正音》与中国"篆书"的有棱有角的形状很相同, 而韩文来源于中国。中国篆书的图如下 : [19]

表2-3 篆书

另一位学者主张韩文起源于古代印度的"梵文", 产生了"梵字"起源说, 实际上, 韩文和梵字的形状很相似。例如, 是韩文的"레、니、메、리、에"等。古代印度梵字的图如下 : [20]

表2-4 梵字

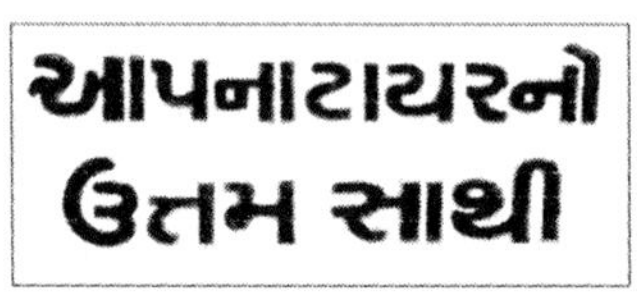

第三个主张是蒙古"八思巴"文字起源说。"八思巴"文字比《训民正音》领先大约170年元朝世祖时代时创制的文字, 字形是方块字体, 与韩文的"ㄱ、ㄷ、ㄹ、ㅁ、ㅂ"等的文字相似, 由于文字的构成原理和文字的运用很类似的这点, 提出了"八思巴"文字起源说。蒙古八思巴文字的图如下 : [21]

19 송성재. 한글 타이포그래피-한글 글꼴의 기원[M]. 커뮤니케이션북스, 2013(2)

20 송성재. 한글 타이포그래피-한글 글꼴의 기원[M]. 커뮤니케이션북스, 2013(2)

21 송성재. 한글 타이포그래피-한글 글꼴의 기원[M]. 커뮤니케이션북스, 2013(2)

表2-5 蒙古八思巴文字

第四个主张是很多起源说当中最引起学者注目的1983年创制的"加临土"文字起源说。据高丽末期的学者"李岩"写的《檀君世纪》, 桓雄天皇(公元前3897至3784)让"神志"和"赫德"创制文字, 这两个人模仿鹿的脚印, 在兽皮上来记录文字, 把它称为"鹿图文", 后来"鹿图文"进一步发展成"加临土"。"加临土"总共有38个文字, 其中28个文字是与《训民正音》的文形非常一致。韩国加临土文字的图如下 : [22]

表2-6 加临土文字

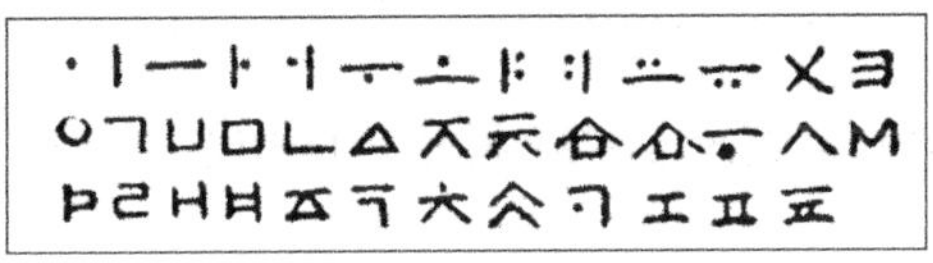

第五个主张是日本的"神代文字(阿比留文字 ：あびるもじ)"起源说。在日本三重县有比世宗大王创制《训民正音》700多年前建立的日本起初的"伊势神宫"。在"伊势神宫"发现"神代文字(阿比留文字)", "神代文字"汉字从中国传入日本之前已经存在。它的形状与韩文相似, 学者主张韩文起源于"神代(阿比留)"。日本神代(阿比留)文字的图如下 : [23]

表2-7 神代(阿比留)文字

22 송성재. 한글 타이포그래피-한글 글꼴의 기원[M]. 커뮤니케이션북스, 2013(2)

23 송성재. 한글 타이포그래피-한글 글꼴의 기원[M]. 커뮤니케이션북스, 2013(2)

另外, 除了上述的几个起源说以外, 还提出“西藏文字起源说、古代文字起源说、窗户形象文字起源说、太极思想起源说、契丹女真文字起源说”等的许多的起源说。但是1940年在韩国“庆尚北道安东”发现《训民正音 · 解例本》之后, 对《训民正音》起源很多的争论都消失了。《训民正音 · 解例本》是世宗28年(1446年)编纂的书, 阐释了语言的创造目的、由来、使用法和创制的世界观等的内容。据《解例本》记录显示,《训民正音》通过模仿发音器官(唇、舌、喉)的形状和东方哲学的天、地、人的三才思想创制而成, 对制造辅音和元音的原理和辅音和元音怎么结合而形成文字。齿音的辅音“ㄱ[g]”模仿舌头尾部堵塞喉咙的形象, “ㄴ[n]”模仿舌头碰到上齿龈的形象制造而成, “ㅁ[m]”模仿口的形象制造而成, “ㅅ[sa]”模仿舌头腰碰到上腭后弯曲的形象制造而成, “ㅇ[o]”模仿喉咙的形象, 元音“ • ”模仿圆天制造而成, “ㅡ[ɨ]”模仿平整的土地制造而成, “ㅣ[i]”模仿人站着的形象制造而成。这样的声音和发音器官的完美的关联性证明《训民正音》的科学性。后来1962年12月,《训民正音 · 解例本》被制定为国宝第70号, 于1997年10月被登记为联合国教科文组织的世界记录遗产。

三、汉字和韩文的构成

1. 汉韩文字的构造方法

汉字的造字方法是“象形、指事、会议、形声、转注、假借”等, 具有六书的规则。从六书看, 第一,“象形”是用线条描画实物的形象, 以此来表示字义的造字方法, 文字创制的最早阶段。例如, 有“日-⊖”、“月-☽”、“木-𣎳”等。第二,“指事”是用纯抽象符号或在象形字上添加表示符号来表示意义的造字方法。例如, 有“上”表示“丄 ⊍”、“下”表示“丅 ⌓”。第三,“会意”是用两个以上的形象字或指事字组合起来表示一个新的意义的造字方法。例如, 有“月-?”、“马-𩡧”。第四,“形声”

是用形符和声符组合起来表示一个新的意义的造字方法。形符是形声字的表意成分，声符是形声字的表音成分。形声字中形旁和声旁的部位组合主要有六种。例如，有"左形右声(拱，样)"、"右形左声(剂，刊)"、"上形下声(草，房)"、"下形上声(想，袈)"、"外形内声(围，街)"、"内形外声(闻，衡)"。第五，"转注"是转注就是用同义字辗转相注的方法造字。例如，有"老"、"考"、"耆"、"耋"。第六，"假借"是借用已有的一个现成字来记录语言中另外一个音同或音近的词的现象。例如，有"难"原是鸟名，借为"艰难"之难，"长"是长发，借为"长久之长"，"久"是从后灸之，借为"久远"之久等。

其次从韩文的构造方法看，世界很多学者把韩文视为在世界上具有最简单系统性和全面性的语言之一，受到语言文字研究院专家的高度评价，被赞誉为科学的、优秀的语言文字。韩文是由朝鲜王朝(1392年至1910年)第四代王"世宗大王"创制的文字，取"教百姓正确的语音"之意，1446年分布《训民正音》。《训民正音》是在韩国正式推行的韩国的最早文字。据《训民正音·解例本》记录显示，世宗大王模仿发音器官(唇、舌、喉)的形状而创制辅音，模仿"天"、"地"、"人"的三才思想创制元音。例如，从《训民正音》中的单辅音看，"ㄱ[ga]"模仿舌头尾部堵塞喉咙的形象而成，"ㄴ[na]"模仿舌头尾部碰到上腭的形象而成，"ㅁ[ma]"模仿嘴唇的形象而成，"ㅅ[sa]"模仿舌头腰碰到上腭后弯曲的形象而成，"ㅇ[a]"模仿口和喉咙张开的形象而成，另外的辅音是在"ㄱ、ㄴ、ㅁ、ㅅ、ㅇ"上添加一个以上的笔画创造的，例如拿"ㅋ、ㄷ、ㅌ、ㄹ、ㅂ、ㅍ、ㅈ、ㅊ、ㅎ"来举例。其次，元音"·"模仿圆天形象而成，"ㅡ[ɨ]"模仿平整的土地而成，"ㅣ[i]"模仿人站着的形象而成，组合"天地人"这三个的基本字创造了此外的元音。下面的表格是韩文基本辅元音的象形方法，上述的内容用表格整理了一下：

通过下面的表格，不难看出《训民正音》的辅音通过发音器官为形成的，元音是模仿东方哲学的"天地人"而形成的。

表2-8《训民正音》辅音和元音象形方法

辅元音 区分	辅音象形方法					元音象形方法		
	异音	舌音	齿音	唇音	喉音	点元音	横元音	纵元音
基本形态	ㄱ	ㄴ	ㅁ	ㅅ	ㅇ	•	ㅡ	ㅣ
发音形态		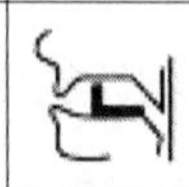						
发音方法	舌头尾部堵塞喉咙的样子	舌头尾部碰到上腭的样子	嘴唇上下的样子	舌头腰碰到上腭后弯曲的样子	口和喉咙张开的样子	嘴唇打开的样子(天)	扁平压瘪的样子(地)	把嘴张开的样子(人)

15世纪，当时《训民正音》由17个辅音和11个元音，总共28个音节构成。以《训民正音》十七个的辅音为单辅音"ㄱ、ㄴ、ㄷ、ㄹ、ㅁ、ㅂ、ㅅ、ㅇ、ㅈ、ㅊ、ㅋ、ㅌ、ㅍ、ㅎ、ㆁ、ㆆ、ㅿ"构成，十一个的元音为初出字"ㅏ、ㅓ、ㅗ、ㅜ、ㅡ、ㅣ"和再出字"ㅑ、ㅕ、ㅛ、ㅠ"，在11个的元音里包括"•"。以后，在辅音再加上六个字，这个六个字是"ㄲ、ㄸ、ㅃ、ㅆ、ㅉ、ㆅ"，《训民正音》辅音成为23个，并往元音的"初出字"和"再出字"里再加上一个"•"，就产生了复合字"ㅘ、ㅝ"、相合基本字"ㅢ"、相合初出字"ㅔ、ㅐ、ㅚ、ㅟ"、相合再出字"ㅖ、ㅒ"，相合复合字"ㅙ、ㅞ"，《训民正音》元音成为22个，它又称为"复元音"或"二重元音"。后来，《训民正音》随着时代渐渐变化，单辅音"ㆁ、ㆆ、ㅿ"和双辅音"ㆅ"、元音的基本字"•"消失，《训民正音》的23个辅音和22个元音变成19个辅音和21个元音，它是如今使用的韩文。下面是由基本字的三个"天地人"组合构成的元音类型。

表2-9 基本字"天地人"组合构成的元音类型

基本字	象形	单元音	双元音
•	天	•+ㅡ=ㅗ	ㅗ+•=ㅛ
ㅡ	地	•+ㅡ=ㅜ	ㅜ+•=ㅠ
ㅣ	人	•+ㅣ=ㅏ	ㅏ+•=ㅑ
		•+ㅣ=ㅓ	ㅓ+•=ㅕ

2. 汉韩文字的结构单位

汉韩文字的结构单位主要分为“笔画”和“部件”两类，“笔画”又分为“笔画的基本类型、笔画的先后次序、笔画的组合关系”三类，“部件”又分为“部件的定义、部件的名称”两类。

(1) 汉韩文字的笔画

首先从汉语笔画的基本类型看，汉字的笔画构成为各种各样的点和线，是构成汉字的最小的基本结构单位。书写楷书时，从落笔到提笔，叫做“一笔”或“一画”。各种各样的笔画都有一定的形状，叫做“笔形”。中国传统书法共有八种，这八种笔画是“点”、“横”、“竖”、“撇”、“捺”、“提”、“折”、“钩”。现在汉语中“一”和“乙”是由一笔为基础构成的汉字，除了这些汉字以外，大多数的汉字都是以好几笔为基础构成。据《现代汉语通用字表》的统计，7000个现行汉字的平均笔画是大约十画左右，大部分汉字的笔画是六画到十二画之间。其中最少的是一画，是指“一、乙”，最多的是三十六画，是指“齉”。其次从汉语笔画的先后次序看，现代汉语的标准化的笔画的次序是“横-竖-撇-点-折”，依照笔画笔形给汉字排序的问题也随之得到了解决。例如，“国、季、武、郑”这四个汉字的笔画都是八个，按照首笔笔形的次序排序，毫无疑义应该是“武、国、季、郑”。[24] 再次，从汉语笔画的组合关系看，汉字笔画之间的组合关系有三种基本类型，第一种类型是相离关系，两个以上的笔画归拢到方格内写字分布在一个方块字内，互不相连。例如，有“二、三、八、儿、心、小”等。第二种的类型是相接关系，两个以上的笔画分布在一个方格之内，笔画之间相互连接，但不交叉。例如，“山、月、日、工、正、元”等。第三种的类型是相接关系，两个以上的笔画分布在一个方格之内，笔画之间相互交叉。例如，“十、七、九、中、串、丰”等。

首先从韩语笔画的基本类型看，韩语字形的笔画构成为各种各样的线，是韩文的最小结构单位。韩国传统书法共有五种，这五种笔画是“横”、“竖”、“撇”、“捺”、“圈”。韩语的“横、竖、撇”与汉语的笔画相同，但在汉语里不存在“圈”笔画。“捺”韩

---

24 齐沪扬. 现代汉语[M]. 商务印书馆出版, 2007, (1)

语一个音节至少包括一个辅音和一个元音, 而不存在一画, 至少是两画以上。例如, 笔画最少的韩字是"이"和"으"而最多的笔画是二十画是指"뾃", 但在韩国一般不使用这个词。其次从韩语笔画的先后次序看, 韩语的笔画次序是一定由上到下, 由左到右。再次, 从韩语笔画的组合关系看, 韩语笔画之间的组合关系有两种基本类型, 第一种类型是相离关系, 两个以上的笔画分布在一个方块之内, 互不相连。例如, "이、으"。第二种类型是相接关系, 两个以上的笔画分布在一个方块之内, 笔画之间相互连接, 但不交叉。例如, "갸、놔、대、뢰、뮈、재、예"等。汉字存在相互交叉的笔画, 而韩语不存在相互交叉的笔画。

(2) 汉韩文字的部件

汉字是象形表意字, 很多偏旁部首都能找到象形的根源甚至是影子。首先从汉字部件的定义看, 部件是汉字的基本结构单位, 它是现在汉字字形中具有独立组字能力的构字单位, 是汉字的基本结构单位。部件可以分为一级部件、二级部件、三级部件。例如, "露"可以切分为"雨"和"路"两个一级部件, "路"又可以切分为"⻊"和"各"两个二级部件, "⻊"还可以切分为"口"和"止"两个三级部件, "各"也还可以切分为"夂"和"口"两个三级部件。

其次, 从汉语部件的名称看, 汉语部件的名称概括为五组八种, 第一种是"左旁右边", 第二种是"上头下地", 第三种是"内心外框", 第四种是"中腰", 第五种是"四角"。"左旁右边"简单说明就是左右结构词, 左边的部件是"旁", 右边的部件是"边", 例如, "握"是提手旁、屋字边, "仪"是单人旁、义字边。"上头下地"是上下结构的字, 上面的部件是"头", 下面的部件是"低", 例如, "花"是草字头、化字低, "虚"是虎字头、业字低。"内心外框"是全包围的字和三面包围的字, 里面的部件是"心", 外面的部件是"框", 例如, "国"是方框、玉字心, "周"是同字框、吉字心。"中腰"是上中下结构和左中右结构的字, 中间的部件是"腰"。例如, "鼻"田字腰、"粥"是米字腰。最后作为"四角", 字的左上、左下、右上、左下部件是"角", 例如, "韶"左上角是立、左下角是日、右上角是刀、右下角是口。

如上所述，汉语是表意文字，每个语素都能表达意义，构词能力强，汉字字形具有独立组字能力，但与此相反，韩语是表音文字，需要音节的组合才能表达完整的意义，韩字字形没有独立组字能力。因此韩语没有文字的部件。韩语的一个音节至少包括一个辅音和元音，韩语的音节构成方式总共有三种，第一种是辅音+元音(가；ga)、第二种是辅音+元音+辅音(갑；gab)、第三种是辅音+元音+辅音+辅音(값；gab)。

从韩字的书写方式看，韩文是辅音和元音结合而形成文字的，音节的开头都是辅音。韩字的书写方式共有八种基本类型。第一类型为“人立之形”，辅音在左、元音在右。例如，有以“ㄴ[n]+ㅣ[a]=나[na]”为基础结构的“가、너、야、벼、티、새、재”等。第二类型为“地平之形”，辅音在上、元音在下。例如，有以“ㄴ[n]+ㅗ[o]=노[no]”为基础结构的“고、수、으、묘、뷰”等。第三类型是“人立之形”一种，辅音在左、元音在右、收音(位于最后的辅音称为收音，即“韵尾”)在辅音和元音的下边。例如，有以“ㅅ[s]+ㅏ[a]+ㄴ[n]=산[san]”为基础结构的“감、널、양、몇、집、행”等。第四类型是“地平之形”一种，辅音在上、元音在中间、收音在元音的下边。例如，有以“ㅅ[s]+ㅗ[o]+ㄴ[n]=손[son]”为基础结构的“곰、숨、등、용、굴”等。第五类型是构成为一个辅音和两个元音的音节，辅音在上、元音在辅音的下边、另一个元音在右，例如，有以“ㄱ[g]+ㅗ[o]+ㅏ[a]=과[goa]”为基础结构的“뇌、뒤、봐、뭐、의、퀘、홰”等。第六类型是构成为两个辅音和两个元音的音节，辅音在上、元音在辅音的下边、另一个元音在辅音和元音的右边，另一个辅音作为收音，摆在最下边。例如，有以“ㄱ[g]+ㅗ[o]+ㅏ[a]+ㅇ[o]=광[goao；guang]”为基础结构的“굉、뒷、왁、귄、웹、횅”等。第七类型是“四角”形式，构成为三个辅音和一个元音的音节。例如，有以“ㄱ[g]+ㅏ[a]+ㅂ[b]+ㅅ[s]=값[gab]”为基础构成的“낡、닭、삯、싫、앉、핥”等。第八类型是构成为三个辅音和一个元音的音节，辅音在上、元音在辅音的下、另两个辅音作为收音，摆在元音的下边。例如，有以“ㄱ[g]+ㅗ[o]+ㄹ[l]+ㅁ[m]=곪[gom]”为基础结构的“긂、곪、늚、슮、옮、옳”等。

本章小结

本章研究了汉语和韩语的特点，进行了具体的分析，分别从文化上的特点、类型学上的特点、文字方面的特点三种进行了详细阐释。如文化上的特点再分为"语言的文化背景、语言与文化的关系、语言的文化内涵"，类型学上的特点 再分为"汉韩两语音韵、汉韩两语音节、汉韩两语句法、汉韩两语形态结构"，文字方面的特点再分为"文字简史、中韩两语文字的起源、汉字和韩文的构成"等。

首先研究文化上的特点结果显示，成语和俗语反映着当时其国家的语言文化和劳动人民的情绪和风习。中国和韩国作为使用同汉字的汉字文化圈国家，公元前2世纪韩国把汉字从中国传入。随着汉字的传入，同时韩国传入了大量的汉语词汇，其中自然也包括"成语"和"俗语"。后来从中国传入到韩国的成语和俗语合乎韩国固有文化变化。因此成语和俗语反映着当时韩国语言文化和劳动人民的情绪和风习。笔者在本章二节为了更加明显地比较中韩俗语里蕴涵着的中韩两国的文化，提出了对韩国人最熟悉和著名的"说曹操曹操就到"和"画饼充饥"这两个俗语。从中国传入到韩国的中国俗语，原来的意义不动，合乎韩国的文化和情绪只修改了单词的形态，"曹操"变成为"老虎"，"饼"变成为"糕"。由此可知中国俗语里蕴涵着中国文化，韩国俗语里蕴涵着韩国文化。

其次研究类型学上的特点结果显示，汉语是汉语是孤立语，属于汉藏语系，韩语是粘着语，属于阿尔泰语系，语法结构上汉语的基本顺序是主语、谓语、宾语(Subject、Verb、Object)，韩语是主语、宾语、谓语(Subject、Object、Verb)。另外，汉语是单音节词，有四个声调，韩语是三个音节以上构成的多音词，没有声调的语言。因此，汉语的韩语在类型上有很大差异，两个语言是完全不同的两种语言。

最后研究文字方面的特点结果显示了汉字和韩文的起源以及汉语是象形表意文字，汉字字形具有独立组字能力的构字单位，汉字的部件可以分为一级部件、二级部件、三级部件，与此相反，韩语是表音文字，韩字字形没有独立组字能力，没有文字的部件，一个音节至少包括一个辅音和元音。很多人已经都知道汉字来源于甲骨文的事实, 但韩文的来源于发音器官的事实浮出了水面之前, 对《训民正音》的起源的争论从很久以前为各种各样被提出了, 而存在许多假设。后来, 1940年在韩国“庆尚北道安东”发现《训民正音·解例本》, 对《训民正音》起源很多的争论都整理了。据解例本, 在解例本上记录着《训民正音》模仿发音器官(唇、舌、喉)的形状和天、地、人的三才思想创制而成, 同时说明着对制造辅音和元音的原理和辅音和元音怎么结合而形成文字。笔者在本章第三节以中国的象形文字和解例本上记录为基础, 研究了汉语和韩语的构造方法以及汉韩文字的结构单位。

第三章 汉韩语言接触在语音方面的影响

韩语可以分为“古代韩语、中世韩语、近代韩语、现代韩语”。古代韩语是以韩国庆州为中心的新罗语言，但后来进入中世时代(10世纪至16世纪末)，庆州迁都汉阳(首尔的旧称)，中世韩语变成为以汉阳为中心的语言。其次，从17世纪初到19世纪，即从“壬辰倭乱(1592年)”以后到开花期(19世纪末)使用的语言称为近代韩语，从甲午改革以后，沿用到现在的语言称为现代韩语。

汉语是世界上最古老的文字之一，汉字经过中国传入韩国、日本、越南等国家。上古时代，韩国没有可以记录的文字，只能靠嘴和耳朵，在漫长的社会历史发展过程中，韩国一直受到无文字的不便，及其对经济、政治、社会发展的制约。公元前2世纪汉字从中国传入到韩国，公元6世纪至7世纪逐渐扩散，广泛地渗进了韩国生活的各个方面，汉字对韩国产生了深远的影响。但汉语是孤立语，韩语是粘着语，汉语和韩语是在类型学上完全不同的两种语言，用汉字纪录韩语受到很大制约。而且古代韩国社会等级制度森严，可以学习使用汉字的阶层只有贵族阶层，一般大多数的百姓是文盲。虽然百姓具备可以学习汉字的资格，对百姓来说，汉字数量多，笔画也复杂，很难学。朝鲜第四代国王“世宗大王”于1446年10月颁布施行《训民正音》，使百姓开始使用《训民正音》。《训民正音》取“教百姓正确的语音”的意思，最早正式推行的韩国的文字。

15世纪韩文和汉语在语音系统上曾经很相似，特别是在“辅音、元音、声调、词语”方面。其原因是世宗大王创制《训民正音》的时候，曾借鉴中国汉字来创制韩文。中世韩文《训民正音》和《东国正韵》的音韵系统来源于中国韵书。通过参照中国韵书，“汉字音”和“中国韵书系统”反映到韩文音韵系统上，所以韩语音韵系统和汉语音韵系统比较相似。现代韩语中已经不存在声调，但当时中世韩语以汉语为基础创造语音系统时曾有过四个声调。中国汉字不但对韩语的音韵结构产生影响，而且对韩语词语方面也产生了巨大影响，从古至今，韩国人使用的大部分的词语都是中国汉字词，借汉字的音和意义来使用，韩语词语的音和意义与汉语汉字很相同。

本章主要探讨汉韩语音接触，研究分为"辅音系统、元音系统、声调系统、词语的音读"等部分。

第一节 辅音系统

一、《训民正音》和《东国正韵》概说

韩文是世上不多的阐明了创制原理和创制日期的文字。1940年在韩国安东发现的《训民正音·解例本》中阐释了文字创造过程及原理，并有初出字和再出字的文字结合解说的内容。为了研究中国对韩文产生的影响，应查看《训民正音》的创制原理和《东国正韵》的创制原理。《训民正音》是朝鲜四代王世宗大王创制的15世纪 中世韩文，是现在韩国人使用的最早文字。《训民正音》以17个辅音和元音为基础构成。《东国正韵》是世宗大王1446年创制《训民正音》后1448年随即编纂的韵书，目的在于为了纠正在韩国使用的汉字音的混乱。它参考了中国的韵书《广韵》、《集韵》和《洪武正韵》等编撰而成，其中既有《训民正音》的创制原理以及背景研究等贵重资料，又有关于韩国汉字音研究的重要资料。《东国正韵》以23个的辅音和91个元音构成，23个的辅音中17个的辅音与《训民正音》一致。后来，不属于《训民正音》的《东国正韵》6个辅音(ㄲ, ㄸ, ㅃ, ㅆ, ㅉ, ㆅ)和《训民正音》的17个辅音合起来，在合成的23个辅音中消失4个辅音(ㆁ, ㆆ, ㆅ, ㅿ)，就成为如今的韩文辅音。下边是《训民正音》的17个辅音系统和《东国正韵》23个的辅音系统的表格：

表3-1 《训民正音》17个辅音系统

	牙音	舌音	脣音	齒音	喉音	半舌音	半齒音
基本字	ㄱ	ㄴ	ㅁ	ㅅ	ㅇ		
加制字	ㅋ	ㄷ/ㅌ	ㅂ/ㅍ	ㅈ/ㅊ	ㆆ/ㅎ		
异体字	ㆁ					ㄹ	ㅿ

表3-2 《东国正韵》23个辅音系统

	牙音	舌音	脣音	齒音		喉音	半舌音	半齒音
全清	ㄱ/君	ㄷ/斗	ㅂ/彆	ㅈ/卽	ㅅ/戌	ㆆ/挹		
次清	ㅋ/快	ㅌ/呑	ㅍ/漂	ㅊ/侵		ㅎ/虛		
全濁	ㄲ/虯	ㄸ/覃	ㅃ/步	ㅉ/慈	ㅆ/邪	ㆅ/洪		
不清不濁	ㆁ/業	ㄴ/那	ㅁ/彌			ㅇ/欲	ㄹ/閭	ㅿ/穰

二、《训民正音》和《东国正韵》创制背景

《训民正音》和《东国正韵》辅音的创制理论依据可以分为"中国性理学大典"的"音韵学和音声学"和人体的"发音器官"两方面。根据《训民正音 · 解例本》记录显示,《训民正音》的辅音是参照中国性理学和发音原理创制的。

1454年刊行的《世宗实录》是记录世宗32年间的实录, 其中录有《训民正音》和《东国正韵》创制韩文的过程。据世宗25年(1443年)《世宗实录》记录显示, 本月创制28字谚语, 其字母模仿古篆字, 分为初声、中声、终声, 然后再结合起来, 就形成韩字, 能标写有关于文字的和有关于理谚的语句, 文字虽然简洁而简单, 但转换无穷无尽。以下是《训民正音》(世宗实录原本)翻译 : 이 달에 임금이 친히 諺文 28字를 지었는데, 그 글자가 옛 篆字를 모방하고, 初聲 · 中聲 · 終聲으로 나누어 합한 연후에야 글자를 이루었다. 무릇 文字에관한 것과 俚語에 관한 것을 모두 쓸 수 있고, 글자는 비록 간단하고 요약하지마는 轉換하는 것이 무궁하니, 이것을 訓民正

音이라고 일렀다。[25] 如上所述,《世宗实录》中所谓的"古篆字"是指中国汉字, 对此的根据是通过把创制《东国正韵》当时的事情记载的《世宗实录》记录可知,《世宗实录》记录如下 : "《训民正音》创制前后集贤殿'副修撰、申叔舟'和成均馆注簿'成三問、行司勇、和孫壽山'遵照世宗大王的命令屡次去中国辽东见中国音韵学者'黄瓒', 通过1375年明朝中国为了统一在南和北使用的汉字音来创制的汉字音字典《洪武正韵》, 学了汉字音和中国韵书系统, 汉字音和中国韵书系统反映到韩国《训民正音》和《东国正韵》的音韵系统上" ; "世宗元年, 中国明朝第三代王的'永乐帝'编纂的《性理大典》传入朝鲜, 其中从卷七至卷十三的共七卷是与音声学有关的内容"。

据此可知,《训民正音》受到创制时唯一能接触到的语言学的中国"韵学", 即"音声学"和"音韵论"的影响, 中国的韵学是《训民正音》和《东国正韵》创制的基础。

在2000年撰写的"주영월"的学位论文《中韩汉字应用比较研究》也指出, "《训民正音》是在中国的音韵学原理和程朱理学原理的影响下创制出来的崭新的韩国语文字系统"。

三、《训民正音》和《东国正韵》辅音系统

1. 中国音韵对中世韩语音韵系统影响

从《训民正音》和《东国正韵》辅音系统看,《训民正音》和《东国正韵》辅音系统作为"四声七音", "四声"包括"全清、次清、全浊、不清不浊", "七音"包括"牙音、舌音、唇音、齿音、喉音、反舌音、半齿音"。这个分类法与中国《洪武正韵》里记载的中国音韵系统完全一致。《洪武正韵》的音韵理论核心是"四声七音"。中国音韵学把音韵分为"全清、次清、全浊、不清不浊"四种, 称为"四声", 其次分为"牙音、舌音、唇音、齿音、喉音"五音, 把舌音和齿音再分为"反舌音"和"半齿音"两种, 称为"七音"。可见在

25 김영사. 우리말의 수수께끼-의혹은 왜 생기는 것일까?[M], 2002. (4)

《训民正音》和《东国正韵》创制上，世宗大王采用了中国音韵的分类方法和中国音韵学的术语。

2. 汉语对中世韩语送气音影响

在古代韩语的辅音系统中，争论最多的是关于送气不送气音位对立存在与否的问题。本文认为，古代韩语里本身并不存在送气不送气的对立，韩语音位对立的形成是长期的历史发展过程中产生，中世韩国语不同于古代韩国语，送气音系列，即，"ㅋ(kh)、ㅌ(th)、ㅍ(ph)、ㅊ(tsh)"成为音素。这送气音是由古代韩国语后期时发生的h音和不送气系列的音位"ㄱ(k)、ㄷ(t)、ㅂ(p)、ㅈ(ts)"合而成的。对此有学者认为，13世纪至4世纪，约100年左右韩语接触过蒙语，以送气音和不送气音两个系列为构成的蒙语对韩语送气音产生了影响。然而韩国大约有两千年的悠久时间使用汉字，汉字的使用在知识分子阶层下成为普遍化，当时的汉文是表达思想感情的工具。因此在汉语的强有力的影响下，以无声不送气音、无声送气音、有声不送气音、有声送气音为构成的汉语对韩语的音位体系产生影响，汉语音位变体最终发展为韩语的辅音系统。但是韩语的送气音形成比较晚，实际上送气音数量较少，它的数量不能跟不送气音相比，送气音和不送气音发育不平衡。下边是固有词、汉字词、印欧语外来词当中，以送气音"ㅌ(th)、ㅍ(ph)、ㅊ(tsh)"为首音词：[26]

	以[t^h]为首音的词	以[p^h]为首音的词	以[ts^h]为首音的词
固有词(词干数)	604(274)	815(274)	820(279)
汉字词	2222	3131	6273
印欧语外来词	518	889	64
词语总数	3344	4838	7157

26 申东月. 汉字音对韩国语辅音系统的影响——论塞音和塞擦音送气不送气的对立[J]. 汉语学习, 2003, (6).

从表中可以看出，以"ㅊ(tsh)"为首音的词比其他送气音为首音的词多。这种比较多的汉字音[tsh]不同于其他送气音"ㅋ(kh)、ㅌ(th)、ㅍ(ph)"，早在高丽时期已经形成了完全的音位地位，韩语中送气音"ㅊ(tsh)"的发展比其他送气音早和稳固，而且韩语借自汉语的这类词比较多，精系、庄系、章系三个系的六个字母都有归入[tsh]，"ㅊ(tsh)"超出以其他送气音为首音的词的数量。与此相反，韩语送气音"ㅋ(kh)"形成最晚，在送气音系列中的稳定最慢，到现代韩语，"ㅋ(kh)"做初声的音节很少。根据1989年1月改订版的金星出版社辞书部编《国语辞典》，以"ㅋ(kh)"为首音的词语如下：[27]

	数量	百分比	说明
固有词	468	33%	除构词法和造词法，词干只有87个，其中大部分是感叹词和副词
汉字词	69	5%	所有的汉字只有"快、夬"，其中"快"的构词是67个，"夬"只有"夬卦"
印欧语外来词	1091	62%	

韩语送气音"ㅋ(kh)"在高丽时期以后才确立，后来，到了16世纪后期，韩语的"鼻子"原为"고(ko)"，后为"코(kho)"，"刀"原为"갈(kal)"，后为"칼(khal)"等，在韩语中的送气音多少有所增加了，但是韩语的送气音不送气音的不平衡依然如故。

3. 汉语对中世韩语硬音影响

《训民正音》辅音十七个，其中"并书"有"ㄲ、ㄸ、ㅃ、ㅆ、ㅉ、ㆅ"六个，共有二十三个。"并书"(《训民正音》，指并写两个以上辅音)系列字在中世韩语里表示"硬音"，发音时声门要紧闭，使气流在喉咙受阻，然后冲破声门而出，产生挤喉现象，[28] 韩语的硬音系列的音素是中世纪国语的特征之一，从古代国语就开始萌芽。但是在汉语中没有与韩语的硬音相对应的音，只是与汉语中的浊音送气或浊音

27 申东月. 汉字音对韩国语辅音系统的影响——论塞音和塞擦音送气不送气的对立[J]. 汉语学习, 2003, (6).

28 张晓曼. 试论中韩语言接触及中韩音韵关系[J]. 山东大学学报(哲社版), 2004, (4).

不送气辅音系列比较相似。而且音节尾的辅音(收音)以塞音、擦音、流音来发音时, 由于塞音、擦音、流音, 最后音节以硬音发音出来, 这些韩语的硬音与绝音法则有密切的关系, 绝音法则可能会受到汉语"入声"的影响。在由中国明朝的法典翻译成的《大明律直解》中, "叱分"和"叱段"这两个词语各个与中世韩语的"~뿐"和"~딴은"对应, 这些词语显示14世纪末存在具有硬音的词语的, 后来17世纪中叶, 随着"ㅂ"系列的词头辅音成了硬音, 具有硬音的词汇增加了很多。韩语的硬音ㄲ、ㄸ、ㅃ、ㅆ、ㅉ一般在[-ㄹ]冠词后边表示：莊嚴홀 껏과《釋譜19:41》; 轉티 몯 홀 빼니《法華3:131》; 니를 쩌기라《金剛3》; 일쯕《金剛19》等。

这六个并书(ㄲ、ㄸ、ㅃ、ㅆ、ㅉ、ㆅ)以外, 还存在韩语并书"ㄹㄹ", 语言学者推定"ㄹㄹ"发音硬音, 属于"全浊音"。这个辅音是把两个"ㄹ"辅音摆在左右而造成的, 舌尖向里卷来发音, 发音比较沉闷。后来, "ㄹㄹㅏ"成了"라라", "ㄹㄹㅕ"成了"ㄹㄹㅕ"。

4. 汉语音韵对中世韩语轻唇音影响

韩国创制《训民正音》之前, 使用中国文字, 《训民正音》直接间接导源于中国音韵, 中国韵书《切韵指掌图》对《训民正音》和《东国正韵》创制给予巨大影响, 其中需指出是韩语轻唇音"ㅸ、ㆄ、ㅹ、ㅱ"。根据《训民正音 · 例解本 · 制字解》记录, 记着"ㅇ连书唇音之下, 则为唇轻音者, 以轻音唇乍合而喉声多也"。轻唇音"ㅸ、ㆄ、ㅹ、ㅱ"是为了翻译汉语, 《训民正音》特意创制出的辅音, 这四个辅音把韩语辅音"ㅂ和ㅇ、ㅍ和ㅇ、ㅃ和ㅇ、ㅁ和ㅇ"摞在上下而成为汉语的轻唇音"ㅸ、ㆄ、ㅹ、ㅱ"。"ㅸ"属于"全清"、"ㆄ"属于"次清"、"ㅹ"属于"全浊"、"ㅱ"属于"不清不浊", 轻触两个嘴唇来发音。其中"ㅸ"在朝鲜肃宗3年(1677年)权大连、边暹、朴世华翻译成韩语的汉语学习书籍《朴通事谚解》和朝鲜正宗19年(1795年)李洙翻译成韩语的汉语学习书籍《老乞大谚解》上清楚地阐述了："合唇作声为ㅂ而曰唇重音, 为ㅂ之时, 将合勿合吹气出声, 为ㅂ而曰唇轻音, 制字加空圈于ㅂ下者, 则虚唇出盛之义也"。这韩语的轻唇音相当于汉语的"唇齿音擦音", 表示汉语的"f(非)"。此外, "ㆄ"相当于汉语的"敷", "ㅹ"相当于汉语的"奉"、"ㅱ"相当于汉语的"微"。

5. 汉语音韵对中世韩语半齿音影响

参考《切韵指掌图 · 类隔二十六字母图》只取用唇重音、舌头音、齿头音，与类隔以外的牙音、喉音、半舌、半齿等，计为二十三字母，这与《训民正音》二十三字母相同。[29] 其中，从“ㅿ”看，“ㅿ”是《训民正音》和《东国正韵》的辅音中之一，规定了不清不浊的半齿音，“ㅿ”属于汉语的“日”母。从《训民正音 ·解例本》和《东国正韵》记录查看，可以看出把中国汉字“穰”用半齿音“ㅿ”，即“ᅀᅣᆼ”来标记，但半齿音“ㅿ”是在《训民正音》中早就消失的辅音，许多学者对于半齿音“ㅿ”的音值意见纷纷。半齿音“ㅿ”是因为齿音的一种，有的人推断它的发音是[shi]、[zhi]、[chi]，有的人用在《训民正音 · 解例本》上记录的半齿音“ㅿ”的汉字音借“볏줄기 ᅀᅣᆼ(穰)”的“ᅀᅣᆼ”，推测它的音值是[y]，有的人主张因为在《训民正音 · 解例本》中，把半齿音“ㅿ”表示的汉字是“穰(rang)”，“ㅿ”的发音是汉语的[r]音。另外，也有推定为浊擦音[z]的，这就是已经在学界认定的普遍的见解；日母是在汉语中高音中等于ńź，推断后来在北方消失ń，它成了ź，因此从以汉语的辅音系统为基础造成《训民正音》系统推断，半齿音“ㅿ”应是标示浊擦音[z]。这个音从12世纪开始发达，到了15世纪渐渐的开始广泛地使用。人们为了这个辅音词形的标准化，这个字具有的音要成为音韵化，但不能实现，16世纪初只是在限定的位置来使用，16世纪末半齿音“ㅿ”完全消失，至今“ㅿ”变成“ㅇ”；“ᄉᆞㅿㅣ”成了“ᄉᆞ이”。

第二节 元音系统

一、《训民正音》元音的创制背景

《训民正音》元音的创制理论背景可以分为中国《周易》的“三才思想”和性理

29 张晓曼. 试论中韩语言接触及中韩音韵关系[J]. 山东大学学报(哲社版), 2004, (4).

学大典的“音韵学和音声学”两种。根据《训民正音 · 解例本》记录显示,《训民正音》的辅音是模仿东方的“三才思想”和中国的“音韵学”结合起来创制。

《周易》的“三才思想”是具有自然和人的宇宙论的造化秩序的相关结构的思想, 又称为“天地人思想”。“天地人”的合一思想是东北亚汉字文化圈的中心思想,既是从五千年前开始制作汉字来使用生活的我们的祖先的宗教, 也是哲学, 是把民族的统一性实现的政治思想。这思想是分为“天神、地神、人神”,叫做“三神”,在把万物创造治理的意义上, 称为“三才”。天地人的三才思想是从“天和地和人都是同体”的命题出发, 蕴涵着世界诞生之前孕育万物的“天蓝”、第二在天下诞生的“世界和万物”,第三人类包括所有“生命体”等这三个都融为一体和谐和统一造化思想。这种天地人三才论的起初从中国儒教经典中尤其讨论哲学的“周易”传入韩国。“周易”是中国古代哲学的中心, 主宰了中国人的宇宙论和世界观,“周易”对哲学方面产生了巨大影响。这中国“周易”第一次传入到韩国的时期是三国时期, 有当时在大学讲“周易”的记录, 高丽时代周易学者主要有“金副轼、郑知常、禹倬”。从朝鲜朝到旧韩末(从朝鲜末到大韩帝国的时期)交易期, 中国的周易被不安的韩国民众广泛阅读同得安慰, 对中国的儒家思想和宇宙论的变化和人的吉凶祸福以及风俗思想的理解形成了很大帮助, 同时通过“周易”在《训民正音》的制字以及结合过程中接受中国性理学来创制11个元音。《训民正音》是文字体系, 也是在其背景里蕴涵着宇宙本体论的易学思想, 又是内涵着这哲学的历史唯物主义要素的唯一的文字。

其次, 根据《世宗实录》记录,《训民正音》创制前后集贤殿“副修撰、申叔舟”和成均馆注簿“成三问、行司勇、和孙寿山”遵照世宗大王的命令屡次去中国辽东见中国音韵学者“黄瓒”,通过1375年明朝中国为了统一在南北方的汉字音来创制的韵书《洪武正韵》学了汉字音和中国音韵, 使汉字音和中国音韵反映到韩国《训民正音》的音韵系统上。此外还有一个《训民正音》受到中国韵学影响的根据, 就是世宗元年, 中国明朝第三代王的“永乐帝”编纂的《性理大典》传入朝鲜, 其中从卷七至卷十三的共七卷是与音声学有关的内容。

二、中国文化对《训民正音》元音的影响

1. 元音结合方面的影响

从《训民正音》的元音系统看,《训民正音》是由朝鲜王朝(1392年至1910年)第四代王“世宗大王”创制的, 1446年世宗大王分布《训民正音》, 取“教百姓正确的语音”之意, 正式推行最早的韩语文字。《训民正音》以11个元音为基础构成, 在11个元音中元音的基本字是“•、一、丨”, 据《训民正音 · 解例本》记录显示,《训民正音》的元音是模仿东方哲学, 即中国《周易》的核心“天地人”三才思想创制而成, 2000年完成的“주영월”的学位论文《中汉汉字应用比较研究》中也主张,《训民正音》是模仿汉字的笔画, 依据天、地、人三才原理创制的、由音素字母组成的方块文字。《训民正音》的基本元音“ • ”模仿圆天形象而成, “一[ɨ]”模仿平整的土地而成, “丨[i]”模仿人站着的形象而成, 具备三才的道理。基本元音象形方法如下 :

表3-3 基本元音象形方法

辅元音 / 区分	元音象形方法		
	点元音	横元音	纵元音
基本形态	•	—	丨
发音形态	○	⬭	0
发音方法	嘴唇打开的样子(天)	扁平压瘪的样子(地)	把嘴张开的样子(人)

如上所述, 3个的基本元音以“天地人”为基础形成。此外, 剩下的8个元音是初出字“ㅏ、ㅓ、ㅗ、ㅜ”、再出字“ㅑ、ㅕ、ㅛ、ㅠ”。这些元音“初出字”和“再出字”都是元音的基本字“•、一、丨”这三个结合而形成的文字。下面是由基本字的三个元音“•、一、丨”结合构成的元音表格 :

表3-4 基本字的三个元音结合构成

基本字	象形	单元音	双元音
•	天	• + ㅡ = ㅗ(ㅗ)	• + ㅗ = ㅛ(ㅛ)
		• + ㅣ = ㅓ(ㅓ)	• + ㅓ = ㅕ(ㅕ)
ㅡ	地	ㅡ + • = ㅜ(ㅜ)	ㅜ + • = ㅠ(ㅠ)
ㅣ	人	ㅣ + • = ㅏ(ㅏ)	ㅏ + • = ㅑ(ㅑ)

《训民正音》"•、ㅡ、ㅣ"是元音中最重要的基本文字，这些3个元音会产生制作韩文的所有元音。

除了《训民正音》的初出字、再出字以外，还有"复合字、相合基本字、相合初出字、相合再出字、相合复合字"，复合字指是"ㅘ、ㅝ"、相合基本字指是"ㅢ"、相合初出字指是"ㅔ、ㅐ、ㅚ、ㅟ"、相合再出字指是"ㅖ、ㅒ"，相合复合字指是"ㅙ、ㅞ"。这些元音都不是单独创制的，基本字和初出字、再出字这三个结合而形成的文字，表示《训民正音》的最基本的制字原理。

2. 元音方面的影响

《训民正音》除了造字结构以外，在语言方面也受到汉语的巨大影响。《训民正音》根据中国古韵五音分类的原则，把辅音分成五音，《训民正音》的牙音、舌音、唇音、齿音、喉音与中国古韵的角音、征音、羽音、商音、宫音相同。此外，还可以发现《训民正音》的元音和汉语的韵母在语音上十分相似。《训民正音》以元音为中声(如"봄"的"ㅗ"，"산"的"ㅏ")，元音11个，其拟测音见下表：[30]

• 如吞字中声 ʌ　　ㅡ 如即字中声 ɨ

ㅣ 如侵字中声 i　　ㅗ 如洪字中声 o

30 张晓曼. 试论中韩语言接触及中韩音韵关系[J]. 山东大学学报(哲社版), 2004, (4).

ㅏ 如覃字中声 a　　ㅜ 如君字中声 u

ㅓ 如业字中声 ə　　ㅛ 如欲字中声 io

ㅑ 如穰字中声 ia　　ㅠ 如戌字中声 iu

ㅕ 如别字中声 iə

《四声通考 · 凡例 · 第七条》中，记录了《训民正音》元音和汉语语音的对应关系："大抵本国之音轻而浅，中国之音重而深，今《训民正音》出于本国之音，若用于汉音，则必变而通之乃得无碍。如中声ㅏㅑㅓㅕ，张口之字，则初声所发之口不变；ㅗㅛㅜㅠ，缩口之字，则初声所发之舌不变。故中声为ㅏ之字，则读如ㅏ • 之间，为ㅑ之字，则读如ㅑ • 之间，ㅓ则ㅓ一之间，ㅕ则ㅑ一之间，ㅗ则ㅗ • 之间，ㅛ则ㅛ • 之间，ㅜ则ㅜ一之间，ㅠ则ㅠ一之间，• 则 • 一之间，一则一之间，ㅣ则ㅣ一之间，然后庶合中国之音矣。"[31] 由于《训民正音》和汉语的语音构造的差异，所以用国际音标表记时有些不同，但在语音上十分相似。例如：ㅐ韩国音为单韵母[ɛ]，中国音则为复韵母[ai]；ㅘ韩国音为[oa]，中国音则为[ua]；ㅟ韩国音为[iuiə]，中国音也为[ui]；ㅒ韩国音为[jɛ]，中国音为[iai]；ㅖ韩国音为[je]，中国音为[iəi]； ㅞ韩国音为[iui]，中国音为[yue]； ㅟ韩国音为[jui]，中国音为[yui]；ㅙ韩国音为[oɛ]，中国音为[uai]。[32]

《训民正音》的11个元音中，基本字"•"到16世纪仍在使用，16世纪末逐渐消失，现在已经不使用了。据有些语言学者主张，现在"•"音还存在于济州岛，在济州岛方言中使用。但这个是没有根据的主张而已，现在会说济州岛方言的人微乎其微，不会知道"•"的正确的发音，有的学者主张"•"的发音是"아(啊)"和"어(额)"的中间发音，有的学者主张"•"是"아(啊)"和"오(哦)"的中间发音，有的学者主张"어(额)"和"오(哦)"的中间发音。但是1940年在韩国"庆尚北道安东"发现《训民正音 · 解例本》(解例本是1446年世宗28年编纂的书，阐释了韩文的创造目的、由来以及

31 张晓曼. 试论中韩语言接触及中韩音韵关系[J]. 山东大学学报(哲社版), 2004, (4).

32 张晓曼. 试论中韩语言接触及中韩音韵关系[J]. 山东大学学报(哲社版), 2004, (4).

韩文的使用法和创制原理的世界观等的内容)之后, 对《训民正音》元音发音的很多争论都整理了。据《解例本》记录显示, 元音"•"是"舌尖向里卷, 声音比较沉闷(혀가 오그라져 소리가 깊으니……)", 语言学者依照《解例本》提倡"•"是对嘴和舌头负担最少的"아(啊)"和"어(额)"的中间发音, 与现代汉语"er"发音相当一致。例如, 把辅音"ㅇ"和元音"•"结合的话, 就成为"ᄋᆞ", "ᄋᆞ"的发音是"오(哦)"和"아(啊)"的中间发音, 发音时, 跟现代汉语的"er"一样卷舌头来发音, 读词语时, 帮助于词语的最后边发出轻音起着极大的作用。拿几个词语来举例,《训民正音》"ᄋᆞ" 相当于汉语的"二", 汉语"哪儿"标记"나ᄋᆞ", "儿童"标记"ᄋᆞ퉁"。元音"•"一般写在辅音下边, 并且发音与"啊"发音相似, 就称为"아래아", 这个发音受到中国音韵学影响就产生的语音中之一。

第三节 声调系统

汉语是以单音节为特征的汉藏语系, 单音节语言存在很多同音字, 因此对声调的功能要求较高, 而韩语是以多音节为特征的阿尔泰语系, 韩语主要靠音节和音节的组合区别词义, 现代韩语是不需要声调的语言。但是15世纪创制的《训民正音》中存在四声系统"平上去入"的声调。"平声、上声、去声、入声"是古代中国(汉唐宋)的声韵学用语, 韩国人大量引进汉字词的时候, 他们不能原封不动地按照汉语原有的语言系统复制这些外国词汇, 而是根据自己固有的语言系统改造外来成分的语言形式。而且韩语借用汉字词时必须引进大量的同音汉字音, 但是阿尔泰语系的韩语不能满足转换成有声调语言的要求。因此当时韩国人接受中国的四个声调和四个声调的名称来使用。一些韵书记载有声点符号加在固有词和汉字词之左旁。

《训民正音》(例义篇) : 左加一点则去声, 二则上声, 无则平声, 入声加点同而促急 ;《东国正韵 · 序》: 语言则四声皆明, 字音则上去无别 ;《训蒙字会 · 凡例》:

凡字音高低皆以字傍点之有无多少为准。平声无点，上声二点，去声、入声皆一点。平声哀而安，上声厉而举，去声清而远，入声直而促。谚解亦同；《四声通解 · 凡例》：其谚音上声去声则其音自同；[33]根据《训民正音 · 解例本》记录，中世韩语的四个声调根据词语旁边是否点点来区分声调，例如平声是指低声，没有点点、上声是从低声逐渐提高声音，即降升，在词语的左侧点两个点、去声是高声，在词语的左侧点一个点。入声是不关声音的高低，在词语最后边以"ㄱ、ㄷ、ㅂ、ㅅ"结束的词语的左侧与"去声"一样点一个点，就表示短、快结束的声音。

根据上列的一些韵书，我们可以知道中世纪韩语存在声调，而且韩语中的声调是区别于近代韩语的最重要的特征之一。下面是上述的内容用表格整理了一下：

表3-5 《训民正音》四个声调

		旁点	声音	例子
高低	平声	无	低声	나(na)
	上声	两个	降升	ᆢ말(mar)
	去声	一个	高声	ᆞ미(mi)
速度	入声	一个	后边很快结束的声音 (词的最后边来"ㄱ、ㄷ、ㅂ、ㅅ")	ᆞ랏(lat)

如上所述，《训民正音》声调大致分为"高低、速度"两种，"高低"有"平声、上声、去声"，"速度"有"入声"。在所有的词语左侧点一个以上的点表示声调，词语的声音根据声调会变，但在每个词语旁边标记声调并非易事。后来随着送气音不送气音对立的形成，韩语声调不再非要不可了，1592年壬辰倭乱以后，韩国的四个声调逐渐丧失了辨别词语意义的功能，最终声调走向消失，只剩下了语音的长短，根据语音的长短区分词语的意义。例如：短音"눈(眼睛)"和长音"눈-(雪)"，短音"밤(夜

33 申东月. 汉字音对韩国语辅音系统的影响——论塞音和塞擦音送气不送气的对立[J]. 汉语学习, 2003, (6).

晚)”和长音“밤-(栗子)”,短音“배(梨子、肚子、船)和长音“배-(倍)”等。

第四节 词语的音读

自古以来,韩国在漫长的时间中使用中国的汉字,受到中国的文化、经济、政治、社会、语言等方面的影响,其中最突出的领域就是语言。汉字在韩语的词汇体系中占有特殊的地位。汉字语经过悠长的岁月,被韩语的语音体系所同化,韩语至今由汉字音使用着。

一、韩日音训的定义

古代的时候,韩国借用中国汉字的“音训(음훈)”,“音训”可以分为“音借(음차)”和“训借(훈차)”。音借是指中国汉字的“音”,是借用响声来表示的,训借是指中国汉字的“义”,是借用意义来表示的。

日语学习者经常分不清日本的“音训(음훈)”和韩国的“音训(음훈)”。事实上,日本的“音训(음훈)”和韩国的“音训(음훈)”都来源于中国的汉字,韩日两国都是借用汉字的音和义来表示词语。日本把这些音训称为“音读(음독)”和“训读(훈독)”,韩国称为“音借(음차)”和“训借(훈차)”。韩日两国使用的“音训(汉字的音和义)”的最大的不同点是韩国借用“音借(음차)”来读词语,而不使用“训借(훈차)”,日本都借用“音读(음독)”和“训读(훈독)”来读词语。例如,对“金”一词来讲,“金”是指“쇠 금(soe geum)”的汉字词,“쇠 금(soe geum)”中“쇠(soe)”表示训借,“금(geum)”表示音借。韩国人读“金”的时候,读“금(geum)”而不读“쇠(soe)”,这读词语的方法是直接引用中国“音”的“音借”方式,训借的“쇠”这个词只是脑子里了解词语的意义而已,就不说。再举另一个例子,“人类”的“人”是指“사람 인(sa-ram yin;人人)”,“类”是指“무리 류(mu-li ryu;群 类)”。韩国人读“人类”的时候,借用音借来读“인류(yin-ryu;人类)”,

并不读“사람 무리(sa-ram mu-li人 群)”。与此相反，在日本的情况下，“音读”和“训读”两个都使用。例如，日本人读“金曜日(星期五)”的“金”时，使用“音读”来念“きん(king)”，“金曜日”成为“きんようび(king-yo-wu-bi)”。然后读“金川(日本人性之一)”的“金”时，使用训读来念“かね(ka-nae)”，“金川”成为“かねがわ(ka-nae-ga-wa)”。日本读词语的方法共有两种，总是使许多日语学习者感到困难。

二、如今韩国音训的使用

中国汉字一直沿用到现代。如今在日常生活当中，经常能够发现汉字词，例如，在身份证和驾驶证、户口本上，用繁体字来记载着姓名，户口本上除了姓名以外，还用繁体字来记载着父母、兄弟、姐妹等的位置关系。这些汉字词语都是使用“音借(음차)”来读，如果是“父母”的话，就读“부모(bumo；父母)”而不读“아비(a-bi；爸爸)”、“어미(e-mi；妈妈)”，是“兄弟”的话，就读“형제(hyeong-je；兄弟)”而不读“형、아우(hyeng、a-wu；哥哥、弟弟)”，是“姐妹”的话，就读“자매(ja-mae；姐妹)”而不读“손위누이、누이동생(son-yu-nu-yi、nu-yi-dong-saeng；姐姐、妹妹)”。另外，网络媒体的发展，纸质报纸的作用虽然被削弱了，但仍然有很多民众看纸质报纸。随着时间的流逝，如今在纸质报纸上的汉字词出现频率比90年代明显地减少，但还能够发现不少的繁体字。下面的词语是在韩国纸质报纸中出现的词语，都是借用汉字的字音直接来读，也是“音借(음차)”读法。《2017年6月22日中央日报》：“당뇨병 치료에 탁월한 효과가 입증된 삼(蔘)、사망원인 1위인 암(癌)、예로부터 신비의 영약으로 여겨 신초(神草)라 불렀다、나보고 유(柔)해졌다하는 사람이 많다、갑을(甲乙)관계와 재벌은 한국의 독특한 문제다、그 제약회사는 성전(聖殿)이 될 것이다、세월의 흐름인데 역순(逆顺)、모든 고서(古書)가 올바르다고、사위의 높임말을 써서‘서랑(壻郎)보오소’라고、음(音)치, 박(拍)치, 기(器)치 탈출、복(福)과 재물(財务)을 불러들이는 수당(首堂)함기영선생의 친필 작품、끝자락에 명당혈(穴)을 맺는다、하회(河回)마을、새로운(新)면연력 치료、연세대 연극 동아리‘연인(演人)연극을 하는 사람들이

라는 뜻'을 이끄는、북한이 발사하며 선보인'리대식(履帯式무한 궤도형)'이동식 미사일"。

三、韩语词语的读法

韩国读词语的方法是直接引用中国"音"的"音借(음차)"方式, 跟日本的"音读"相同。如上所述, "蔘、癌 、神草、柔、甲乙、音、拍、器、聖殿、逆顺、古書、壻郎、福、財务、首堂、穴、河回、新、演人、履帯式"等的这些词语都是在韩国纸质报纸中出现的汉字词。第一, "蔘"是指"인삼 삼(in-sam sam)", 读的时候使用"音借"就读"삼(sam)", 训借(훈차)的"인삼(yin-sam)"这个词只是脑子里了解词语的意义而已, 不读。第二, "癌"是指"암 암(am am)", 音借和训借的响声和意义都相同。读"癌"的时候, 不使用前边(训借)的"암(am)"而使用后边(音借)的"암(am)"。第三, "神草"是指"귀신 신(gui-sin sin)"和"풀 초(pul-cho)", 读"신초(sin-cho)"而不读"귀신 풀(gui-sin pul)"。第四, "柔"是指"부드러울 유(bu-deu-re-wul you)", 读"유(you)"而不读"부드럽다(bu-deu-reb-da)"。第五, "甲乙"是指"첫째천간 갑(cheot-zza-cheon-gan gab)"和"둘째천간 을(dul-zza-cheon-gan eul)", 读"갑을(gab-eul)"而不读"첫째천간 둘째천간(cheot-zza-cheon-gan dul-zza-cheon-gan)"。第六, "聖殿"是指"성스러울 성(seong-si-re-wul seong)"和"큰집 전(keun-jib jeon)", 读"성전(seong-jeon)"而不读"성스러운 큰집(seong-si-re-wun keun-jib)"。第七, "逆顺"是指"거스를 역(ge-si-leul yek)"和"순할 순(sun-hal sun)", 读"역순(yek sun)"而不读"거스를 순할(ge-si-leul sun-hal)"。第八, "古書"是指"예 고(ye go)"和"글서(geul se)", 读"고서(go-se)"而不读"옛 글(yet geul)"。第九, "壻郎"是指"사위서"和"사내랑", 读"서랑(se-rang)"而不读"사위 사내(sa-yu sanae)"。第十, "音"是指"소리 음(so-li eum)", 读"음(eum)"而不读"소리(so-li)"。第十一, "拍"是指"칠 박(qil bak)", 读"박(bak)"而不读"칠(qil)"。第十二, "器"是指"그릇 기(geu-reut gi)", 读"기(gi)"而不读"그릇(geu-reut)"。第十三, "福"是指"복 복(bok bok)", 音借和训借的响声和意义都相同。读"福"的时候, 不使用前边(训借)的"복(bok)"而使用后边(音借)

的"복(bok)"。第十四, "財务"是指"재물 재(jae-mul jae)"和"물건 물(mul-geon mul)", 读"재물(jae-mul)"而不读"재물 물건(jae-mul mulgeon)"。第十五, "首堂"是指"머리 수(me-li su)"和"집 당(jib dang)", 读"수당(su-dang)"而不读"머리 집(me-li jib)"。第十六, "穴"是指"움 혈(wum hyeol)", 读"혈(hyeol)"而不读"움(wum)"。第十七, "河回"是指"물이름 하(mul-yi-reum ha)"和"돌 회(dol hoe)", 读"하회"而不读"물이름 돌(mul-yi-reum dol)"。第十八, "新"是指"새 신(sae sin)", 读"신(sin)"而不读"새(sae)"。第十九, "演人"是指"흐를 연"和"사람 인", 读"연인"而不读"흐를 사람(heu-leul sa-lam)"。第二十, "履帯式"是指"신 리"、"띠 대"和"법 식", 读"리대식(yi-beb-sik)"而不读"신띠법(sin-ddi-beb)"。

本章小结

古代的时候, 韩国只有自己的民族语言, 而没有自己的文字。后来, 韩国借用中国的汉字词来记录文字, 3世纪正式逐渐扩散, 广泛地渗进了韩国生活的各个方面, 汉字对韩国产生了深远的影响。但是对百姓来说, 汉字数量多, 笔画也复杂, 很难学。所以朝鲜第四代国王"世宗大王"于1446年10月颁布施行《训民正音》, 使百姓开始使用《训民正音》。

世宗大王创制《训民正音》的时候, 借鉴了汉字及其音韵, 中世韩文的"唇音, 舌音, 齿音"来源于中国韵书, 所以韩语的语音系统和汉语的语音系统非常一致。例如, 辅音中的送气音"ㅋ、ㅌ、ㅍ、ㅊ"、硬音"ㄲ、ㄸ、ㅃ、ㅆ、ㅉ、ᄙ"、轻唇音"ㅸ、ㆄ、ㅹ、ㅱ"、半齿音"ㅿ"和元音"ㅡ、ㅣ、ㅏ、ㅓ、ㅑ、ㅕ、ㅗ、ㅜ、ㅛ、ㅠ、ㅐ、ㅘ、ㅝ、ㅒ、ㅖ、ᆐ、ㆌ、ㅙ"和"点 : • "与汉语相同。15世纪曾经存在过"平声、上声、去声、入声"等的四个声调。后来, 从中世时代进入近代时代, 中世韩文的语音系统逐渐地改变了, 16世纪末17世纪初, 如上所述的轻唇音"ㅸ、ㆄ、ㅹ、ㅱ"、硬音"ㆅ、ᄙ"、半齿音"ㅿ"等的这些辅音都消失了。近代韩语从17世纪至甲午改革(19世纪)使用了, 从甲午改革以后使用的韩文是指现代韩语。随着时代的流逝, 语音方面带来了很大变化。

中韩两国的文化交流持续了一千多年。虽然15世纪韩国产生了可以记录的文字，但是汉字的使用一直沿用到现代。日常生活当中，经常能够发现汉字词，例如，身份证、驾驶证和户口本、纸质报纸等等。除了语音系统以外，还研究了在日常生活当中，常使用的汉字词语的音读。研究结果显示，韩语里有“音借(음차)”和“训借(훈차)”这两种语音系统，“音借”是借用响声来表示，“训借”是借用意义来表示。“训借”只是脑子里了解词语的意义而已，实际上读词语时使用的读法是直接引用中国“音”的“音借”方式。“音借”作为从中国传入到韩国的音读方式，在语音上，韩语词语和汉语词语非常一致。例如，对“父母”一词来讲，“父母”是指“아비부(a-bi-bu；爸爸)”、“어미모(e-mi-mo；妈妈)”，这个词语直接读“부모(bumo)”。

结论是，汉语对韩语语音系统产生了巨大深远的影响，送气音“ㅋ、ㅌ、ㅍ、ㅊ”、硬音“ㄲ、ㄸ、ㅃ、ㅆ、ㅉ、ㅭ”、轻唇音“ㅸ、ㆄ、ㅹ、ㅱ”、半齿音“ㅿ”以及“四个声调”从中国传入到韩国，在现代韩语中存在的60%的所有的汉字词语都使用“音借”来读，这个“音借”方式从中国传入韩国，汉语和韩语语音上很相同。

第四章 汉韩语言接触在词汇方面的影响

从古代至15世纪, 韩国没有固有的文字, 公元前2世纪, 借邻国中国的汉字来记录文字。进入汉字同时中国古籍也一起传入到韩国, 成语和俗语等的汉字词汇广泛地渗进了韩国生活的各个方面。现代韩语中, 汉字词占有的比重是60%, 在日常生活中使用的大部分单词都是从中国传入的汉字也不为过。中韩两国1992年中韩建交以后, 文化交流更为频繁, 通过中韩之间的多种多样、活跃的文化交流, 对两国的政治、经济、教育、语言等各方面都有相互很大的影响。到90年代后期, 中国和韩国的电视剧、电影、大众音乐等的文化传播向中国和韩国出口, 这已广为人知, 以亚洲为中心唱响全球, 而美容、时装、饮食渐渐广泛地传播, 并在语言领域也带来更大的变化。随着社会的发展出现的社会现象和事物的出现, 产生了许多中韩新词语, 这些新词语渗透了中国和韩国生活方面, 正被中国人和韩国人广泛使用着。

第一节 汉字词

一、韩语中的汉字词

韩语汉字是指在韩国使用的汉字, 在中华圈把它称为"朝鲜汉字"。古朝鲜的遗物中发现汉字的痕迹, 据《管子》和《山海经》的记录显示, 古朝鲜和中国春秋战国时代的国家进行交流或拥有对等的外交关系。由此看来, 可以推测当时古朝鲜在这个时期已经构成中央集权化, 汉字作为为了坚持这种的统治体制的手段使

用。后来三国时代时, 汉字作为先进文化的流入媒介, 起到了重要的作用, 从中国转入的文学是起韩国文字的作用, 为韩国文学发展做出了巨大贡献。长时间借用汉字的韩国受到了汉语的巨大的影响, 在此影响里包括着语音、词汇、语法, 其中词汇的影响最明显。现代韩语中, 汉字的占有的比重是相当大的。国立国语院出版的《标准国语大辞典》里收载的五十一万个的单词中, 汉字词的比重是近60%。韩国人在日常生活当中, 常使用的"天下(천하chen-ha)、萬物(만물man-mul)、國家(국가guk-ga)、人民(인민yin-min)、百姓(백성baek-seng)、言語(언어eon-eo)、漢字(한자han-ja)、方言(방언bang-eon)、和睦(화목hwa-mok)、父母(부모bu-mo)、兄弟(형제hyeong-je)"等的这些词汇都是从中国传入的汉字词。

1. 韩语词汇释义

韩语词汇按语源分类大致可以分为固有语词、汉字词、外来语词、混合词。固有语词是本来在韩国存在的本国词, 自世宗大王创造《训民正音》以来, 在韩国人生活中产生的自有词汇, 不受其他语言的影响的纯粹韩国语。例如, 有"서울(se-wul；首都)、임금(yim-geum；王)、까닭(gga-dak；理由)、왼쪽(oen-jjok；左侧)、오른쪽(o-reun-jjok；右侧)"等等。汉字词来源于汉语, 跟汉语词汇的发音没有什么区别。例如, 有"수도(su-do；首都)、좌측(jwa-ceuk；左侧)、우측(wu-ceuk；右侧)、왕(wang；王)、이유(yi-yu；理由)"等等。汉字词是以汉字为基础构成的词汇, 是韩语读音的汉源韩字, 韩语中大部分的借词是这种汉字词。韩国学者沈在箕在《國語語彙論》中主张将汉字词分为以下五种, 包括由中国古代文献典籍传入的汉字词、由汉字佛经传入的汉字词、在中韩两国交往中口头形式传入的白话汉字词、来自于日本的汉字词、韩国人自己创造的汉字词。[34] 汉字词在韩语中占有的比例非常大。

外来语作为除了固有语词、汉字词以外, 从外国借用的词汇, 把外国语换成韩语的发音使用。例如, 英语有"바나나[ba-na-na(香蕉；banana)]、컴퓨터[keom-pyu-

34 季欣. 韩国语中韩源汉字词研究[D]. 解放军外国语学院, 2006.

te(电脑；computer)]、코카콜라[ko-ka-kol-ra(可口可乐；coca-cola)]"等, 荷兰有"가스[ga-si(气；gas)]、커피[keo-pi(咖啡；koffie)]、콤파스[kom-pa-si(圆规；kompas)], 意大利语有 "피아노[pi-a-no(钢琴 ；piano)]、소프라노[so-peu-ra-no(女高音；soprano)]、테너[te-ne(男高音；tenor)]"等, 德语有"테마[te-ma(主题；Thema)]、세미나[se-mi-na(讨论会；Seminar)]、노이로제[no-yi-ro-je(神经症 ；Neurose)]"等, 希腊语有"알파[al-pa(阿尔法；alpha)]、베타[be-ta(贝塔；beta)]"等, 日语有"모찌[mo-jji(糕；もち)]、낫또[nat-ddo(纳豆；なっとう)]、오뎅[o-deng(菜串子；おでん)]、와리바시[wa-ri-ba-si(筷子；割りばし)]、와리깡[wa-ri-ggang(分解；割り勘)]"等, 印度有"아미타[a-mi-ta(阿弥陀；Amita)、보살[bo-sal(菩萨；bodhisatva)]、석가[sek-ga(释迦；sakya)"等。[35] 混合词是把固有语词、汉字词、外来语词相互结合而形成的词语。

在韩国词汇的类型"固有语词、汉字词、外来语词、混合词"当中, 占有的比例最大的词汇是汉语的汉字词, 这汉字词可以分为三大类, 第一类是来源于中国的汉字词, 第二类是来源于日本的汉字词, 第三类是韩国人自制的韩国的汉字词。

2. 汉字词释义

汉字最早传入韩国的是大约公元前2世纪, 韩语吸收汉语词的历史极为悠久。在韩国的词汇中, 中国汉字词占有的比例非常大。据在国立韩国语院出版的"标准韩国语大辞典"记载, 如今在韩语词汇中, 汉字词的比例是占有58.5%, 纯韩语固有词占有25.9%, 大部分的词汇都是来源于汉语的汉字。从中国传入的汉字词可以分为三大类, 第一类是"同形同义"、第二类是"同形异义"、第三类是"异形同义"。同形同义是依照韩语声音形式翻译过来的词, 很多韩国汉字词的字形词义都几乎相同。同形异义是韩国的有些汉字词和中国汉字词书写形式一样, 但是词义相反或无关。最后, 异形同义是汉语和汉字词和韩语的汉字词的字形词义都完全各不相同。

35 이응백、김원경、김선풍. 국어국문학자료사전[M]. 한국사전연구사, 1994, (8)

3. 韩语中的汉字词的发展状况

中国的经济、政治、文化发展对东亚文化圈受到很大影响。古代的韩国只存在口耳相传的过程中产生的口语，没有可以记载的本国的文字，借用中国的汉字来记录文字。中国的汉字成为了韩国古代人的记录工具，古代韩国把汉语的汉字称为"汉文"。到了三国时期，高句丽(B.C.37至A.D.668)、百济(B.C.37至A.D.668)、新罗(B.C.57至A.D.676)人到中国开始留学，学习汉文，于是逐渐增加通晓汉文的学者。据《三国史记》高句丽本纪记载，在高句丽第十七代小兽林王2年(A.D.372年)设立的国家最高教育机构"太学"和 新罗7世纪设立的国家最高教育机构"国学"，传授《五经》[36]及《论语》、《史记》、范晔《后汉书》、《三国志》、孙盛《晋春秋》、《玉篇》、《字统》、《字林》[37]等的中国文献古籍。所以高句丽时期，韩国人已经能够写汉文，而且在百姓的日常生活当中，汉字词的使用率超过了韩国的固有词，汉字成为韩国的正式文字。佛教从中国传入到韩国，大量的佛教用语从中国传入，佛教用语的传入更加促进了韩国的汉字文化生活。汉字词的数量越来越多了起来，汉字成为韩国古代人的很重要的交际及交流的工具，加上学习汉字是百姓抓住飞黄腾达的机遇的主要竞争手段。

4. 汉语与韩文的共存

15世纪创制《训民正音》之前，从中国传入的汉字促进韩国的建设和发展，但是中韩两国语言毕竟是不同语系的语言，因此有时用汉字不能完全来表达韩国口语。而且对百姓来说，汉字数量多，笔画也复杂，很难学。于是朝鲜第四代国王世宗大王创制了《训民正音》，颁布《训民正音》之后，朝鲜的百姓开始使用韩文。世宗大王创制的韩文是以中国的汉字为基础创制的，深受汉语汉字影响的韩文，在语音和语义方面，来源于中国的汉字词没什么多大差异，很相同。但是不少的官

36 儒家典籍《诗经》、《尚书》、《礼记》、《易经》、《春秋》的合称

37 孙卫国. 中国史学对东亚史学的影响与交流[J]. 历史教学问题, 2012, (4)

文及文人, 在韩文创制后也仍然使用在汉文。

爆发壬辰楼乱[38]时, 韩国得到中国明朝的帮助和支援, 韩国与中国频繁接触了, 同时中国的汉学也随之被韩国人重视起来。但是战争渐渐恶化, 引起社会混乱, 历史文物都被破坏, 汉学也陷入了停滞状态。一直到朝鲜第十九代王肃宗(1661.10.7至1720.7.12)时, 汉学又重新振兴起来。这一段时期是汉字和韩文一起共存的时期, 直至十九世纪末, 韩文才成为通用文字。

5. 从日本借用的汉字词

汉字词从中国大量传入韩国的同时, 也进入了日语, 大部分是来源于日本式的汉字词。因为日本处于东亚文化圈的国家, 在中国五千年的文明历史下, 深受中国汉字的影响。由此日本与韩国一样也借用中国的汉字, 中国的汉字随着日本的本国文化和语言情况发生变化。鸦片战争[39]之后, 东亚文化圈三国的大门被欧洲打开了, 日本作为亚洲最先引进西方文化的国家。对经济大国日本的认识只局限于明治维新[40]之后, 这与日本因明治维新而引入进来四方的文化及新的事物和制度, 在此过程四方文化逐渐融进当地的中日本汉字词, 创造了新的非汉语汉字词。直到19世纪末, 中国和韩国的资本主义经济进入整固阶段, 资本主义发展同时, 与日本的商贸活动和政务交流十分活跃, 许多各类的日本式汉字词开始流入中国和韩国。尤其大量的日本式汉字词传入韩国就兴起了, 其理由是韩国的汉字基本是借用汉语的繁体字, 笔画太多书写不便, 所以韩国经常借用了日本的简体字。日本式的汉字词到如今仍然被使用着, 日本的很多词汇已经成为韩国人在日常生活当中常用的词语。下边的表格是日本式汉字词语

38 1592至1598年(大明万历二十年至二十六年；日本文禄元年至庆长三年)间日本丰臣政权与明朝、朝鲜之间爆发的战争, 中国称为朝鲜之役, 与宁夏之役、播州之役合称为万历三大征。

39 英国称为第一次英中战争(First Anglo-Chinese War)或"通商战争", 是1840年至1842年英国对中国发动的一场战争, 也是中国近代史的开端。

40 19世纪60年代日本在受到西方资本主义工业文明冲击下所进行的, 由上而下、具有资本主义性质的全面西化与现代化改革运动。

和韩语比较的同形同义词语表格，总共分为五种类型，第一种是政治、科学、文化词汇，第二种是人文、职业、官职名词汇，第三种是物品词汇，第四种是和时令、场所有关的词汇，最后第五种是日常生活用语。

表4-1 政治、经济、文化词汇

日本式汉字	韩语	日本式汉字	韩语	日本式汉字	韩语
政治權	정치권	政治組織	정치조직	中央政府	중앙정부
自主權	자주권	決議案	결의안	立憲	입헌
憲灋	헌법	投票	투표	義務	의무
閣僚	각료	首班	수반	共和國	공화국
公民	공민	爱國心	애국심	企業	기업
雇用	고용	金額	금액	建築物	건축물
居住者	거주자	免税	면세	品質	품질
高級品	고급품	見本	견본	科學	과학
物理學	물리학	酸素	산소	酸化	산화
元素	원소	液體	액체	溫帶	온도
色素	색소	原子	원자	美術	미술
哲學	철학	內野	내원	百科辭典	백과사전
熱帶地方	열대지방	標音文字	표음문자	標義文字	표의문자

表4-2 人文、职业、官职名词汇

日本式汉字	韩语	日本式汉字	韩语	日本式汉字	韩语
紳士	신사	有夫女	유부녀	辯護士	변호사
看護士	간호사	宣教師	선교사	技師	기사
記者	기자	投手	투수	運轉手	운전수
車掌	차장	會社員	회사원	教員	교원
實業家	실업가	空想家	공상가	教育家	교육가
事務官	사무관	领事官	영사관	書記官	서기관
管理人	관리인	見習生	견습생	舍監	사감
次官	차관	局長	국장		

表4-3 物品词汇

日本式汉字	韩语	日本式汉字	韩语	日本式汉字	韩语
自動車	자동차	汽車	기차	電車	전차
汽船	기선	輕油	경유	避雷針	피뢰침
發動機	발동기	空册	공책	原稿紙	원고지
筆筒	필통	鉛筆	연필	時計	시계
外套	외투	造花	조화	洋鐵桶	양철통
望遠鏡	망원경	羅針盤	나침반	電燈	전등
白熱電球	백열전구	回轉椅子	회전의자		

表4-4 和时令、场所有关的词汇

日本式汉字	韩语	日本式汉字	韩语	日本式汉字	韩语
月曜日	월요일	火曜日	화요일	水曜日	수요일
木曜日	목요일	金曜日	금요일	土曜日	토요일
日曜日	일요일	一周日	일주일	時機	시기
劇場	극장	競技場	경기장	美術館	미술관
博物館	박물관	公使館	공사관	商業會	상업회
動物園	동물원	養老院	노양원	孤兒院	고아원
中學校	중학교	高等學校	고등학교	警察署	경찰서
官公署	관공서	公會堂	공회당	國會議事堂	국회의사당

表4-5 日常生活用语

日本式汉字	韩语	日本式汉字	韩语	日本式汉字	韩语
初面	초면	確定	결정	行爲	행위
間接	간접	公衆	공중	乾燥	건조
關係	관계	雜念	잡념	構成	구청
團合	단합	團體	단체	發展	발전
改良	개량	手段	수단	健康	건강
實力	실력	表示	표시	說明	설명

6. 韩国自制的汉字词

韩国式汉字词不是在中国和日本使用的汉字词，而是在韩国本土产生创制的汉字词。韩国式汉字词是祖先为了把韩国的语音表示汉字就制造的语言的遗产。韩国人自制的韩国的汉字词现已收录到《标准国语大辞典》(国立国语研究院, 2008年)和《中韩辞典》(进明出版社, 1998年)中，总共5,655个词汇中有2,830个韩语汉字词。其中初级一总共626个词汇中有160个，初级二总共675个词汇中有233个，中级一总共1,314个词汇中有661个，中级二总共885个词汇中有432个，高级一总共1,086个词汇中有619个，高级二总共1,069个词汇中有725个韩语汉字词。[41] 制造韩国汉字词时，模仿汉语词汇的构词方法创造出很多韩国式的汉字词，大部分人名和地名用语多，生活用语和科技用语等其他方面的词汇也不少。韩国式汉字词的读音并未完全模仿中国的汉字词，因此在字音、字形上，在韩国自创的汉字词和中国汉字词有较大差异。下边是在韩国人模仿汉语，自己创制的韩国的汉字词，被称为"同词异形"。同词异形是韩国独有的汉字词意义与汉字词意义完全相同，但是构词和字形完全不同。韩国自创的汉字词如下：

苦生(고생go-saeng)	奇別(기별gi-byeol)
妓生(기생gi-saeng)	過慾(과욕Gwa-yok)
感氣(감기gam-gi)	功夫(공부gong-bu)
兼事兼事(겸사겸사gyeom-sa-gyeom-sa)	宮合(궁합Gung-hap)
男同生(남동생nam-dong-saeng)	都大體(도대체do-dae-che)
道令(도령do-Ryeong)	大口(대구dae-gu)
丹骨(단골dan-gol)	單番(단번에dan-beon-e)
獨逸語(독일어dok-il-eo)	同生(동생dong-saeng)
福德房(복덕방bok-deok-bang)	白熟(백숙baek-suk)
查頓(사돈sa-don)	四寸(사촌sa-chon)

41 朴初源.《新标准韩国语》中的中韩汉字词对比研究[D]. 浙江大学, 2010, (6)

搜所聞(수소문su-so-mun)	消風(소풍so-pung)
三寸(삼촌sam-chon)	身熱(신열sin-yeol)
生鮮(생선saeng-seon)	如干(여간yeo-gan)
女同生(여동생yeo-dong-saeng)	外上(외상oe-sang)
兩班(양반yang-ban)	慾心(욕심yok-sim)
一時拂(일시불il-si-bul)	只今(지금ji-geum)
紙匣(지갑ji-gab)	作別(작별jak-byeol)
親舊(친구qin-gu)	亲庭(친정qin-jeong)
打作(타작ta-jak)	閉講(폐강pye-gang)
便紙(편지pyeon-ji)	休紙(휴지hyu-ji)
學父母(학부모hak-bu-mo)	訓長(훈장hun-jang)

这些词汇都作为异形同义的词汇, 汉语的汉字词的字形和韩语汉字词的字形完全不同, 在汉语中没有这些词语。"苦生(고생go-saeng)"这个词语在现代韩语中是指"辛苦", "奇别(기별gi-byeol)"这个词语在现代韩语中是指"消息", "妓生(기생gi-saeng)"这个词语在现代韩语中是指"妓女", "過慾(과욕Gwa-yok)"这个词语在现代韩语中是指"过度欲望", "感氣(감기gam-gi)"这个词语在现代韩语中是指"感冒", "功夫(공부gong-bu)"这个词语在现代韩语中是指"学习", "兼事兼事(겸사겸사gyeom-sa-gyeom-sa)"这个词语在现代韩语中是指"顺便", "宮合(궁합Gung-hap)"这个词语在现代韩语中是指"合婚", "男同生(남동생nam-dong-saeng)"这个词语在现代韩语中是指"弟弟", "都大體(도대체do-dae-che)"这个词语在现代韩语中是指"到底、究竟", "道令(도령do-Ryeong)"这个词语在现代韩语中是指"公子、少爷", "大口(대구dae-gu)"是一种鱼, 在现代韩语中是指"鳕鱼", "丹骨(단골dan-gol)"这个词语在现代韩语中是指"常客", "單番(단번dan-beon)"这个词语在现代韩语中是指"一次、一下子", "獨逸語(독일어dok-il-eo)"这个词语在现代韩语中是指"德语", "同生(동생dong-saeng)"这个词语在现代韩语中是在家庭构成员中, 比我年龄小的人, 指同

辈的弟弟或妹妹,"福德房(복덕방bok-deok-bang)"这个词语在现代韩语中是指"房地产中介所","白熟(백숙baek-suk)"这个词语在现代韩语中是指"白煮、清炖","查頓(사돈sa-don)"这个词语在现代韩语中是指"亲家","四寸(사촌sa-chon)"这个词语在现代韩语中是指"堂兄弟姐妹","搜所聞(수소문su-so-mun)"这个词语在现代韩语中是指"打听、询问","消風(소풍so-pung)"这个词语在现代韩语中是指"郊游","三寸(삼촌sam-chon)"这个词语在现代韩语中是指"叔叔","身熱(신열sin-yeol)"这个词语在现代韩语中是指"发烧、发热","生鮮(생선saeng-seon)"这个词语在现代韩语中是指"鱼","如干(여간yeo-gan)"这个词语在现代韩语中是指"普通、一般","女同生(여동생yeo-dong-saeng)"这个词语在现代韩语中是指"妹妹","外上(외상oe-sang)"这个词语在现代韩语中是指"赊账","兩班(양반yang-ban)"这个词语在现代韩语中是指"贵族","慾心(욕심yok-sim)"这个词语在现代韩语中是指"贪心、贪欲","一時拂(일시불il-si-bul)"这个词语在现代韩语中是指"一次付清","只今(지금ji-geum)"这个词语在现代韩语中是指"现在","紙匣(지갑ji-gab)"这个词语在现代韩语中是指"钱包","作别(작별jak-byeol)"这个词语在现代韩语中是指"辞别","親舊(친구qin-gu)"这个词语在现代韩语中是指"朋友","亲庭(친정qin-jeong)"这个词语在现代韩语中是指"娘家","打作(타작ta-jak)"这个词语在现代韩语中是指"打场、脱粒","閉講(폐강pye-gang)"这个词语在现代韩语中是指"停课、取消讲课","便紙(편지pyeon-ji)"这个词语在现代韩语中是指"信","休紙(휴지hyu-ji)"这个词语在现代韩语中是指"手纸、卫生纸","學父母(학부모hak-bu-mo)"这个词语在现代韩语中是指"学生家长","訓長(훈장hun-jang)"这个词语在现代韩语中是指"私塾先生"。

7. 意译外来词

意译外来词是韩国人使用古汉语中的既有之词,对西方的新概念而形成的汉字词,给原来存在的词汇增加新的意义和用法。例如,世界(세계se-gye)、意識(의식ui-sik)、人間(인간yin-gan)、障碍(장애jang-ae)、點心(점심jeom-sim)、眞空(진공jingong)、退院(퇴원toe-won)、玄關(현관hyeon-gwan)。

8. 结构方式分类

(1) 汉字词+汉字

校+服=校服(교복)、国+民=国民(국민)、人+民=人民(인민)

最+高=最高(최고)、学+费=学费(학비)、治疗+费=治疗费(치료비)

(2) 汉字词+固有词

开学+날= 开学日(개학날)　江+물= 江水(강물)

梅花+꽃= 梅花(매화꽃)　山+등= 山脊(산등)

散步+하다= 散步(산보하다)　色+깔= 颜色(색깔)

야구+球= 棒球(야구공)　运动+하다= 运动(운동하다)

尊待+말= 尊称(존대말)　治疗+하다= 治疗(치료하다)

(3) 固有词词+汉字词

간+酱= 간장(酱油)　곱+肠= 곱창(肠)

두+张= 두 장(两张)　墙+장= 담장(墙)

세+个= 세 개(三个)　한+杯= 한 잔(一杯)

부산+站= 부산역(釜山站)　빨간+色= 빨간색(红色)

서울+站= 서울역(首尔站)　하루+终日= 하루종일(一整天)

(4) 汉字词+出自英语的外来词

优胜+cup= 优胜杯(trophy)

(5) 出自英语的外来词+汉字词

DINK+族= 丁克族(DINKS)

dominoes+现象= 多米诺现象(dominoes phenomenon)

Ic+卡=电路卡(integrated circuit)

marathon+会谈= 马拉松会谈(marathon talk)

piano+独奏= 钢琴独奏(piano solo)

(6) 汉字词+出自日语的外来词

たたみ+房= 榻榻米房(たたみ部屋)

二、汉语中的外来语汉字词

中国和韩国是属亚洲的国家, 具有悠久的历史和语言文化。在悠久的历史过程中, 中国和韩国两国持续不断地交流, 在交流当中, 中国吸收了韩国的词汇, 韩国吸收了中国的很多词汇。这些词汇是丰富中国和韩国语言生活的重要来源, 渗透到中国和韩国, 给两国语言发展带来产生了极大的影响。

1. 汉语中的外来语

汉语外来语的历史很悠久, 汉初盛唐时期, 从梵语大量传入佛教词汇, 元朝时期从蒙古传入一些词汇, 明末清初时期从四方传入宗教和科学词汇, 近代时期大量的英语外来语, 于各个中国地域广泛传播。外来词是除了中国以外, 其他国家传入的词汇, 这些外来词渗透到汉语普通话、汉语方言、少数民族语言, 给语言发展带来产生了极大的影响。中国吸收的外来语是英语、法语、德语、俄语、梵语、西班牙语、希伯来语、拉丁语、意大利语、阿拉伯语、马来语、荷兰语、葡萄牙语、波斯语、日语、韩语等有很多。在汉语中, 外来语占有的比重很多, 在日常生活当中往往会发现。如果不接受使用外来语, 沟通就会有障碍, 也会出现各种困难。

2. 汉语中的外来语类型

1980年, 数码相机和数码摄像机进入中国, 中国的技术越来越成熟, 使用日益变得更为广泛, 在车辆导航仪、手机定位仪等方面都有应用。1990年开始出现的"IC卡", 在第二代身份证、交通 IC 卡等方面也都应用, 90年代末从日本传入LCD显示器, 2000年代初老式的CRT显示器取代LCD显示器, HDTV的概念日益变得更为广泛, 开始给中国老百姓提供高品质的视听生活。[42] 中国原来并不存在"IC卡、CRT、LCD、HDTV"等词汇, 但是随着时代的发展, 中国与其他国家接触增多, 汉语借用的外来词呈现新趋势, 中国的外来语快速发展。而且进入21世纪, 通过电视、电脑等的媒体, 从欧洲和亚洲传入经济领域的外来语词。下边是从英语、日语、韩语传入的词汇, 这些词汇外国语和汉语的汉字词参用, 或者借用外来语词的发音创造而成。

从英语传入的经济及日常生活词语：

QFII(合格的境外机构投资者)	QDII(合格的境内机构投资者)
PPI(工业品出厂价格指数)	WTO
绿色GDP	CPI
高尔夫(Golf)	爵士(Jazz)
沙发(Sofa)	耐克(Nike)
牛仔裤(Jeans)	巴士(Bus)
摩托车(Motorcycle)	吉普(Jeep)
汉堡包(Hamburger)	三明治(Sandwich)
可口可乐(Coca-Cola)	百事可乐(Pepsi cola)
冰淇淋(Ice cream)	披萨(Pizza)
巧克力(Chocolate	咖啡(coffee)
方便面(Instant noodles)	

42 金惠贞. 汉韩外来语对比分析研究[D]. 辽宁大学, 2015, (5)

从日语传入的经济、文化、日常生活词语：

投票	法律	法人	刑法	民权	人道主义
封建制	会计	学科	哲学	化学	伦理学
经济学	心理学	物理学	建筑学	理性	想象力
高温	低温	人气	情感	卡拉OK	新干线
黄金周	过劳死	量贩	便当	便利店	宅急送

从韩语传入的文化、地名、饮食词语：

高句丽(고구려)	百济(백제)	高丽(고려)
新罗(신라)	朝鲜(조선)	首尔(서울)
釜山(부산)	阿里郎(아리랑)	金达莱(진달래)
大长今(대장금)	辣白菜(김치)	辣白菜汤(김치찌개)
辣酱(고추장)	大酱(된장)	大酱汤(된장찌개)
石锅拌饭(비빔밥)	紫菜拌饭(김밥)	炒年糕(떡볶이)

3. 从韩语传入的词汇

中韩这两国一衣带水，是隔海相望的近邻，两国文化交流的历史渊远流长。"唇齿相依"这个成语往往被人们用来形容中国与韩国之间的相互依存的亲密关系。中韩建交以来，中国政府为了支持大众文化的开放，在中国的各个领域传播韩国的电视剧、音乐，中韩两国的大众文化交流日益更为兴盛起来了。韩国的电影、电视剧、音乐、游戏、时装、发型等方面的大众文化以年轻人为中心渐渐扩散，中国与韩国接触的增多，一些韩国词汇从韩国传入中国。随着时代的发展及变化，中国话中的韩语词日益增加，通过电视、报纸、电脑等的媒体，人名、地名、场所、文化、饮食、日常生活等方面的韩国词汇传入中国老百姓的生活。例如，在人名有"世宗大王(세종대왕)、李舜臣(이순신)、郑道传(정도전)、蒋英实(장영실)、朴正熙(박정희)、金大中(김대중)等，在地名有"高句丽(고구려)、百济(백제)、高丽(고려)、新罗(신

라)、朝鲜(조선)、大韩民国(대한민국)、首尔(서울)、仁川(인천)、京畿道(경기도)、大田(대전)、大丘(대구)、光州(광주)、釜山(부산)、济州岛(제주도)、明洞(명동)、首尔塔(서울타워)、光化门(광화문)、兴仁之门(흥인지문)、敦义门(돈의문)、崇礼门(숭례문)、弘智门(홍지문)、普信阁(보신각)"等, 在文化有"弘益人间(홍익인간)、大长今(대장금)、阿里郎(아리랑)、金达莱(진달래)、光复节(광복절)、三一节(삼일절)、开天节(개천절)、制宪节(제헌절)、显忠日(현충일)、农乐(농악)、伽倻琴(가야금)、槁梧(거문고)、陶瓷器(도자기)、三日葬(삼일제)、风物游戏(풍물놀이)、羌羌水越来(강강수월래)、巨石坟(고인돌)"等, 在饮食有"辣白菜(김치)、辣白菜汤(김치찌개)、大酱汤(된장찌개)、酱曲(메주)、紫菜拌饭(김밥)、石锅拌饭(비빔밥)、条糕(가래떡)、韩果(한과)、柿饼汁(수정과)"等。但相比英语词和日语词, 数量仍旧相对较少。韩国词汇大致可以分为音意兼译语、音译语(同形同义)、异形同义三种。第一, 音意兼译语表示直接传入的韩国词汇, 第二, 音译语表示字形和意义完全相同, 第三, 异形同义表示意义完全相同, 但字形却完全不同的词语。

第二节 汉源词义

一、从中国传入韩国的汉字词

在韩国语词汇中, 中国汉字词占有的比例非常大。据在国立韩国语院出版的"标准韩国语大辞典"记载, 如今在韩语词汇中, 汉字词的比例是占有58.5%, 韩语固有词占有25.9%, 大部分的词汇都是来源于汉语的汉字。从中国传入的汉字词如下：

歌手(가수ga-su)　國家(국가guk-ga)　果實(과실gwa-sil)

果汁(과즙gwa-jeup)　各國(각국gak-guk)　雲(구름gu-reum)

畫(그림geu-lim)	孤立(고립go-rip)	故乡(고향go-hyang)
木(나무na-mu)	蝶(나비na-bi)	歌(노래no-rae)
努力(노력no-ryeok)	姐(누이nu-yi)	雪(눈nun)
脚(다리da-ri)	道德(도덕do-deok)	端午(단오dan-o)
月(달dal)	背(등deung)	地(땅ddang)
村(마을ma-eul)	心(마음ma-eum)	頭(머리meo-ri)
母親(모친mo-chin)	模倣(모방mo-bang)	水(물mul)
海(바다ba-da)	风(바람ba-ram)	雨(비bi)
人(사람sa-ram)	愛(사랑sa-rang)	牛(소so)
首都(수도su-do)	時代(시대si-dae)	散步(산보san-bo)
純金(순금sun-geum)	林(숲sup)	習慣(습관seup-gwan)
兒童(아동a-dong)	由來(유래yu-rae)	有名(유명yu-myeong)
夏(여름yeo-reum)	移動(이동yi-dong)	安全(안전an-jeon)
冰(얼음eol-um)	研究(연구yeon-gu)	名(이름yi-reum)
祖先(조상jo-sang)	操心(조심jo-sim)	地方(지방ji-bang)
點心(점심jeom-sim)	傳統(전통jeon-tong)	種類(종류jong-ryu)
茶(차cha)	差異(차이cha-yi)	忠心(충심chung-sim)
鼻(코ko)	刀(칼kal)	豆(콩kong)
太陽(태양tae-yang)	特價(특가teuk-ga)	特別(특별teuk-byeol)
特色(특색teuk-saek)	特徵(특징teuk-jing)	特惠(특혜teuk-hye)
派兵(파병pa-byeong)	波長(파장pa-jang)	品德(품덕pum-deok)
草(풀pul)	筆記(필기pil-gi)	必需(필수pil-su)
天(하늘ha-neul)	學園(학원hak-won)	血液(혈액hyeol-yaek)
彗星(혜성hye-seong)	學生(학생hak-saeng)	兄(형hyeong)

这些汉字词都是从中国直接传入的汉字词, 大部分的汉字词是依照韩语声

音形式翻译过来的词，很多韩国汉字词的字形词义都几乎相同。此外，也有韩国的有些汉字词和中国汉字词书写形式一样，但是词义相反或无关的词语，并有汉语和汉字词和韩语的汉字词的字形词义都完全各不相同的词语。如此，韩国语中的汉字词与中国汉字词汇在形态、语义方面分为三类阐述，这些词语被称为"同形同义词"、"同形异义词"、"异形同义词"。

如上所述，古代的韩国只存在口耳相传的过程中产生的口语，没有可以记载的本国的文字，于是借用中国的汉字来记录文字。这时传入的词语就是上文已提到的"歌手、國家、果實、果汁、各國、共通、雲、畫、過程、木、蝶、歌、努力、姐、雪、脚、道德、端午、月、背、地、村、心、頭"等的汉字词。除了这些汉字词以外，还有另一种词语，此词语就是受到中国文化的影响就产生的词语。语言和文化有着密不可分的关系，它们相互影响，特别是词汇与文化有着最直接的密切联系。文化对词汇意义的影响很深刻，这些词汇随着时代的发展及变化，渐渐传入到了韩国。

二、从中国传入韩国的汉字词的类型

1. 同义异音词

这类单音节词是借义不借音的韩语汉字词，使用训读。

粉(가루ga-ru)	秋(가을ga-eul)	冬(겨울gye-oul)
畫(그림geu-lim)	耳(귀gwi)	路(길gil)
花(꽃kkot)	蒙(꿈kkum)	目(눈nun)
雪(눈nun)	腳(다리da-ri)	橋(다리da-ri)
豬(돼지dwae-ji)	月(달dal)	鷄(닭dak)
背(등deung)	地(땅ddang)	餻(떡ddeok)
村(마을ma-eul)	心(마음ma-eum)	頭(머리meo-ri)
沙(모래mo-rae)	身(몸mom)	水(물mul)

海(바다ba-da) 風(바람ba-ram) 巖(바위ba-wi)

位(자리ja-ri) 家(집jib) 雨(비bi)

舩(배bae) 足(발bal) 亱(밤bam)

田(밭bat) 外(바깥ba-kkat) 星(별byeol)

旾(봄bom) 火(불bul) 光(빛bit)

虵(뱀baem) 骨(뼈ppyeo) 角(뿔ppul)

人(사람sa-ram) 愛(사랑sa-rang) 鳥(새sae)

牛(소so) 晨(새벽sae-byeok) 島(섬seom)

林(숲sup) 米(쌀ssal) 弟(아우a-wu)

夏(여름yeo-reum) 姐(누이nu-yi) 冰(얼음eol-um)

口(입ip) 鼻(코ko) 象(코끼리ko-kki-ri)

刀(칼kal) 荳(콩kong) 草(풀pul)

舌(혀hyeo) 土(흙heuk) 力(힘him)

2. 同形同义词

这类词汇使用音读。

果實(과실gwa-sil) 果汁(과즙gwa-jeup)

各國(각국gak-guk) 國慶節(국경절guk-kyeong-jeol)

管理(관리gwan-ri) 國境線(국경선guk-kyeong-seon)

男子(남자nam-ja) 農場(농장nong-jang)

道德(도덕do-deok) 單元(단원dan-won)

團長(단장dan-jang) 冬至(동지dong-ji)

母親 (모친mo-chin) 模倣(모방mo-bang)

寶貝(보배bo-bae) 房(방bang)

方面(방면bang-myeon) 本來(본래bon-rae)

使用(사용sa-yong)	首都(수도su-do)
手段(수단su-dan)	水平(수평su-pyeong)
時代(시대si-dae)	山林(산림san-rim)
散步(산보san-bo)	上側(상측sang-cheuk)
勝利(승리seung-ri)	生命(생명saeng-myeong)
由來(유래yu-rae)	有名(유명yu-myeong)
移動(이동yi-dong)	以上(이상yi-sang)
以后(이후yi-hu)	往來(왕래wang-rae)
资源(자원ja-won)	智慧(지혜ji-hye)
整理(정리jeong-ri)	種類(종류jong-ryu)
茶(차cha)	差異(차이cha-yi)
太陽(태양tae-yang)	态度(태도tae-do)
特色(특색teuk-saek)	特徵(특징teuk-jing)
品德(품덕pum-deok)	標準(표준pyo-jun)
彗星(혜성hye-seong)	活動(활동hwal-dong)

3. 同形异义词

韩国的汉字词当中, 有字形完全相同, 但是意义却完全不同的词语。例如, 有"非常(비상bi-snag)、操心(조심jo-sim)、地方(지방ji-bang)、点心(점심jeom-sim)、便宜(편이pyeon-yi)、学院(학원hak-won)、功夫(공부gong-bu)、作业(작업jak-eop)"等。

这些词汇都作为同形异义的词语, 汉语的汉字词的意义和韩语的汉字词的意义都不同。第一, "非常(비상bi-snag)" 一词, 在现代汉语中是指"十分、很、挺、太", 但是在韩语中, 它是指"紧急或紧张"。第二, "操心(조심jo-sim)" 一词, 在现代汉语中是指"费心", 但是韩语中, 它是指"小心"。第三, "地方(지방ji-bang)"一词, 在现代汉语中是指"中央下属的省市县", 但是韩语中, 它是指"除了首尔以外的其他地区"。第

四, “点心(점심jeom-sim)”一词, 在现代汉语中是指“糕点之类的食品”, 但是韩语中, 它是指“午饭”。第五, “便宜(편이pyeon-yi)”一词, 在现代汉语中是指“东西的价格费用比较低”, 但是韩语中, 它是指“方便、便利、简便”。第六, “学院(학원hak-won)”一词, 在现代汉语中是指“某些学校或某些大学里的一些专业”, 但是韩语中, 它是指“一切培训机构(补习班)”。第七, “功夫(공부gong-bu)”一词, 在现代汉语中是指“武术技能”, 也指做事所费的时间精力, 但是韩语中, 它是指“学习”。第八, “作业(작업jak-eop)”一词, 在汉语中多指“教师布置给学生的功课”, 也指“工作单位或部队为完成从事生产活动或军事训练任务等而布置给工人或士兵的任务”。然后在韩国语中原来只有汉语中的第二个意思, 但是随着韩国人对社会现象的新认识, 也给“作业”这一词汇赋予了新的意义, 即“男人追求女人的行为。”并且这一意义更加常用。

4. 异形同义词

这类词语使用音读。

居室(거실geo-sil)	苦生(고생go-saeng)	計座(계좌gye-jwa)
今方(금방geum-bang)	來日(내일nae-il)	男便(남편nam-pyeon)
當場(당장dang-jang)	德分(덕분geok-bun)	未安[미안(-)mi-an]
饅頭(만두man-du)	飯饌(반찬ban-chan)	謝過[사과(-)sa-gwa]
所重(소중so-jung)	消風(소풍so-pung)	姓銜(성함seong-ham)
生鮮(생선saeng-seon)	惹端(야단ya-dan)	亦是(역시yeok-si)
容恕(용서yong-seo)	移徙(이사yi-sa)	洋襪(양말Yang-mal)
只今(지금ji-geum)	罪悚[죄송(-)Joe-song]	雜菜(잡채jab-chae)
長魚(장어jang-eo)	節次(절차jeol-cha)	齒藥 (치약chi-yak)
窓門(창문chang-mun)	親舊(친구chin-gu)	漆板(칠판chil-pan)
疲困(피곤pi-gon)	便紙(편지pyeon-ji)	休紙(휴지hyu-ji)
或是(혹시hok-si)	還拂(환불hwan-bul)	換率(환율hwan-yul)

上述的这些词汇都是异形同义的词汇，汉语的汉字词的意义和韩语的汉字词的意义完全一致，但是字形却完全不同的词语。第一，韩语的"居室"一词，在现代汉语中是指"客厅"。第二，韩语的"苦生"一词，在现代汉语中是指"辛苦"。第三，韩语的"計座"一词，在现代汉语中是指"账户"。第四，韩语的"今方"在现代汉语中是指"马上"。第五，韩语的"來日"，是指汉语的"明天"。此外，把上述的韩语汉字词里蕴涵着的汉语的意义按顺序罗列如下：

老公(男便)	立刻(當場)	托福(德分)	不好意思(未安)
饺子(饅頭)	菜肴(飯饌)	对不起(謝過)	珍贵(所重)
郊游(消風)	姓名(姓銜)	鱼(生鮮)	吵闹(惹端)
还是(亦是)	宽恕(容恕)	搬家(移徙)	袜子(洋襪)
现在(只今)	抱歉(罪悚)	什锦炒菜(雜菜)	鳗鲡(長魚)
程序(節次)	牙膏(齒藥)	窗户(窓門)	朋友(親舊)
黑板(漆板)	疲劳(疲困)	信(便紙)	手纸(休紙)
要是(或是)	退换(還拂)	汇率(換率)	

5. 文化对词汇意义的影响

语言和文化有着密不可分的关系，它们相互影响，特别是词汇与文化有着最直接的密切联系。文化对词汇意义的影响很深刻，这些词汇随着时代的发展及变化，渐渐传入到了韩国。

(1) 社会文化对词汇意义的影响

社会的文化结构主要是由社会意识形态构成的，是以社会意识形态为主要内容的观念体系的基本结构，社会意识形态形成国家社会形态。这些词汇是受到中国文化产生的词语。例如，"自治州(자치구ja-qi-gu)、經濟特區(경제특구kyeong-je-teuk-gu)、精神文明(정신문명jeong-sin-mun-myeong)、物質文明(물질문명mul-jil-mun-myeong)、北京(북경buk-kyeong)、上海(상해sang-hae)、萬里長城(만리장성

man-ri-jang-seong)、人民幣(인민폐yin-min-pye)"等。本来在韩国没有这种意义的词语，都是从中国传入到韩国的词语。

(2) 民族文化对词汇意义的影响

民族文化是外在表现形式，它影响到人民生活的方方面面。人类文化对词汇意义的影响也是最为表面化的。例如，有"保健體操(보건체조bo-geon-che-jo)、太极拳(태극권tae-Geuk-gwon)、氣功(기공gi-gong)"等。"保健體操"和"太极拳"在中国日常当中，很容易看见的一种运动，"保健體操"是与中国传统医学的"推拿"及"穴位"等的理论结合起来的运动，"太极拳"是中国宋朝时发明的护身用权法，至今仍为人们锻炼身体增进健康的健身运动且非常盛行。"氣功"则是一种中国的武术，静坐、呼吸调节、特定姿势等综合起来的一种锻炼方法。

(3) 制度文化对词汇意义的影响

一个国家的政治会影响到词汇的意义。例如，有"共産黨(공산당gong-san-dang)、解放軍(해방군hae-bang-gun)、毛澤東(모택동mo-taek-dong)、毛澤東思想(모택동사상mo-taek-dong-sa-sang)、文化大革命(문화대혁명mun-hwa-dae-hyeok-myeong)、改革開放(개혁개방gae-hyeok-gae-bang)、群衆路線(군중로선gun-jung-ro-seon)、人民大會堂(인민대회당yin-min-dae-hoe-dang)、國慶節(국경절guk-kyeong-jeol)"等。"共産黨"简称中共，在中国实行人民民主专政的中华人民共和国唯一执政党，[43] 从1921年7月成立后产生的词语，"解放軍"是中国人民解放军的简称，1949年合并八路军、新四军、东北抗日联军等部队陆续改称为中国人民解放军。[44] "毛澤東"是1949至1976年，担任中华人民共和国最高领导人，他对马克思列宁主义的

43 共产党. 百度百科. https://baike. baidu. com/item/%E5%85%B1%E4%BA%A7%E5%85%9A/221247?fr=aladdin

44 解放军. 百度百科. https://baike. baidu. com/item/%E4%B8%AD%E5%9B%BD%E4%BA%BA%E6% B0%91%E8%A7%A3%E6%94%BE%E5%86%9B/458031?fr=aladdin&fromid=243714&fromtitle=%E8%A7%A3%E6%94%BE%E5%86%9B

发展、军事理论的贡献及对共产党的理论贡献被称为"毛澤東思想"。[45] "文化大革命"简称文革, 指1966年05月至1976年10月在中国由毛泽东发动和领导的政治运动。[46] "毛澤東思想"和"文化大革命"都是被毛泽东产生的词语。"改革開放"是十一届三中全会中国开始实行的对内改革、对外开放的政策,[47] 这个词语于1978年就产生了。"群衆路線"是党的根本工作路线, 以毛泽东为代表的中国共产党在长期斗争中形成的词语。[48] "人民大會堂"是中国全国人民代表大会开会地和全国人民代表大会常务委员会的办公场所, 是党、国家和各民族人民团体举行政治活动的重要场所,[49] 1959年完工后, "人民大會堂"这个词语从中国传入到韩国。"國慶節"是由一个国家制定的用来纪念国家本身的法定假日, 也可以被称为"十一"或"國慶日"。[50]

三、从韩国传入中国的韩语词汇

1992年中韩建交以后, 通过中韩之间活跃的文化交流, 对两国的政治、经济、教育、语言等各方面相互受到很大影响。中国政府为了支持大众文化的开放, 在中国的各个领域传播韩国的电影、电视剧、音乐, 韩国的电影、电视剧、音乐、游戏、

45 毛泽东. 百度百科. https://baike. baidu. com/item/%E6%AF%9B%E6%B3%BD%E4%B8%9C/113835?fr =aladdin

46 文化大改革. 百度百科. https://baike. baidu. com/item/%E6%96%87%E5%8C%96%E5%A4%A7%E9%9D%A9%E5%91%BD/117740?fr=aladdin

47 改革开放. 百度科. https://baike. baidu. com/item/%E6%94%B9%E9%9D%A9%E5%BC%80%E6%94

%BE/886098?fr=aladdin

48 群众路线. 百度百科. https://baike. baidu. com/item/%E7%BE%A4%E4%BC%97%E8%B7%AF%E7% BA%BF/773841?fr=aladdin

49 人民大会堂. 百度百科. https://baike. baidu. com/item/%E4%BA%BA%E6%B0%91%E5%A4%A7%E 4%BC%9A%E5%A0%82/29472?fr=aladdin

50 国庆日. 百度百科. https://baike. baidu. com/item/%E5%9B%BD%E5%BA%86%E6%97%A5/9394338

时装、发型等方面的大众文化以年轻人为中心渐渐扩散, 掀起了韩流热潮。通过韩国电影及电视剧, 中国人关注到韩国文化, 使韩国文化传开, 韩国的地名、人际关系上的称呼、各种各样的韩国食品的词汇传入中国, 并通过综艺节目, 韩国的新造传开中国。中国人把从韩国进入的这些词汇翻译成汉语使用, 这些词汇大致可以分为"同形同义词"、"同形异义词"、"异形同义词"。

除了上文提到的"同形同义词"、"同形异义词"、"异形同义词"以外, 还有另一种词语, 此词语就是受到韩国社会文化的影响就产生的词语。语言和社会文化有着密不可分的关系, 它们彼此相互影响, 特别是词汇与社会文化有着最直接的密切联系。社会文化对词汇意义的影响很深刻, 这些词汇随着时代的发展及变化, 渐渐传入到了中国。

1. 同形同义词

同形同义词是依照韩语声音形式直接翻译过来的汉语, 汉字词的字形和词义都几乎相同。例如, "能力者(능력자)、国民(국민)、国民MC(국민MC)、漫撕男(만찢남)、铁壁男(철벽남)、取向狙击(취향저격)、取向尊重(취향존중)"等。"能力者(능력자)"表示精明强干的人, 这个词语来源于韩国的一个综艺节目"running man"的演出人员"金钟国", 在"running man"出演的八个人当中"金钟国"是推理强、肌肉多、力气大, 所以他被人们称为"能力者"。第二, "国民(국민)"也是来源于韩国的综艺节目, 一般在某一个特定的领域尤其突出, 在国家成为代表的人就能得到"国民"的称号。韩国艺人中, 其代表就是"刘在石", "刘在石"是代表韩国的国民MC(국민MC)。此外, "漫撕男(만찢남)"是指撕开漫画走出来一样的美男子, 帅得像漫画主角的男人一样外表十分帅气俊美。"漫撕男"这个词语从韩剧传入中国, 韩国代表的漫撕男是"宋仲基"、"朴宝剑"、"李钟硕"、"徐康俊"、"朴海镇"等。"铁壁男(철벽남)"来源于韩剧和节目, 在韩剧和节目里经常提到这个词语。"铁壁男"是指性格有些冷淡, 所以很难靠近, 并给他表示好感也无动于衷, 男女关系非常明确表明的

男人。然后取向狙击(취향저격)的意思是他是我喜欢的类型, 他正和我心意。这个词语在节目里往往提到, 韩国人也被称为"取狙"。最后"取向尊重(취향존중)"是从韩国网络上传入中国的新词, 是指尊重他人的取向的意思。今日在节目上出演的明星非常多, 而每个人喜欢的明星又都不同, 所以产生了这种新词语, "取向尊重"也可以称为"取尊(취존)"

2. 同音同义词

不管在汉字里包含的意义, 只有选择与韩国词音相似的某一个汉字来使用, 这个汉字词没有什么意义, 但词汉字的音和韩语的意义完全相同。例如, 有"欧尼(언니)、欧巴(오빠)、大发(대박)"。"欧尼(언니)"这个词汇在现代韩语中是指"姐姐", "欧巴(오빠)"这个词汇在现代韩语中是指"哥哥", 在韩剧里经常出现, 大部分的中国人都知道"欧尼"、"欧巴"是什么意思。然后"大发(대박)"是一般感叹时使用的词语, 在现代韩语中是指 "很棒"、"厉害"。

3. 异形同义词

异形同义词是汉语意义和韩语意义完全相同, 但是字形却完全各不相同的词语。例如, 有"国民女婿(국민사위)、国民老公(국민남편)、国民岳父(국민장인)、国民女友(국민여친)、国民男友(국민남친)、心跳(심쿵)、心跳停止(심멎)、颜值担当(얼짱)、身材担当(몸짱)、跳舞担当(춤짱)"等。"国民女婿(국민사위)、国民老公(국민남편)、国民岳父(국민장인)、国民女友(국민여친)、国民男友(국민남친)"起源于韩国节目, 一般在某一个特定的领域尤其突出, 在国家成为代表的人就能得到"国民"的称号。韩国艺人中, 其代表就是"刘在石", "刘在石"是代表韩国的"国民MC(국민MC)"。由"国民MC刘在石"为起点, 就产生了"国民女婿、国民老公、国民岳父、国民女友、国民男友"等词语, 这些词语在韩国几乎家喻户晓无人不知。而且这个词语被传入中国, 近几年已被广泛使用。还有"心跳、心跳停止"这两个词语是一个使用

频率颇高的韩语新词，在综艺节目以及日常对话中经常出现。“心跳”是心脏怦怦直跳的缩略语，一般在看到让人大吃一惊的东西或外貌出众的人时使用。“心跳”也被称为“心跳加速”、“心动”。“心跳停止”也具有与“心跳”一样词义，表示心脏跳得太快，其程度超过了极限。例如，看到我暗恋的男生时，或者我喜欢的男生做心潮起伏的行动时可以使用这个词语。再有“颜值担当”是2000年代初在网上使用的韩语新造词，以年轻人为中心渐渐扩散，至今被广泛的使用着。“颜值担当”的意思是“脸棒”，即表示长得漂亮。由“颜值担当”为起点，依次产生了“身材担当”、“跳舞担当”。“身材担当”表示身材好的人，“跳舞担当”表示跳舞跳得最好的人。

4. 文化对词汇意义的影响

语言和文化有着密不可分的关系，它们相互影响，特别是词汇与文化有着最直接的密切联系。文化对词汇意义的影响很深刻，这些词汇随着时代的发展及变化，渐渐传入到了韩国。

(1) 历史文化对词汇意义的影响

纵观历史，可以知道国家如何发展，什么样的形态形成。随着历史的潮流，很多国家形成，无数人构成村子就生活了。下边的词语都是受到历史潮流的影响的词语。例如，“檀君(단군)、世宗大王(세종대왕)、李舜臣(이순신)、郑道传(정도전)、蒋英实(장영실)、朴正熙(박정희)、高句丽(고구려)、百济(백제)、高丽(고려)、新罗(신라)、朝鲜(조선)、首尔(서울)、仁川(인천)、京畿道(경기도)、大田(대전)、大丘(대구)、光州(광주)、釜山(부산)、济州岛(제주도)、光化门(광화문)、东大门(동대문)、西大门(남대문)、南大门(서대문)、兴仁之门(흥인지문)、敦义门(돈의문)、崇礼门(숭례문)、弘智门(홍지문)、普信阁(보신각)、明洞(명동)、首尔塔(서울타워)”等。“檀君、世宗大王、李舜臣、郑道传、蒋英实”是为韩国历史的发展做出了巨大贡献的伟人，“朴正熙、金大中”是90年代韩国的总统。“高句丽、百济、高丽、新罗、朝鲜”是韩国三国时代的国家，“首尔、仁川、京畿道、大田、大丘、光州、釜山、济州岛”是属于当今韩国

的城市,"光化门、东大门、西大门、南大门、兴仁之门、敦义门、崇礼门、弘智门、普信阁、明洞、首尔塔"是属于首尔的地方。

(2) 制度文化对词汇意义的影响

一个国家的政府会影响到词汇的意义。例如,有"光复节(광복절)、三一节(삼일절)、制宪节(제헌절)、开天节(개천절)、显忠日(현충일)"等。光复节是庆祝政府树立的法定节日,"三一节、制宪节、开天节、显忠日"是政府指定国家纪念日,就实施的公休日以及法定节日。

(3) 民族文化对词汇意义的影响

民族文化是外在表现形式,它影响到人民生活的方方面面。民族文化对词汇意义的影响也是最为表面化的。例如,有"弘益人间(홍익인간)、光复节(광복절)、大长今(대장금)、阿里郎(아리랑)、民俗村(민속촌)、农乐(농악)、风物游戏(풍물놀이)、羌羌水越来(강강술래)、槁梧(거문고)、伽倻琴(가야금)"等。"弘益人间"是韩民族的传统固有思想,从弘益人间思想中能够窥见韩国祖先的生活状况。"大长今"是治疗1515年朝鲜11代王"中宗"的医女,2003年韩国MBC电视台以《大长今》为主题,制作电视剧在国内上映,同时出口中国,大受欢迎。"阿里郎"是韩国的代表性民谣之一,"民俗村"是从1974年开始开张的韩国固有的民俗市场,以前的"管家"、"班家"、"民家"等的建筑物散落在各地,从其中能够窥见韩国祖先的生活状况及各种生活用具和农耕用具等。"农乐"是被登记为联合国教科文组织无形文化遗产,韩国传统游戏。"风物游戏"是韩国传统的一种娱乐游戏,上古时代,战争时用打击乐器,让士兵们的士气高涨,由于耕作带来的辛苦减轻就提高生产工作的效率。"羌羌水越来"作为重要非物质文化遗产,韩国传统的一种民歌、民间圆舞。"槁梧"和"伽倻琴"作为韩国固有乐器,"槁梧"制造于新罗,"伽倻琴"制造于伽倻国。

(4) 饮食文化对词汇意义的影响

1992年中韩建交以后,韩国的电影、电视剧、音乐传播在中国的各个领域,韩国的“电影、电视剧、音乐、游戏、时装、发型、食品”等方面的大众文化以年轻人为中心渐渐扩散,掀起了韩流热潮。通过韩国电影以及电视剧,中国人关注到韩国文化,韩国文化传开,韩国的地名、人间关系上的称呼、各种各样的韩国食品的词汇传入到中国。下边的食品词语是从韩国传入的词语：

“辣白菜(김치)、辣白菜汤(김치찌개)、辣酱(고추장)、大酱(된장)、大酱汤(된장찌개)、酱曲(메주)、紫菜拌饭(김밥)、石锅拌饭(비빔밥)、炒年糕(떡볶이)、年糕汤(떡국)、炸鸡(치킨)、五花肉(삼겹살)、条糕(가래떡)、酒酿(식혜)、韩果(한과)、柿饼汁(수정과)”

第三节 固定用语

在历史上汉语汉字在韩国的文化生活中曾处于支配地位,随着汉字的传入,同时韩国传入了大量的汉语词汇,其中自然也包括固定用语。固定用语是指结构比较固定的惯用短语,固定用语可以分为“成语”、“俗语”两部分,都是由于其国家的文化接触而产生的词汇。

一、从中国传入的成语

古以来,韩国受到中国影响,借用中国的成语来使用。为了了解中国成语从什么时候开始传入韩国、多少中国成语传入韩国,探讨以韩国字典中收录的借用中国四字成语为对象。下面的表格是中国历朝历代产生的成语数量和韩国借用中国成语的数量：[51]

探讨显示韩国借用的中国成语大部分产生于“先秦、秦、两汉、两晋、南北朝、隋、唐、五代、宋”等,大量的中国成语从中国传入韩国,并得到广泛使用。另外,大

51 艾丽. 韩国汉字成语中的因素[D]. 解放军外国语学院, 2007, (1)

量的中国成语可以传入到韩国的主要理由是汉字传入韩国的这段时期，汉籍也同时传入韩国。

表4-6 中国历朝历代产生的成语数量和韩国借用中国成语的数量

朝代	中国出现的成语数量	占总书的百分比	韩国借用的成语数量	占总书的百分比
先秦	640	9.76%	304	27.31%
秦、两汉	480	7.32%	178	15.99%
三国	96	1.46%	32	2.88%
两晋、南北朝	539	8.22%	135	12.13%
隋、唐、五代	802	12.23%	151	13.57%
宋	1251	19.08%	147	13.21%
元	401	6.12%	47	4.22%
明	854	13.02%	66	5.93%
清	1494	22.83%	53	4.76%%
总计	6557	100%	1113	100%

1. 汉籍直接传入

中国四字成语是通过中国古代书籍的“诸子百家”传入到韩国，“诸子百家”是指“儒家、道家、墨家、法家、名家、兵家、纵横家、阴阳家”等。韩国吸收大量的中国典籍，同时中国成语传入到韩国。

(1) 儒家经典

儒家是“百家”中的一家，孔子是“诸子”中的一子。孔子是儒家学派的创始人，中国历史上影响最大的思想家和教育家，他主张“仁、义、礼、智、信、恕、忠、孝、悌”等，儒家经典主要指《论语》、《孟子》、《周易》、《尚书》、《诗经》、《礼记》、《春秋》、《大学》、《中庸》。[52] 公元4世纪，儒教传入韩国，经过一千年的发展，与韩国思想高度融合，广泛地渗进了韩国的社会、学校、教廷等的生活各个方面。儒家思想在历史上

52 朴庆珍. 中韩思想文化传播历史概述[J]. 散文百家, 2017, (1)

对韩国产生了相当深刻的影响，同时儒家经典在韩国渐渐扩散，儒家经典著述的成语蔚然成风。下边是从中国《论语》、《孟子》、《周易》、《尚书》传入到韩国的成语。[53]

《论语》:

過猶不及(과유불급)《论语 · 先进》

見利思義(견리사의)《论语 · 宪问》

不恥下問(불치하문)《论语 · 公冶长》

《孟子》:

浩然之氣(호연지기)《孟子公孙丑上》

緣木求魚(연목구어)《孟子 · 梁惠王上》

與民同樂(여민동락)《孟子染惠王下》

一暴十寒(일포십한)《孟子 · 告子上》

《周易》:

虎視眈眈(호시탐탐)《周易 · 颐》

自强不息(자강불식)《周易 · 乾》

改過遷善(개과천선)《周易 · 益》

《尚书》:

无偏无党(무편무당)《尚书 · 洪范》

(2) 佛学书籍

佛教是世界三大宗教之一，历史很悠久。约公元前6世纪，被古印度的"释迦牟尼"创始佛教，释迦牟尼是佛教的始祖。创始佛教后，佛教由古印度经过西域传入到中国，佛教比基督教和伊斯兰教大约早五百年前从古印度传入到中国。佛教的传入，不但对中国的政治与经济发展产生了巨大深远的影响，而且广泛地渗透

53 金洙京. 中韩成语比较研究[D]. 山东大学, 2005, (5)

进来了中国社会文化各个方面, 对中国的文化产生了很大的影响, 特别是对建筑、雕塑、文学、绘画、音乐等方面产生了一定的影响。佛教成为中国全民的宗教信仰文化, 这个过程中, 佛教对中国的语言词汇自然就产生了。如今在日常生活当中, 经常会发现“千差万别”、“不可思议”、“生老病死”等词汇都是从佛教传入的成语。中国唐朝(618年—907年)时, 唐王朝与韩国的“高句丽、百济、新罗”交往频繁, 日益交流中, 佛教等的文化也传入了韩国, 这样佛教成语也传入到韩国。所以如今在韩国使用的成语中, 有很多与中国成语一模一样的佛教成语。从佛教传入到韩国的佛教成语如下：[54]

張三李四(장삼이사)《景德传灯录 · 卷三十道吾和尚》

三頭六臂(삼두육비)《景德传灯录 · 卷十三 · 汾州善昭禅师》

千差萬別(천차만별)《景德传灯录 · 卷二十五 · 金陵报慈道场文遂导师》

森羅萬象(삼라만상)《景德传灯录卷二十 · 赤州稽山章禅师》

盲人摸象(맹인모상)《大般涅磐经》言语道断《理络经》

不可思議(불가사의)《增一阿含经 · 卷十八》

大慈大悲(대자대비)《法华经 · 譬喻品》心心相印《黄莫传心法要上》

生老病死(생로병사)《仁王经天常褐》

二、从中国传入的成语类型

韩国“慕华事大思想(指钦慕追中国的文物和思想的思想)”的政策下, 很多教育机构应运而生, 中国成语日益更为传播广泛, 韩国借用的中国成语一直沿用到现代, 广泛地渗进了韩国生活的各个方面。现在韩国借用的中国成语占有的比例非常大。韩国借用的中国成语在1962年10月出版的朝鲜科学院出版社《朝鲜语词

54 金洙京. 中韩成语比较研究[D]. 山东大学, 2005, (5)

典》中共有918条，占四字格成语总数的22.35%。[55]

将韩国借用的成语和中国成语作比较的话，可以看出成语的构成顺序等有一些小小的变化，但主要形态和内容上没有多大的变化，有很多一致和相似的部分。中韩四字成语大致可以分为四类，第一类是成语的形式和意义完全相同的成语，第二类是词序颠倒，意义相同的成语，第三类是形式相同，意义不同的成语，第四类是形式不同，意义相同的成语。中韩四字成语主要有以下几种对应类型：

1. 形式和意义完全相同

形态、形式和内容都完全相同的成语被称为“同形同义成语”。在韩国使用的四字成语中，占有的比例最大，即与中国四字成语形式和意义都完全相同的四字成语。中韩两国的同形同义四字成语如下：

表4-7 同形同义的中韩四字成语

中国四字成语	韩国四字成语	韩国四字成语韩文
孤掌难鸣	孤掌難鳴	고장난명
狗尾续貂	狗尾續貂	구미속초
格物致知	格物致知	격물치지
攻城略地	攻城略地	공성약지
隔靴搔痒	隔靴搔癢	격화소양
锦上添花	錦上添花	금상첨화
过犹不及	過猶不及	과유불급
管鲍之交	管鮑之交	관포지교
金科玉条	金科玉條	금과옥조
高山流水	高山流水	고산유수
卷土重来	捲土重來	권토중래
内圣外王	內聖外王	내성외왕

55 金贞丹. 中韩成语对比研究[D]. 云南师范大学, 2007, (5)

内忧外患	內憂外患	내우외환
论功行赏	論功行賞	논공행상
多多益善	多多益善	다다익선
大慈大悲	大慈大悲	대자대비
大同小异	大同小異	대동소이
大器晚成	大器晚成	대기만성
同床异梦	同床異夢	동상이몽
同病相怜	同病相憐	동병상련
万事亨通	萬事亨通	만사형통
亡国之音	亡国之音	망국지음
亡国之叹	亡國之歎	망국지탄
孟母三迁	孟母三遷	맹모삼천
刎颈之交	刎頸之交	문경지교
夫唱妇随	夫唱婦隨	부창부수
腹背受敌	腹背受敵	복배수적
不惑之年	不惑之年	불혹지년
百发百中	百發百中	백발백중
白面书生	白面書生	백면서생
百废俱兴	百廢俱興	백폐구흥
百花齐放	百花齊放	백화제방
百孔千疮	百孔千瘡	백공천창
百年大计	百年大計	백년대계
百年大业	百年大業	백년대업
百无一失	百無一失	백무일실
白璧微瑕	白璧微瑕	백벽미하
白驹过隙	白駒過隙	백구과극
山穷水尽	山窮水盡	산궁수진
深谋远虑	深謀遠慮	심모원려
是非之心	是非之心	시비지심
实事求是	實事求是	실사구시
是是非非	是是非非	시시비비

雪上加霜	雪上加霜	설상가상
三三五五	三三五五	삼삼오오
城下之盟	城下之盟	성하지맹
唇亡齿寒	脣亡齒寒	순망치한
有备无患	有備無患	유비무환
异口同声	異口同聲	이구동성
一石二鸟	一石二鳥	일석이조
龙头蛇尾	龍頭蛇尾	용두사미
流言蜚语	流言蜚語	유언비어
弱肉强食	弱肉强食	약육강식
安贫乐道	安貧樂道	안빈낙도
安土重迁	安土重遷	안토중천
一刀两断	一刀兩斷	일도양단
五里雾中	五里霧中	오리무중
以夷制夷	以夷制夷	이이제이
一片丹心	一片丹心	일편단심
以心传心	以心傳心	이심전심
一举两得	一擧兩得	일거양득
一触即发	一觸卽發	일촉즉발
日就月将	日就月將	일취월장
龙虎相搏	龍虎相搏	용호상박
临机应变	臨機應變	임기응변
战战兢兢	戰戰兢兢	전전긍긍
转祸为福	轉禍爲福	전화위복
渐入佳境	漸入佳境	점입가경
自暴自弃	自暴自棄	자포자기
自业自得	自業自得	자업자득
糟糠之妻	糟糠之妻	조강지처
进退两难	進退兩難	진퇴양난
进退维谷	進退維谷	진퇴유곡
赤手空拳	赤手空拳	적수공권

千军万马	千軍萬馬	천군만마
青出于蓝	青出於藍	청출어람
醉生梦死	醉生夢死	취생몽사
恻隐之心	惻隱之心	측은지심
千差万别	千差萬別	천차만별
千篇一律	千篇一律	천편일률
千辛万苦	千辛萬苦	천신만고
痴人说梦	痴人說夢	치인설몽
沧海一粟	滄海一粟	창해일속
他山之石	他山之石	타산지석
贪官污吏	貪官汚吏	탐관오리
风声鹤唳	風聲鶴唳	풍성학려
后生可畏	後生可畏	후생가외
呼风唤雨	呼風喚雨	호풍환우
胡思乱想	胡思亂想	호사란상
狐死首丘	狐死首丘	호사수구
虚张声势	虛張聲勢	허장성세
喜怒哀乐	喜怒哀樂	희로애락
虎视眈眈	虎視眈眈	호시탐탐
狐假虎威	狐假虎威	호가호위
好事多磨	好事多魔	호사다마
浩然之气	浩然之氣	호연지기
汗牛充栋	汗牛充棟	한우충동
换骨脱胎	換骨奪胎	환골탈태

2. 词序颠倒, 意义相同

语言随着一个民族的文化和时间的流逝, 就不可避免地发生变化。中国四字格成语从中国传入到韩国, 进入韩国之后, 符合韩国的现状逐渐发生变化。这类成语是虽然词序颠倒, 但意义上完全相同的四字成语。

表4-8 词序颠倒，意义相同的中韩四字成语

中国四字成语		韩国四字成语	
长生不老	장생불로	不老長生	불로장생
独立自主	독립자주	自主獨立	자주독립
世态炎凉	세태염량	炎涼世態	염량세태
惩恶权善	징악권선	勸善懲惡	권선징악
东风马耳	동풍마이	馬耳東風	마이동풍
正大光明	정대광명	光明正大	광명정대
各色各样	각색각양	各樣各色	각양각색
粉身碎骨	분신쇄골	粉骨碎身	분골쇄신
反客为主	반객위주	客反爲主	객반위주
山珍海味	산진해미	山海珍味	산해진미
不屈不挠	불굴불요	不撓不屈	불요불굴
贪小失大	탐소실대	小貪大失	소탐대실
因果报应	인과보응	因果應報	인과응보
贤妻良母	현처양모	賢母良妻	현모양처
天下太平	천하태평	太平天下	태평천하
寡不敌众	과부적중	衆寡不敵	중과부적
海誓山盟	해서산맹	盟山海誓	맹산해서
异曲同工	이곡동공	同工異曲	동공이곡
佛口蛇心	불구사심	蛇心佛口	사심불구
云消雾散	운소무산	雲散霧消	운산무소
衣锦夜行	의금야행	錦衣夜行	금의야행
千端万绪	천단만서	千緖萬端	천서만단
情投意合	정투의합	情意投合	정의투합
见事风生	견사풍생	見事生風	견사생풍
开天辟地	개천벽지	天地開闢	천지개벽
堂堂正正	당당정정	正正堂堂	정정당당

3. 形式相同，意义不同

韩国曾经很长时间在与中国不同的文化圈内使用了中国四字成语。根据两国的不同习俗，逐渐改变了原来的意义。这些韩国成语是只是借中国四字成语的形式来使用，韩国成语和中国的成语形式上完全相同而意义上却不同。形式相同，意义不同的四字格成语如下：

表4-9 同形异义的中韩四字成语

中国成语	中国成语意义	韩国成语	韩国成语意义
枯木生花	意思是干枯的树也可以开花的，指绝处逢生。比喻处于困境的人，忽然遇到幸运，百事大吉。	枯木生花；고목생화	意思是干枯的树也可以开花的，指绝处逢生。比喻上岁数才有运气。
落花流水	形容暮春时节花儿凋零的景象，比喻战事惨败或者境况悲惨衰落。	落花流水；낙화유수	意思是落花愿意逐水漂流，流水愿意把落花载着流淌，比喻男女之间相互依恋的感情。
亡羊补牢	羊丢失后，就去修补羊圈。比喻事情出了差错后，抓紧纠正补救，就可以避免更大的损失。	亡羊補牢；망양보뢰	羊丢失后，才去修补羊圈。比喻损失已经发生，后悔已经来不及。
百尺竿头	指学文、成绩达到很高程度后也继续努力，争取更大进步。比喻虽然已经达到很高的境地，但是不能满意成就，还要进一步努力。	百尺竿頭；백척간두	指在百尺的杆子上，人吊着。比喻非常危险的境地。
驷马难追	意思是一句话说出了口，就是套上四匹马拉的车也难追上。比喻话说出口，就不能再收回，一定要算数。	駟馬難追；사마난추	指说话要谨慎小心，以防隔墙有耳，惟恐别人听见，惟恐别人知晓以后四处传播。
城狐社鼠	意义是城墙上的狐狸、土地庙里的老鼠，指在望身边的奸臣。比喻仗势作恶的人。	城狐社鼠；성호사서	意义是城墙上的狐狸、土地庙里的老鼠，指在望身边的奸臣。比喻不能消除的坏人。
牛溲马勃	指牛的尿和马勃，比喻细微之物皆有妙用。	牛溲馬勃；우수마발	指牛的尿和马勃，比喻不屑一顾的语言以及文章。
油头粉面	形容人打扮得十分轻浮，多含贬义。一般指男生使用这些成语。	油頭粉面；유두분면	形容人打扮得十分轻浮，多含贬义。一般指女生使用这些成语。
柳暗花明	柳树浓密花色鲜丽。比喻人在绝望中，忽然看到一线希望。	柳暗花明；유암화명	柳树浓密花色鲜丽。比喻美丽的乡村的春天风景。

造次颠沛	指流离失所, 生活困顿。	造次顚沛；조차전패	指时间太紧急, 在匆忙中跌倒的状况, 比喻迫在眉睫。
众口铄金	形容大众舆论的力量大, 比喻谣言多, 可以混淆是非。	衆口鑠金；중구삭금	形容大众舆论的力量大, 比喻大众的批评或恶评的恐惧感。
冢中枯骨	表示坟墓中的枯骨, 比喻平庸无能、没有作为的人。	塚中枯骨；총중고골	表示坟墓中的枯骨, 比喻干瘦、憔悴的人。
横草之功	如同踩倒草那样的功劳。比喻功绩很小。	橫草之功；횡초지공	如同踩倒草那样的功劳。比喻在战场上立了大功。

4. 形式不同, 意义相同

(1) 意义相同, 形式略有不同

下边的中国和韩国的四字成语在内容上完全相同, 但形式略有不同。韩国的四字格成语来源于中国的四字成语, 虽然形式略有不同, 却是在韩语中由于运用的频率、习惯等方面的原因, 仍存在中国四字成语的意义。中国四字成语和在韩国常使用的韩国四字成语如下：

表4-10 意义相同, 形式略有不同的中韩四字成语

犬猿不和	犬猿之間	견원지간
倾国倾城	傾國之色	경국지색
感慨万分	感慨無量	감개무량
多才多艺	多才多能	다재다능
大书特书	大書特筆	대서특필
来者不拒	來者勿拒	내자물거
名副其实	名實相符	명실상부
多闻博识	博學多識	박학다식
不分昼夜	不撤晝夜	불철주야
百折不挠	百折不屈	백절불굴
神人共愤	神人共怒	신인공노
十有八九	十中八九	십중팔구
渔人之利	漁夫之利	어부지리

有口难辩	有口無言	유구무언
独一无二	唯一無二	유일무이
恩重如山	恩重泰山	은중태산
完美无缺	完全無缺	완전무결
走马看花	走馬看山	주마간산
朝令夕改	朝令暮改	조령모개
左顾右盼	左顧右眄	좌고우면
青梅竹马	竹马故友	죽마고우

(2) 意义相同, 形式完全不同

韩国在中国四字成语中, 只是借中国四字成语的意义来使用, 随着韩国独特的文化传统习惯, 就形成了韩国成语。韩国成语与中国成语相比, 意义相同而形式却完全不同。中国四字成语和在韩国经常使用的韩国四字成语如下：

表4-11 异形同义的中韩四字成语

中国语	韩国成语	韩国四字成语韩文
闻所未闻	今時初聞	금시초문
单根独苗	無男獨女	무남독녀
饱经风霜	山戰水戰	산전수전
以身作则	率先垂範	솔선수범
毫无根据	事實無根	사실무근
瓜田李下	烏飛梨落	오비이락
对牛弹琴	牛耳讀經	우이독경
从一而终	一夫從事	일부종사
自相矛盾	自家撞着	자가당착
贼喊捉贼	賊反荷杖	적반하장
捧腹大笑	抱腹絕倒	포복절도
支离破碎	風飛雹散	풍비박산

三、韩国自制的韩源成语

韩国四字成语来源于中国的古代典籍, 韩国不仅大量接受、吸收中国成语。在韩语中由于运用的频率极高的原因, 汉语的成语日益更为兴盛起来了。后来, 中国成语根据韩国的文化和思想以及传统习俗, 逐渐改变了原来的意义和形式, 韩国自行创造了具有韩国特色的汉字成语。韩语的汉字成语蕴涵着韩国民族的精神和思想, 韩语固有成语与中国成语相比, 意义和形式都完全不同, 这些成语在中国没有, 韩语的固有成语绝大多数为四字格成语。模仿中国成语自制的韩国四字成语如下：

表4-12 模仿中国成语自制的韩国四字成语

鯨戰蝦死 경전하사	堂狗風月 당구풍월	同價紅裳 동가홍상	凍足放尿 동족방뇨
燈下不明 등하불명	明沙十里 명사십리	百年之客 백년지객	視金如石 시금여석
三日天下 삼일천하	身土不二 신토불이	一死五利 일사오리	一魚濁水 일어탁수
作心三日 작심삼일	草綠同色 초록동색	層層侍下 층층시하	胡奴子息 호노자식
咸興差使 함흥차사	弘益人間 홍익인간		

这些成语都是受到中国四字成语, 就开始产生的韩国的固有成语, 在中国不存在此韩国固有的成语。"鯨戰蝦死(경전하사)"是韩国的五个字以上的俗语简称为四字格成语, 被称为"汉译俗语"。[56] "鯨戰蝦死"是指鲸鱼相斗鱼虾遭殃, 比喻强者之争, 只有弱者损失。"堂狗風月(당구풍월)"是韩国的五个字以上的俗语简称为四字格成语, 被称为 "汉译俗语", 指狗呆在私塾, 不会写诗也会哼诗, 比喻没学到的人也

56 李义风的《东韩译语》中收录了一百零六种的俗语, 其中六十六中的俗语换成四字成语。

跟有知识的人在一起，逐渐变为有知识。"同價紅裳(동가홍상)"是韩国的五个字以上的俗语简称为四字格成语，被称为"汉译俗语"。此成语的意思是同等代价，是深红色的裙子，表示在同等代价之下，作更为有利的选择。"凍足放尿(동족방뇨)"是指在冰冷的脚上撒尿，比喻暂时有效力而已，马上就没有了。"燈下不明(등하불명)"是韩国的五个字以上的俗语简称为四字格成语，被称为"汉译俗语"。"燈下不明(등하불명)"是指灯下黑，比喻近处比远处却不知道。"明沙十里(명사십리)"是指十里的亮丽的沙子，意思是亮丽的沙子弥漫。"百年之客(백년지객)"意思是无论如何总是都谦恭地对待客人，此客人指女婿。"視金如石(시금여석)"是高丽的名将崔莹座将军的座右铭，意思是看黄金真如石头，比喻不动心、不起意。"三日天下(삼일천하)"是出自朝鲜末，金玉均等的开化派发动政变，但清兵进来，三天就被赋予政权的典故。表示某一个事情很短时间就结束。"身土不一"是出自韩朝时代艺术《东医宝鉴》，意思是身体和出生的土地合二为一，既在出生长大的地方产出的东西最适合自己的体制，[57] 韩国提倡使用韩国国内农产品时，产生出来的成语。"一死五利(일사오리)"指死一个，利于五个，表示为顾全大局需要牺牲局部利益。"一魚濁水(일어탁수)"意思是一条鱼混全川，比喻由于一个人的恶行很多人受到损失。"作心三日(작심삼일)"意思是做好计划后不到三天就放弃，与中国的成语"三天打鱼，两天晒网"相似。"草綠同色(초록동색)"是鱼找鱼，虾找虾，乌龟王八结亲家。表示物以类聚，人以群分，与中国成语"物以类聚"相似。"層層侍下(층층시하)"表示父母和祖父母或其以上的大人都还健在，侍奉他们一起生活，是指要侍奉的大人很多，不知进退。"胡奴子息(호로자식)"是骂没有教养、不懂规矩的家伙的时候使用的成语。"咸興差使(함흥차사)"出自朝鲜王朝时期，太宗"李房远"让手下派往咸兴的差使，但太祖"李成桂"杀手下有去无回的典故。表示毫无音讯，与中国的成语"泥牛入海"相似。"弘益人間(홍익인간)"是韩国建国神话的最基本的思想，意思是将好处弘扬在人间，与儒家主张的修身齐家治国平天下、博施济众和修身安己的思想相似。

57 身土不一. 百度百科. https://baike. baidu. com/item/%E8%BA%AB%E5%9C%9F%E4%B8%8D%E4% BA%8C/6761460?fr=aladdin

四、从中国传入的俗语

1. 中韩俗语由来以及特点

中国俗语是为群众所创造的短语，在群众口语中，长久以来代代相传下来，俗语一直沿用到现代。俗语是熟语之一，历史非常悠久，名目繁多，说法都不同。例如，有"里言、俚言、乡言、俗言、传言、常言、迩言、恒言；里谚、野谚、古谚、乡谚、俗谚；里语、俚语、民语、常语、古语、直语、鄙语、谚语；俗话、古话、炼话、常谈、俗谈、方言土语、街谈巷语"等。[58] "俗语"一词，最早见于中国西汉司马迁《史记 · 滑稽列传》附褚少孙补写的《西门豹治邺》一文，"即不为河伯娶妇，水来漂没，溺其人民云。[59] 后来，刘向《说苑 · 贵德》和班固《汉书 · 路温舒传》引述路温 · 舒写给汉宣帝信中的话语，正式用"俗语"来指通俗、形象、广泛流行在人群众中的定型语句："故俗语云："画地作狱，议不可入；刻木为吏，期不可对。"此皆疾吏之风，悲痛之辞也。"(《说苑 · 贵德》)"故俗语云："画地作狱，议不入；刻木为吏，期不对。"此皆疾吏之风，悲痛之辞也。"(《汉书 · 路温舒传》)[60] 中国俗语是由对特定的历史事件的描写形成，或者由对在日常生活中经常发生的普通事例进行描述形成，蕴涵着讽刺、批评、教训等。总的来说，俗语出自于民族生活的土壤，俗语中的词汇具有浓郁的生活气息，形象生动。大多数由于劳动人民而创造出来，俗语里反映人民生活的经验以及智慧，渗透着中国人的价值观和生活方式等的多种文化习俗，能够窥见中国祖先的生活状况。

韩国文献中，最早出现的俗语是《三国遗事》一文"己事之忙大家之春促"。但不叫"俗语"而使用"俚言"一词，后来到朝鲜王朝，汉语教材《朴通事谚解》中出现的"常言"这样的用语替俗语使用，到朝鲜中期，在《於于野谭》或《同文类解》等的

58 俗语. 百度百科. https://wapbaike. baidu. com/item/%E4%BF%97%E8%AF%AD/795327?fr=Aladdin

59 俗语. 百度百科. https://wapbaike. baidu. com/item/%E4%BF%97%E8%AF%AD/795327?fr=aladdin

60 俗语. 百度百科. https://wapbaike. baidu. com/item/%E4%BF%97%E8%AF%AD/795327?fr=aladdin

文献中, 出现"俗语"这样的用语, 正式使用"俗语"一词。韩国俗语由古代传下来的短语, 蕴涵着讽刺、批评、教训等, 大多数是由于劳动百姓而创造出来, 反映百姓生活的经验和智慧, 能够窥见祖先的生活状况。韩国俗语是由对特定的历史事件的描写形成, 或者由对在日常生活中经常发生的普通事例进行描述形成。韩国俗语是由三四个的音节构成的短语, 但虽然句子很短, 这句子里蕴涵着的巧妙隐喻, 使人们深受教训和启迪。俗语给予人们简洁和强烈地转达意义, 这就是俗语具有的真实面貌的意义上的特点。另外, 俗语里常出现历史人物或文学作品的人物、一个对可考证的历史事实的地区和官吏的名字等, 其理由是在俗语里包含的这些固有名词对大众已经一般通用。

2. 中国俗语传入韩国

中韩两国地域相连, 自古以来两国之间就有频繁的接触和交往, 两国间的友好交往历史悠久。中国和韩国在很多方面继续保持密切的联系, 悠久的中韩交流的时间下, 中国对韩语产生了巨大深远的影响, 特别是对俗语方面产生了很大影响。最早出现的俗语是《三国遗事》卷五的"郁面婢念佛西昇"条款:"己事之忙大家之春促", 通过这个俗语, 语言学者能够预测三国时代相当数量的俗语已经很普遍应用。韩国俗语里常出现历史人物或文学作品的人物, 另外, 一个可考证的历史事实的地区或官吏的名字, 也有中国的历史中扬名的思想家和政治家、将军等。例如, 存在关于"孔子、孟子、刘备、诸葛亮、赵子龙、曹操、张飞、关羽"等的人物俗语, 由此可知, 韩国曾经受到中国俗语的影响。关于中国历史人物的韩国俗语如下:

1) 孔夫子面前说《论语》。공자 앞에서 논어를 말한다.

- 指在行家面前卖弄本领。

2) 孔子面前写文字。공자 앞에서 문자를 쓴다.

- 指自不量力。

3) 孟子曰, 孔子曰。맹자왈 공자왈 한다.

- 表示学生在私塾学习。

4) 孟子家狗孟子曰。맹자 집 개가 맹자왈 한다.

- 指狗呆在孟子的身边, 不会写诗也会哼诗, 比喻没学问的人跟有知识的人在一起, 逐渐也变得有知识。

5) 如同刘备相信汉中。유비가 한중 믿듯 한다.

- 比喻深信不疑。

6) 如同刘备哭。유비마냥 울기도 잘한다.

- 指仁慈的刘备, 比喻爱哭的人。

7) 如同诸葛亮在七星坛等待东南风。제갈량이 칠성단에 동남풍 기다리듯 한다.

- 比喻焦急地等待。

8) 三个臭皮匠, 顶个诸葛亮。말장이 셋만 모이면 제갈량보다 낫다.

- 指三个人的意见比一个人的意见好。

9) 如同赵子龙用旧剑。조자룡이 헌 검 쓰듯 한다.

- 指不爱惜东西, 随便使用。

10) 能成曹操舅舅。조조 외삼촌은 된다.

- 比喻诡计多端的人。

11) 曹操见张飞就打。조조와 장비는 만나면 싸운다.

- 曹操和张飞是好战的人物, 见面就打架。比喻喜欢打架的人。

12) 关羽和张飞也无法。관우 장비라도 못 당한다.

- 指勇猛的关羽和张飞。

13) 关云长(关羽)挥青龙刀。관운장(관우)이 청룡도 휘두르듯 한다.

- 表示关羽总是挥青龙刀却敌。

如上所述, "孔子、孟子、刘备、诸葛亮、赵子龙、曹操、张飞、关羽"等的中国历史人物在韩国俗语里出现。其中, 第一、第二、第八是与中国俗语一致, 形式、内容都完全相同。后来，韩国俗语资料集由17世纪"洪万宗"的《旬五志》为起点，广泛地扩散了韩国。《旬五志》在半个月内完成，也称为"十五志"，在《旬五志》上卷收录"古史逸闻、诗画，在下卷收录"儒贤、道家、佛家、三教合论、文集、俗语"等。洪万宗在《旬五志》收录当时流行的一百二十四个的俗语，李德懋在《青庄馆全书》卷六十二洌上方言条里收录一百个的俗语，丁若镛在《耳谈续纂》里收录两百四十一，编者不详的《东言解》里也收录四百二十二个地俗语。最早韩文俗语词典是在1913年新闻馆发行的"崔瑗植"的《朝鲜理言》，这本书里收录九百多数量的俗语。1922年在"东洋书院"发行的"金相冀"的《朝鲜俗语》是《朝鲜理言》的九百个多个的俗语再加上600多个俗语，总共收录了一千五百个的俗语。[61] 如此，通过收录过程，中韩俗语日益更为兴盛起来了，中国俗语广泛地渗进了韩国生活的各个方面，至今仍被活跃的使用着。

五、从中国传入的俗语类型

中韩俗语可以分为三类，第一类是俗语的形式和内容完全相同的，第二类是内容相同，形式不同，第三类是形式相同，但意义不同。中韩俗语主要有以下几种对应类型：

1. 形式和内容完全相同

中韩两国有着数千年悠久的文化交流历史，通过悠久的交流文化，促进了两国的多方面的相似。这些韩国俗语是与中国俗语的形式、形态和内容都完全一致，在韩国使用的俗语中，与中国俗语形式和内容都完全相同的俗语的比例非常大。中韩两国的同形同义俗语如下：

1) 把吃奶的力气也使尽了。젖 먹던 힘까지 다하다.

61 심재기、김선풍. 속담. 한국민족문화대백과. http//encyKorea. aks. ac. kr/Contents/Index

- 用了最大的力气。

2) 不入虎穴, 焉得虎子。호랑이를 잡으려면 호랑이 굴에 들어가야 한다.

- 比喻不经历艰险就不能成功。

3) 聪明反被聪明误。제 꾀에 넘어가다.

- 聪明人凭自己的小聪明, 反而把事情搞砸了。

4) 戴有色眼镜。색안경을 끼다.

- 指看待人、是有偏见的。

5) 无火不生烟。아니 땐 굴뚝에 연기 날까.

- 没有丝毫根据的说法。

6) 耳闻不如目睹。백문이 불여일견.

- 听到的不如看到的更真实可靠。

7) 好人有好报。착한 사람은 복을 받게 마련이다.

- 好心人一定有好的结果。

8) 吉人自有天相。착한 사람은 반드시 하늘이 돕는다.

- 好人一定有上天相助。

9) 旧的不去, 新的不来。옛 것이 가지 않으면 새것이 오지 않는다.

- 旧的没有了, 新的又会来。

10) 拿着鸡蛋往石头上碰。계란으로 바위치기.

- 比喻自不量力。

11) 失败乃成功之母。실패는 성공의 어머니이다.

- 经过多次失败, 有了经验教训才能成功。

12) 跳不出如来佛的掌心。부처님 손바닥에서 벗어날 수가 없다.

- 无论怎么也摆脱不了某人的控制。

13) 往脸上抹黑。얼굴에 먹칠을 하다.

- 损害名誉。

14) 万事开头难。어떤 일이든지 늘 시작이 어렵다.

- 任何事情总是开头最难。

15) 以眼还眼, 以牙还牙。눈에는 눈 이에는 이.

-用对方使用的手段还击对方。

16) 远亲不如近邻。먼 친척보다는 가까운 이웃이 더 낫다.

- 离得远的亲戚不如身边的邻居更亲近、更有用。

17) 只见树木, 不见森林。나무만 보고 숲은 보지 못한다.

- 看问题片面, 看不到全部。

18) 知人知面不知心。사람을 안다는 건 얼굴을 아는 것 일뿐 마음까지 아는 것은 아니다.

- 对人的内心了解很难。

19) 只知其一, 不知其二。하나만 알고 둘은 모른다.

- 只知道其中一点, 不了解全部。

2. 形式不同, 内容相同

韩国曾经很长时间在与中国不同的文化圈内使用了中国俗语。根据两国的不同的文化习俗, 逐渐改变了形态或一些词语。韩国俗语由古代传下来的短语, 蕴涵着讽刺、批评、教训等, 从农业社会由工业社会, 改变了生活方式, 现有俗语的意义也适应时代流逝不断演变。俗语大多数是由于劳动百姓而创造出来, 反映百姓生活的经验和智慧, 能够窥见祖先的生活状况。例如, 韩语中有一个俗语, "打糯米糕", 这个俗语里含着"足够充分而剩下了"的意义。以前韩国是种水稻的农耕社会, 为主食吃了米饭, 但大部分的劳动人民很贫穷, 没有足够的大米, 吃不饱的日子很多。但是有钱的贵族有很多的大米, 就能做打糕吃, 所以就产生了这些俗语。俗语和文化有着密不可分的最密切的关系, 根据其国家的文化, 在俗语中使用的词语都不同。下边的中韩俗语在内容上完全相同, 而形式却略有不同。

表4-13 异形同义的中韩俗语

中国俗语	韩国俗语	中韩俗语意义
搬起石头砸自己的脚 (돌멩이로 자기 발을 찍다)	搬起斧子砸自己的脚蹬 (도끼로 제 발등 찍는다)	想害人反而害了自己, 比喻自作自受。
聪明一世, 糊涂一时 (똑똑한 사람도 어리석어 질 때가 있다)	猴子也有在树上掉下来时 (원숭이도 나무에서 떨어질 때가 있다)	一向很熟练的人也因一时糊涂而说错了话、办错了事。
隔墙有耳 (벽에도 귀가 있다)	昼语有鸟听, 夜语有鼠听 (낮말은 새가 듣고 밤 말은 쥐가 듣는다)	说悄悄话要当心, 说不定隔壁有人, 那就会听到。
好货不便宜, 便宜没好货 (좋은 물건은 비싸고, 싼 것은 물건이 좋지 않다)	便宜是豆渣饼 (싼 게 비지떡이다)	好的东西不会便宜, 便宜的一定不是好东西。
好死不如赖活 (죽음보다는 고생살이가 낫다)	在狗屎田翻滚也今世好 (개똥밭에 굴러도 이승이 낫다)	活得再不好也比死了强。
喝口凉水都塞牙 (물을 마셔도 이에 낀다)	向后摔倒也塞鼻子 (뒤로 넘어져도 코가 깨진다)	干什么事都不顺心, 非常倒霉。
恨不得有条地缝钻进去 (땅에 금이라도 있으면 비집고 들어가고 싶은 심정이다)	找个老鼠洞钻进去 (쥐구멍에라도 들어가고 싶다)	不好意思, 无地自容。
话里有话 (말 속에 말이 있다)	话里有骨头 (말속에 뼈가 있다)	话里另外有别的意思。
火上浇油 (불 위에 기름을 붓다)	向着火的房子呼扇 (불 난 집에 부채질 하다)	使矛盾更加激化。
天上掉馅饼 (파이가 굴러 떨어졌다)	天上掉南瓜 (호박이 넝쿨째 굴러 떨어졌다)	得到了突如其来的好处。
这山望着那山高 (이 산에서 보면 저 산이 높아 보인다)	别人的糕点看起来更大 (남의 떡이 더 커 보인다)	不满意, 见异思迁。
种瓜得瓜, 种豆得豆 (콩심은데 콩나고 팥심은데 팥난다)	种豆得豆瓜, 种红豆得红豆(콩심은데 콩나고 팥심은데 팥난다)	做什么样的事得到什么样的结果。
说曹操曹操就到 (조조도 제 말하면 온다)	说老虎老虎就到 (호랑이도 제 말하면 온다)	正说着某人, 某人就来了。
画饼充饥 (그림의 전병이다)	画中之糕 (그림의 떡이다)	用空想来作自我安慰, 虚名是没有实际用处的。

3. 形式相同, 内容不同

韩国和中国在不同的文化圈内使用了俗语, 后来根据两国的不同的文化思想以及传统习俗, 逐渐改变了原来的意义。下面的中韩俗语形式上完全相同而意义上却不同。形式相同, 意义不同的非四字格俗语如下：

表4-14 同形异义的中韩俗语

中国成语	中国成语意义	韩国成语	韩国成语意义
一锥子扎不出血	(1)形容人不爱讲话, 对外界事物反应慢或无动于衷。 (2)形容人脸皮厚, 不知羞耻的意思。	一锥子扎不出血 바늘로 찔러도 피 한 방울 나오지 않는다	形容一个人很冷酷, 没有人情味。
喝口凉水都塞牙	表示非常倒霉, 干什么都不顺利的意思。	喝口凉水都塞牙 냉수 먹고 이 쑤시기	比喻尽管没有实际内容, 还装做过有什么的样子。
鸡蛋里挑骨头	比喻故意挑刺、找毛病。	鸡蛋里挑骨头 계란에도 뼈가 있다	经常遇事不顺的人好不容易碰到一个好机会, 可是连这个机会也非常不顺

本章小结

本章以中韩词汇为中心, 进行了分析汉语对韩语词汇产生的影响和韩语对汉语词汇产生的影响和在韩语里借用的四字成语和俗语。本章分为三节, 第一节是介绍了汉字词的特点, 第二节是介绍了从中国传入的汉字和从韩国传入的韩语词汇, 第三节是介绍了从中国传入的成语、韩国自制的韩源成语和从中国传入的俗语。

通过探讨汉源词义和韩源词义找出, 2世纪进入的60%汉字词的中,大部分是同形同义词和异形同义词, 同形异义词数相对较少。另外, 发现20世纪随着中国和韩国交流文化发展, 出现了新的词汇。例如, 从中国传入的新的词汇是“保健操、太极拳、共产党、解放军、毛泽东、毛泽东思想、文化大革命、改革开放、群众路线、人民大会堂、国庆节等”,从韩国传入的新的词汇是“光复节、三一节、制宪节、开天节、显忠日、大长今、民俗村”和新词语“欧巴、欧尼、大发、能力者、国民MC、漫撕男、铁壁男、取向狙击、取向尊重、心跳、心跳停止、颜值担当、身材担当、跳舞担当”等。通过研究中国成语可以发现,在今日韩国有很多与中国四字成语形态或意义上完全一致的成语,分析显示,目前在韩语中存在的成语的占有率是22.35%,其中同形同义形态的成语占有的比重最高,其次“词序颠倒,意义相同”的成语和“形式相同,意义不同”的成语比重高,但是“形式不同,意义相同”的成语为数不多。然后纵观俗语,可以知道大部分的中国和韩国的俗语形态或意义上相当一致。例如,中国的“把吃奶的力气也使尽了、不入虎穴,焉得虎子、耳闻不如目睹”等这些俗语与韩国的俗语形式和意义上完全相同,对韩国人最熟悉和著名的“说曹操曹操就到”和“画饼充饥”这两个俗语是从中国传入韩国的俗语,原来的意义不动,适应其国家的文化和情绪,只修改了单词的形态,“曹操”变成为“老虎”,“饼”变成为“糕”。此外,在韩国俗语语中出现有很多中国的历史人物,例如,“孔子、孟子、刘备、诸葛亮、赵子龙、曹操、张飞、关羽”等,我们由此可知,韩国曾经受到中国历史文化和俗语的影响。

以上是通过本章的研究分析得出的总结。论文比较清楚地展示了汉语对韩语词汇产生的影响和韩语对汉语词汇产生的影响,在韩语里借用的四字成语和俗语。

第五章 汉韩语言接触在语法方面的影响

从古至今, 中国和韩国保持非常密切的关系。博大精深的中国文化上领先于韩国文化, 中国对韩国的文化、经济、政治、社会、语言等方面产生了巨大影响, 其中最突出的领域就是语言。韩国在漫长的时间里使用汉字, 受到汉语的影响也很深刻, 如今汉字在韩语的词汇体系中占有特殊的地位。汉语是孤立语(isolating languages), 属于汉藏语系, 韩语是粘着语(agglutinating languages), 属于阿尔泰语系, 汉韩语言是完全不同的两种语言, 所以与语音、词汇、文字相比之下, 在韩语语法中汉字的引用或其用法相当少。汉语对于韩语语法的影响固然没有语音、词汇和文字那么深刻, 但作用很明显。中韩语言接触中, 汉语对于韩语词缀和句式影响, 基本上在于使一些韩语新兴前缀和后缀、关联词得到进一步广泛地使用着。

第一节 词法

汉语是孤立语, 属于汉藏语系, 英语是屈折语, 日语是粘着语。汉语的孤立语特点是没有词形态变化, 语序很固定, 其次英语的屈折语特点是具有丰富的词形变化, 语序也很自由。然后日语的粘着语特点是与英语的屈折语一样具有丰富的词形变化, 语序也不重要, 可以任意颠倒。因此本来派生词不是中国的主要构词法, 受到外语的影响就产生的构词法, 对汉语的派生词构词法产生影响的主要是英语和日语。语言接触中, 英语和日语对于汉语产生了派生词的影响, 汉语的前缀和后缀日益广泛使用。古代的时候, 韩国随着传入中国的汉字, 许多的中国汉字词语传入到韩国，中韩语言接触背景下语言成分的借用、混合、融合，汉字使用范围增加，就产生了"词缀"，词缀广泛地渗进了韩国，至今被韩国人使用着。[62] "词缀"根据接词根的位置，可分为"前缀"和"后缀"，"词缀"也可以称为"语缀"。

韩语中存在与固有词或外来词相结合造词，但大多数是汉字词词缀情况下与汉字词词根相结合造词，因此韩语汉字词词缀与词根相结合造词的范围非常广泛。韩语中常用的词缀如下：

一、前缀

前缀是以结合形式出现，前缀改变后面词素的含义，而不改变主题的词形。名词词缀在功能上与冠形词相似，韩国派生词的前缀主要是词根加上"대~(大~)、무~(无~)、비~(非~)、불~(不~)、소~(小~)、생~(生~)、신~(新~)、초~(超~)、총~(总~)、최~(最~)"等前缀和类前缀构成的合成词。

(1) 대~(大~)

前缀"대~(大~)"指面积、体积、容量、数量、强度、力量超过一般或超过所比较的对象，与"小"相对。它可以加在一些名词性语素或名词前边。例如，"대가족(大家族)、대규모(大规模)、대기업(大企业)、대모집(大批招工)、대용량(大容量)、대자연(大自然)"等。

(2) 무~(无~)

前缀"무~(无~)"表示"没有"，与"有"相对。它可以加在一些名词性语素或名词前边。例如，"무기명(无记名)、무감각(没有感觉)、무면허(没有驾照)、무비자(没有签证)、무분별(无分别)、무소유(无所有)、무응답(没有应答)、무자비(无情)、무차별(无差别)、무표정(毫无表情)"等。

62 陈志法. 韩国语汉字词词缀与汉语词缀的对比[D]. 延边大学, 2013, (6)

(3) 비~(非~)

前缀"비~(非~)"表示"不属于以及不合于",它可以加在一些名词性语素或名词前边。例如,"비금속(非金属)、비매품(非卖品)、비상(非常)"等。另外,也有可以加在一些谓语性语素或谓语前边。例如,"비범(非凡)、비공식(非公式)、비정식(非正式)、비정상(非正常)、비공개(非公开)"等。

(4) 불~(不~)

前缀"불~(不~)"表示"否定",它可以加在一些名词性语素或名词前边。例如,"불가능(不可能)、불규칙(不规则)、불균형(不均衡)、불공정(不公正)、불경기(不景气)、불명예(不名誉)、불완전(不完整)"等。

(5) 소~(小~)

前缀"소~(小~)"指面积、体积、容量、数量、强度、力量不及一般或不及所比较的对象,表示跟"大"相对的意思。它可以加在一些名词性语素或名词前边。例如,"소규모(小规模)、소극장(小剧场)、소논문(小论文)"等。

(6) 생~(生~)

词根加上前缀"생~(生~)"构成的派生词是名词。"생~(生~)"具有几种意义,第一个意义是"生、不熟"的意思,第二个意义是"原始、未加工"的意思,第三个是"无理"的意思。例如,"생굴(生牡蛎)、생쌀(生米)、생맥주(生啤)、생이별(生死别)"等。

(7) 신~(新~)

前缀"신~(新~)"表示"刚有、初始、没有用过",与"旧、老"相对,它可以加在一些名词性语素或名词前边。例如,"신기록(新纪录)、신기술(新技术)、신세계(新世界)、신세대(新时代)、신상품(新品)、신제품(新产品)、신작품(新作)"等。

(8) 초~(超~)

前缀"초~(超~)"表示"在一定范围以外",它可以加在一些名词性语素或名词

前边。例如，"초고속(超高速)、초고층(超高层)、초간단(超简单)、초긴장(超紧张)、초능력(超能力)、초대형(超大型)、초미세(超细微)、초소형(超小型)、초자연(超自然)、초저가(超低价)、초절정(超绝顶)、초특가(超特价)、초호화(超豪华)"等。

(9) 총~(总~)

"총~(总~)"表示"所有、全部、整体、总体、完全、一切、综合"，它可以加在一些名词性语素或名词前边。例如，"총계(总计)、총액(总额)、총예산(总预算)、총인구(总人口)、총재산(总资产)、총지배인(总经理)、총책임자(总责任人)、총감독(总监)、총괄(总括)"等。

(10) 최~(最~)

"최~(最~)"表示"最、极端、极度、最大、超"，它可以加在一些名词性语素或名词前边。例如，"최고(最高)、최강(最强)、최대(最多)、최소(最少)、최저(最低)、최종(最终)、최초(最早)、최후(最后)、최상급(最高级)、최선두(最先)、최신식(最新式)、최첨단(最尖端)、최적화(最佳化)等"。

二、后缀

后缀是一种重要的构词法，通过后缀经常可以判断出一个词的词性。后缀式派生词主要是在词根后边加上"~가(~家)、~간(~间)、~사(~社)、~소(~所)、~식(~式)、~성(~性)、~원(~员)、~자(~者)、~화(~化)、~학(~学)"等后缀和类后缀构成的合成词。加后缀或类后缀"~가(~家)、~간(~间)、~사(~社)、~소(~所)、~식(~式)、~성(~性)、~원(~员)、~자(~者)、~화(~化)、~학(~学)"构成的基本上是名词。

(1) ~가(~家)

带类后缀"~가(~家)"的名词一般来指人，有的是指具有某个方面专长或从事某种专门活动的人。例如，"교육가(教育家)、사상가(思想家)、혁명가(革命家)、작가

(作家)、소설가(小说家)、전문가(专家)、정치가(政治家)、비평가(批评家)、예술가(艺术家)、화가(画家)”等。另外，也有表示“大量拥有某种东西的人”。例如，“자본가(资本家)、장서가(藏书家)、재력가(财力家：财主)”等。

(2) ~간(~间)

“~간(~间)”表示“在……中间、在……之中”等的间隔和人与人之间的关系，它可以加在一些名词后边。例如，“중국과 한국간의 문화 교류(中国和韩国之间的文化交流)、서울과 부산간의 거리(首尔和釜山之间的距离)、부모 자식간(父母子女间)、부자간(父子之间)、부녀간(父女之间)、형제간(兄弟之间)、사제간(师弟之间)”等。

(3) ~사(~社)

带类后缀“~사(~社)”的名词一般来指团体或机构。例如，“신문사(新闻社)、여행사(旅行社)、잡지사(杂志社)、출판사(出版社)”等。

(4) ~소(~所)

带类后缀“~소(~所)”机关或其他办事的地方的名称。例如，“사무소(事务所)、수집소(收集所)、연구소(研究所)、제작소(制造厂)、작명소(起名所)”等。

(5) ~식(~式)

带类后缀“~식(~式)”的名词指典礼、有特定内容的仪式。例如，“개막식(开幕式)、개학식(开学典礼)、결혼식(婚礼)、방학식(放假典礼)、장례식(葬礼)、폐막식(闭幕式)”等。

(6) ~성(~性)

类后缀“~성(~性)”表示“事物具有的性质以及特性”。例如，“관성(惯性)、산성(酸性)、점성(黏性)、탄성(弹性)、알카리성(盐基性)”，另外，带类后缀“~성(~性)”的派生词有不少是三音节的，它一般加在名词的后边，表示“思想、感情、行动”等的人的特性，或者限定范围和方式等。例如，“민족성(民族性)、민감성(敏感性)、융통성

(灵活性)、통일성(统一性)、일회성(一次性)、차별성(差别性)、경각성(警觉性)、위협성(威胁性)、모험성(冒险性)、민첩성(敏捷性)、유연성(柔性)、상대성(相对性)、규칙성(规律性)、법칙성(纪律性)、시간성(时间)、종합성(综合性)、창조성(创造性)、학술성(学术性)、문학성(文学性)、예술성(艺术性)、적극성(积极性)等。但是在"천성(天性)、개성(个性)、남성(男性)、여성(女性)"等词中的"性"不是词缀, 而是词根。

(7) ~원(~员)

带类后缀"~원(~员)"的名词表示"从事某种工作或活动的人"。例如, "교원(教员)、직원(职员)、판매원(收货人)、종업원(服务员)、매표원(售票员)、배달원(送货员)、우편배달원(邮递员)、심사원(评判员)、접대원(招待员)"等。另外, 有的表示某个团体或组织中的成员。例如, "당원(党员)、단원(团员)、정원(定员)、대원(队员)회원(会员)、조원(组员)"等。但是在"구성원(成员)、인원(人员)、만원(满员)"等词中的"员"不是词缀, 而是词根。

(8) ~자(~者)

带类后缀"~자(~者)"的名词大多是指人的。例如, "기술자(技术者)、종사자(从事者：工作员)、기자(记者)、연출자(演出者)、공모자(共谋者)、연기자(演技者：演员)、여행자(旅行者)、화자(话者)、학자(学者)、독자(读者)、강자(强者)、약자(弱者)、노약자(老弱者)、노동자(劳动者)、방관자(旁观者)"等。也有些带"~자(~者)"的名词可以表示其他事物。例如, "전자(前者)、후자(后者)、양자(二者)"等。

(9) ~화(~化)

类后缀"~화(~化)"一般加在形容词或名词后边, 构成动词, 表示转变成某种性质或状态。例如, "세계화(世界化)、대중화(大众化)、개화(开化)、교화(教化)、미화(美化)、악화(恶化)、정화(净化)、녹화(绿化)、전기화(电气化)、기계화(机械化)、자동화(自动化)、공업화(工业化)、합리화(合理化)"等。但是"变化、转化"中的"化"不是词缀, 而是词根。

(10) ~학(~学)

类后缀"~학(~学)"是指"学文、学科",例如,"문학(文学)、수학(数学)、화학(化学)、물리학(物理学)、경제학(经济学)、정치학(政治学)、법학(法学)、교육학(教育学)"等。

上述的所有例子都表明,汉韩语言接触影响了韩语的词法层,而且进一步促进了韩语词缀构成法的广泛使用。

第二节 句法

古代的时候,韩国只是具有口语,没有记载的书面语,所以韩国很长时间一直借用中国的汉字以标记本国的语言。中国和韩国属于汉字文化圈国家,在语音上有很多相同的部分,长时间借汉字来使用的韩国在语言上受到汉语的巨大影响,其中语音、词汇、文字方面的影响最明显,语法则不受汉语的影响。因为汉语是孤立语(isolating languages),属于汉藏语系,韩语是粘着语(agglutinating languages),属于阿尔泰语系,语法结构上汉语的基本顺序是主语、谓语、宾语(Subject、Verb、Object),韩语是主语、宾语、谓语(Subject、Object、Verb)。因此汉语的句法在单句方面没有留下影响的痕迹。但到公元前2世纪后,韩国随着开始使用汉字来记录,中国的汉字广泛地渗进了韩国生活的各个方面,韩语受到汉语复句的影响,表现在产生了一些韩语新兴关联词,至今关联词仍有广泛的使用。

现代汉语的句子可以分为单句和复句,所谓复句,就把两个或两个以上在意义上有密切的关系的句子组合在一起,也叫"关联词"。复句再分为联合复句和偏正复句,联合复句可以再分为"并列复句、连贯复句、递进复句、选择复句",偏正复句可以再分为"转折复句、条件复句、让步复句、因果复句"。韩语是阿尔泰语系,阿尔泰语系的典型的特点是没有关联词。韩语的九个词类是名词、大名词、数词、动

词、形容词、冠词(修饰言)、副词、助词、感叹词,[63] 关联词不属于韩语。因此韩语为了补充缺乏的关联词,就使用副动词。[64] 所谓副动词,为了连属成篇,使用的副词作用的谓语。今日在韩语中常用的"그리고(还有)、그래서(所以)、그러나(但是)、그러므로(因此)"都来源于"그리하고、그리하여서、그러하나、그리하므로",即"그리하다"、"그러하다"动词的变形形式。另外,除了"그리고(还有)、그래서(所以)、그러나(但是)、그러므로(因此)"以外,仍存在其他的关联词,那就是"우선(韩:于先,汉:首先)、직후(韩:直后,汉:然后)、혹(或)、심지어(甚至於)、설령(韩:设令,汉:虽然)、기왕(韩:既往,汉:既然)、만일(万一)、만약(韩:万若,汉:如果)、즉(即)、즉각(韩:即刻,汉:立刻)、즉시(韩:即时,汉:就)"等,[65] 这些关联词本来在韩语中不存在的关联词,都是从中国传入韩国的关联词。汉语的八个复句中,韩语受到"连贯复句、递进复句、选择复句、转折复句、条件复句、因果复句"的影响,产生了一些韩语关联词语。例如,"우선……직후……(于先……直后……)"、"우선……이후……(于先……以后……)"、"……심지어……(……甚至於……)"、"……혹……(……或……)"、"기왕……즉각……(既往……即刻……)"、"만일……즉시……(万一……即时……)"、"만약……즉각……(万若……即刻……)"等。"설령(韩:设令,汉:虽然)"属于汉语复句的"转折关系",但没有前一个分句和后一个分句连接的成分,即"但是、可是、然而、却"等的这些汉字词语的关联词。

63 这个文章里都有韩语的九个词类:"그래!나의 꿈 가운데 하나는 이 세상 모든 사람이 날 마다 조금씩 행복하기를 바라는 것 이야:그래(感叹词)!나(大名词)의(助词)꿈(名词) 가운데(名词)하나(数词)는(助词)이(冠词)세상(名词)모든(冠词)사람(名词)이(助词)날(名词)마다(助词)조금씩(副词)행복하기(形容词)를(助词)바라는(动词)것(名词)이야(助词)"。

64 한림학사. 통합논술 개념어사전:삼국의 언어생활[M]. 청서출판사, 2007, (12)

65 国立国语院国语大辞典. http://stdweb2. Korean. go. kr/main. jsp

一、连贯复句

连贯关系的复句是中国的关联词之一，又叫"承接复句、顺承复句"。连贯复句是各分句表示连续发生的事情或动作，依靠分句的排列次序来表示，随意分句有先后顺序。常用的连贯复句的关联词语有"一……就……"、"首先……然后……"、"首先……接着……"、"起先……后来……"、"……就……"、"……便……"、"……又……"、"……于是……"、"……接着……"、"……便……"等这些。韩语中表达相同意义形式的有"우선……직후……(于先……直后……)"和"우선……이후……(于先……以后……)"，"于先"是韩国汉字词，相当于汉语的"首先……然后……"。首先用"우선……직후……(于先……直后……)"来举个例子：

1) 그는 우선 200원의 보증금을 지불하고, 직후에 다시 300원의 숙박비를 지불했다.

- 他首先交了200元的押金，然后又陆续交了300元的房费。

2) 우선은 초안을 잡고, 직후에 다시 쓰도록해.

- 你首先拟个提纲，然后再写。

3) 아이폰S8는 우선 미국에서 출시되고, 직후에 홍콩에서 출시된다.

- iPhoneS8首先在美国上市，然后在香港上市。

其次用"우선……이후……(于先……以后……)"来举个例子：

1) 우선은 아쉬운대로 이것부터 먹고, 이후에 다시 시켜 먹던지 하자.

- 首先凑凑合合吃点，然后再订餐吧。

2) 우선 내가 가서 길을 살펴볼 테니, 너희들은 이후에 떠나렴.

- 我首先去探路，然后你们再去 。

3) 의사선생님이 우선 진맥을 하시고, 이후에 진단을 내리셨다.

- 医生首先诊脉，然后诊断。

二、递进复句

递进关系的复句是中国的关联词之一, 属于联合复句。递进复句的特点是由两个有递进关系的分句组成, 后一个分句在意思上比前一个分句更进一层。所谓更进一层, 可以表现在范围、数量、程度、时间等方面。常用的递进复句的关联词语有"不但(不仅、不只、不光)……而且(还、也、又、更)……"、"不但不……反而……"、"尚且……何况……"、"连……也……"、"……而且……"、"……并且……"、"……况且……"、"……何况……"、"……尤其……"、"……甚至……"等。韩语中表达相同意义形式的有"……심지어……(……甚至於……)","甚至於"是韩国汉字词, 相当于汉语的"甚至(甚至于)"。例如:

1) 그녀는 그가 몇시에 갈지, 심지어 그가 가긴 가는건지 조차 알수없었다.

- 她不知道他何时要走, 甚至于还不能确定他究竟要不要走。

2) 그는 12시가 넘어서 집에 들어가기 일쑤였고, 심지어 며칠씩 들어가지 않는 경우도 있었다.

- 他过了12点才回家是家常便饭, 甚至于几天不回家的事都有。

3) 그렇게 순한사람이 얼마나 화가났는지 심지어 주먹질까지 했다.

- 那么善良的人不知生了多大的气, 甚至还动了粗。

三、选择复句

选择关系的复句是中国的关联词之一, 属于联合复句。选择复句的特点是几个分句分别叙述两种以上的情况, 这几种事情不能同时共存, 而是供人选择一项。常用的选择复句的关联词语有"不是……就是"、"要么……要么……"、"或者……或者……"、"……或者……"。韩语中表达相同意义形式的有"……혹……(……或……)",相当于汉语的"……或者……"。韩语的"或"是中国的汉字词, 在词性和词音上完全相同, 但

汉语的"或"和韩语"或"有一些差异。一般使用"或"时, 在汉字词的"或"后边加一个韩语助词"은"来使用。其次, 在韩语里也有"或者……或者……(혹은……혹은……)"的句法, 省略前边的"或者"使用, 使句子显得更紧凑。在句子中省略前边的"或者"也已经含有着"或者"的意义。然后, 汉语的"或者"一般能够使用三次, 但韩语的"或者"一般不使用一次以上, 不使用也已经在句子里都含有着"或者"的意义。例如:

1) 그를 찾아가 얘기해보면 혹 그가 너를 도와줄수 있을지도 몰라.
   - 你去找他谈一谈, 或许他能帮助你。
2) 나는 스트레스는 해소할 때 드라마를보거나 혹은 음식을 먹는다.
   - 我缓解压力的时候, 看电视剧或者吃食物。
3) (혹은)네가 가던지 혹은 내가 가던지 다 상관없다.
   - 或者你去, 或者我去, 都行。
4) 새벽 운동을 하는 사람들은 달리기를 하거나, 혹은 춤을추거나, 아니면 태극권을 한다.
   - 晨练的人们或者跑步, 或者跳舞, 或者打太极拳。

如上所述, 第一个句子是使用"……혹……(……或……)"的句子, 第二个句子是在汉字词"或"后边加一个韩语助词"은"来使用的句子, 第三个句子是在一个句子里存在两个"或者", 那就省略前边的"或者"来使用的句子, 最后第四个是汉语把"或者"使用三次, 韩语把"或者"使用一次的句子。如此, 汉语和韩语的"或者"有一些小小的差异, 但在意义上完全一致。

四、因果复句

因果关系的复句是中国的关联词之一, 属于偏正复句。因果复句有两种, 第一种是既定事实来说明其中的因果关系, 可以称为"说明因果", 第二种是一定的根

据来推论出因果, 可以称为"推论因果"。常用的"说明因果"的关联词语有"因为……所以……"、"由于……因而……"、"由于……因此……"、"之所以……是因为……"、"……因而……"、"……因此……", 推论因果是"既然……就(那么、便、可见)……"。说明因果和推论因果中, 韩语关联词语受到推论因果, 在韩语里存在推论因果的关联词语。韩语常用的因果复句的关联词语有"기왕……즉시(既往……即时)", 相当于汉语的"既然……就"。例如:

1) 기왕 잘못했다는 것을 안 이상 즉시 바로 잡아야한다.
 - 既然知道做错了, 就应当赶快纠正。
2) 기왕 하자고 말한 이상 즉시 시작합시다.
 - 既然说干, 那么就开始干吧。
3) 기왕 이렇게 왔으니까 즉시 짐풀고 밤새놉시다.
 - 既然这么来了, 就解开行李玩个通宵吧。

五、条件复句

条件关系的复句是中国的关联词之一, 属于偏正复句。条件复可以分为"假设条件复句"和"特定条件复句"两种。"假设条件复句"是前一个分句提出假设的某种情况, 后一个分句产生假设实现后的结果。"特定条件复句"是前一个分句提出一个或一个以上的情况, 后一个分句说明在具备这个或这些情况后必然产生的结果。常用的"假设条件复句"的关联词语有"如果……就……"、"假若……就……"、"即使……也……"、"……假若……"、"……假如……"、"……假使……"、"……要是……"等, "特定条件复句"有"只要……才……"、"只有……才……"、"除非……才……"、"不管……都……"、"不论……都……"、"只要……就……"、"凡是……就"。假设条件复句和特定条件复句中, 韩语关联词语受到假设条件复句, 在韩语里存在假设条件的关联词语。韩语常用的假设条件的关联词语有"만일……즉시……(万一……即时……)"、"만약……즉각……

(万若……即刻……)," 这相当于汉语的"如果……就"。如今在韩国生活中可以经常发现使用假设条件复句的, 例如 :

1) 만일 논문에 통과한다면 난 즉시 그 자리에서 만세를 외칠거야.
  - 如果我通过论文的话, 就当场高呼万岁。
2) 만일 차가 막힌다면 난 즉시 내려서 걸어갈 것이다.
  - 如果堵车的话, 我就要下车走路。
3) 만약 너가 날 보고싶어 한다면 난 즉각 너에게 달려갈거야.
  - 如果你想看我的话, 我就会朝你奔去。
4) 만약 이 약을 먹는다면 즉각 효과가 나타날 것이다.
  - 如果吃了这副药, 就会显出效果。

本章小结

本章以中韩语法方面为中心, 进行了研究汉语对韩语词法以及句法产生的影响。本章分为两节, 第一节是说明了汉语对韩语词法的影响, 第二节是分析了汉语对韩语句法的影响。第一节词法以词缀为中心进行了探讨, 词缀又分为"前缀"和"后缀"两种, 其次第二节的句法以复句为中心进行了研究, 复句又分为"连贯复句"、"递进复句"、"选择复句"、"因果复句"、"条件复句"五种。

通过分析中韩词法找出, 韩语中存在与固有词或外来词相结合造词, 但大多数是汉字词词缀情况下与汉字词词根相结合造词, 因此韩语汉字词词缀与词根相结合造词的范围非常广泛。调查结果显示, 韩语中常用的前缀有"대~(大~)、무~(无~)、비~(非~)、불~(不~)、소~(小~)、생~(生~)、신~(新~)、초~(超~)、총~(总~)、최~(最~)"等, 韩语中常用的后缀有"~가(~家)、~간(~间)、~사(~社)、~소(~所)、~식(~式)、~성(~性)、~원(~员)、~자(~者)、~화(~化)、~학(~学)"等。这些词语都是来源于中

国的汉字词语, 在韩国生活中可以经常发现使用这些汉字词语的。其次, 通过研究句法会发现, 韩语作为阿尔泰语系, 阿尔泰语系的典型的特点是没有关联词。韩语的九个词类是名词、大名词、数词、动词、形容词、冠词(修饰言)、副词、助词、感叹词, 关联词不属于韩语。因此韩语为了补充缺乏的关联词, 就使用副动词。所谓副动词, 为了连属成篇, 使用的副词作用的谓语。然后纵观韩语的关联词语, 可以知道目前在韩语中常用的"그리고(还有)、그래서(所以)、그러나(但是)、그러므로(因此)"都来源于"그리하고、그리하여서、그러하나、그리하므로", 即"그리하다"、"그러하다"动词的变形形式, 而不是关联词语, "우선(韩 : 于先, 汉 : 首先)、직후(韩 : 直后, 汉 : 然后)、혹(或)、심지어(甚至於)、설령(韩 : 设令, 汉 : 虽然)、기왕(韩 : 既往, 汉 : 既然)、만일(万一)、만약(韩 : 万若, 汉 : 如果)、즉(即)、즉각(韩 : 即刻, 汉 : 立刻)、즉시(韩 : 即时, 汉 : 就)"等, 这些关联词本来在韩语中不存在的关联词, 都是从中国传入韩国的关联词。

以上是通过本章的研究分析得出的总结。论文比较清楚地展示了汉语对韩语语法产生的影响和在韩语里借用的词缀和关联词语。

第六章 汉韩语言接触在文字方面的影响

“韩国文字的框架是怎么形成的？”的主题的研究中，我们最应该关注的问题就是韩语只得借用的情况。韩文创始前没有新的韩字创作和研究，而是汉语汉字的借用。韩国创制韩文之前也有固有的语言，人们交流上没有发生大的问题。但是没有文字的古代韩国记载文献或记录书的时候，自己的某一个想法用文章向他人传达相当困难。所以韩国公元前2世纪左右开始借用中国的汉字来记录文字，当时中国汉字作为思想、感情的表现工具来利用，汉字为韩国文学的出现做出了巨大贡献。但是汉字和韩语有差异，以意义为中心来标记的话不能写发音，以发音为中心来笔记的话不能明显地表示意义，韩国对于使用的汉字是相当困难。所以韩国借用中国汉字的字音、字义和形态等就创制新的标记法，这标记法称为“借字标记法”。借字标记法使得，产生于中国的汉字的音和意义可以根据本国的实际情况变化而使用。于是，汉字的使用广泛地渗进了韩国生活的各个方面，中国汉字由古代时代(由中国汉字传入为起点，到新罗的三国统一为止)经过中世时代(从新罗的三国统一到朝鲜王朝中期)和近代时代(从朝鲜王朝中期到朝鲜王朝末期)，沿用到现在。

第一节 借字标记法

韩国借用中国汉字的“音训(汉字的音和义)”来标记韩语的方式称为“借字标记法(차자표기법)”。“借字标记法”是韩国和中国的文化上接触的产物，又被称为“汉字借用标记法(한자차용표기법)”。从中国汉字汉朝时传入韩国来看，可以推定

汉朝时已经开始使用这标记法。但是现在发现最早的借字标记法的资料是长寿王2年(414年)建立的"广开土大王牌(광개토대왕비[66])"前后的时期写的资料,"借字标记法"统一新罗和高丽时代更为兴盛起来了。后来"借字标记法"到19世纪末,大约一千四百年的漫长的岁月使用着,但现在留存的资料只不过九牛一毛。

"借字标记法"可以分为"史读"、"乡札"、"口诀"三种。"乡札"是新罗时代被新罗人使用"鄉歌",所谓"鄉歌",指新罗时代的固有歌谣或新罗的歌曲。"乡札"新罗时代最发达,由新罗经过高丽,到朝鲜王朝一直使用着。"史读"也是"借字标记法"的一种。有的学者主张"乡札"就是"史读","乡札"和"史读"的概念区分不太明显。另外,有的学者又提出意见"乡札"和"史读"本质上一致,只是称呼不同,新罗时代称为"乡札",高丽时代以后称为"史读"。如此学者"乡札"和"史读"的概念不分的理由是这两个借词标记法都使用韩语的语序,在语序上的排列构成相同。但是"乡札"和"史读"在文体和标记法上有一些差异,而且已经确认了"乡札"存在之前,"史读"从高句丽时代曾经使用,后来乡札"和"史读"同一个时代一起共存使用着。"史读"传扬新罗时代,沿用到19世纪。其次"口诀"也是"借字标记法"之一,读汉文的时候,为了自然的诵读在汉文字里行间加"吐(韩语的助词和词尾)"来使用的标记方式,韩语助词和词尾借用汉字的"略體(약체;厺、ㄐ、阝)"来标记。"口诀"由新罗的三国统一前后为起点就已发达,到朝鲜末期仍在使用。

一、史读

"史读"是新罗时代发达的一种官府的下级管理者的用语,借用中国汉字的音和训来标记韩语的"借字标记法"或"汉字借用标记法"。"史读"在《제왕운기(帝王韻記)》称为"史書",《대명률직해(大明律直解)》称为"史道",《训民正音》和《世宗实录》称为"史读",后来随着许多文献称为"史刀、史頭、史吐、史札、使文"等的名

66 广开土大王牌是用凝灰岩建立的石牌,高达高度6. 39M,宽度1. 48M,重量37吨,手掌大小的文字用隶书体刻在石牌上。

称。其中至今仍被广泛使用着的名称就是“史读”。三国时代(4世纪初至7世纪中叶)和南北国时代(7世纪后期至10世纪初)的资料有近五十种, 高丽时代(10世纪初至14世纪末)的资料共有近七十种。最早发现的借字标记法的资料是高句丽长寿王2年(414年)建立的“广开土大王牌(광개토대왕비)[67]”, 百济时代最早发现的资料是目前在日本奈良的“七支刀铭(칠지도명, 268年、369年、372年、408年、480年)”, 新罗时代最早发现资料是目前在庆北浦项的“迎日冷水里新罗牌铭(영일 냉수리 신라비, 503年)”, 南北国时代最早发现的资料是目前在日本奈良的“新羅村落文書(신라 촌락문서 단편, 695年、756年、758年)”, 高丽时代最早发现资料是目前在庆北礼泉的“慈寂禅师凌雲塔牌阴铭(자적선사비 음명, 939年、941年)”。据资料, “史读”的标记法已经在三国时代开始发达, 高丽时代最为兴。

“史读”是为了补充在汉语里没有的韩语固有的语法形态, 借用中国汉字的“音训(汉字的音和义)”来标记的方式。“史读”的第一个特点是为了把汉语的文章作与韩语文章相似, 在汉语的文章中间加韩语的“吐”, “吐”表示韩语的助词和词尾。缘起法师的《新羅華嚴經寫經造成記(신라화엄경사경조성기)》[68]的文献中的“吐”如下 : [69]

表6-1《新羅華嚴經寫經造成記》文献中的“吐”

助词	者/(으)ㄴ, 以/로, 中/희, 那/나, 尒/곰
词尾	之/—다, 在之/겨다, 内之/—다, 在如/겨다, 内如/—다, (爲)哉/(ᄒᆞ)재, (爲)彌/(ᄒᆞ)며, 内弥/—며, (爲)内/(ᄒᆞ)ㄴ, (爲)内彌/(ᄒᆞ)며, (爲)内賜/(ᄒᆞ)ᄉᆞ, 賜乎/ᄉᆞ온, (爲)者/(ᄒᆞ며)ㄴ, (爲)以/ᄒᆞᆫᄋᆞ로, (令)只/—기, (令)只者/—긴

其次, “史读”的第二特点是单词和文章排列等的语序不是汉语的语序, 而是韩语的语序。把汉文根据韩语的语序排列后, 加韩语的“吐(助词和词尾)”来使用。下面是在“養蠶經驗撮要(양잠경험촬요, 1451年)”出现的史读的例子 : (划线的部

67 广开土大王牌是用凝灰岩建立的石牌, 高达高度6. 39M, 宽度1. 48M, 重量37吨, 手掌大小的文字用隶书体刻在石牌上。

68 新罗景德王13年“缘起法师”开始刊行, 第二年的755年完成的文献, 用史读记载记录。

69 이두. 한국민족문화대백과. http://encyKorea. aks. ac. kr/

分是指韩语的助词和词尾)

表6-2 史读

汉文	蠶陽物大惡水故食不飲
史读	蠶段陽物是乎等用良水氣乙厭却桑葉叱分喫破爲遣飲水不冬
韩文标记	蠶딴陽物이온들쓰아水氣을厭却桑葉뿐喫破하고飲水안들
现代语	누에는 양물이므로 물기를 싫어해 뽕잎만 먹고 물을 마시지 않는다

如上所述, 汉文的语序是"蠶(누에)陽物(양물)大惡(싫어한다)水(물)故(그러므로)食(먹는다)不(안)飲(마신다)", "史读"的语序是"蠶(누에)陽物(양물)水氣(물기)厭(싫어한다)桑葉(뽕잎)喫破(먹는다)飲水(음수)不冬(안한다)", "段、乙、叱分、爲遣"是指韩语的助词, "是乎等用良、不冬"是指韩语的词尾。由此可知"史读"是以韩语语序为基础排列, 为了尽量构成与韩语相似, 各文章和单词中间加韩语助词和词尾, 这是它最大的特点。

二、乡札

"乡札"的名称是在"均如傳(균여전, 1075年)"上记录的"译诗"中最早出现。所谓"乡札", 使用中国汉字的音和训来标记韩语的方式, 主要新罗时代, 被新罗人使用乡歌, 即新罗时代的固有歌谣或歌曲。如今现有的新罗时代的乡歌共有二十五种, 在《三国遗事》存在"薯童謠、彗星歌、風謠、願往生歌、慕竹旨郎歌、獻花歌、怨歌、兜率歌、祭亡妹歌、讚耆婆郎歌、安民歌、禱千手觀音歌、遇賊歌、處容歌"十四种, 在《均如传》存在"禮敬諸佛歌、稱讚如來歌、廣修供養歌、懺悔業障歌、隨喜功德歌、請轉法輪歌、請佛住世歌、常隨佛學歌、恒順衆生歌、普皆廻向歌、總結無盡歌"十一种。用"乡札"标记的资料还没达到完整的解读, 以《三国遗事》为中心, 乡歌标记法的特征列举如下：[70]

70 향찰. 한국민족문화대백과. http://encyKorea. aks. ac. kr/

表6-3 乡札标记法

<table>
<tr><td rowspan="3">概念部的标记</td><td colspan="2">音读字标记</td><td>太平/태평, 善化公主/선화공주, 薯童房/서동방, 四十八大願/사십팔대원</td></tr>
<tr><td colspan="2">训读字标记</td><td>春/봄, 母牛/암쇼, 浮去隱/ᄠᅥ간, 憂音/시름, 岩乎/바회</td></tr>
<tr><td colspan="2">假字标记</td><td>毛冬/모ᄃᆞᆯ, 於冬是/어드리, 於內/어느, 達阿羅/ᄃᆞᆯ아라, 阿孩/아ᄒᆡ, 巴寶白乎隱/보보ᄉᆞᆲ온, 阿邪也/아야여</td></tr>
<tr><td rowspan="5">"吐"的标记</td><td colspan="2">末音添记</td><td>憂音/시름, 夜音/밤, 雲音/구룸, 道尸/길, 慕理尸/그릴, 心未/ᄆᆞᅀᆞ미, 有叱/잇, 岩乎/바회, 折叱可/것거, 前乃/져나</td></tr>
<tr><td colspan="2">助词标记</td><td>雪是/눈이, 脚烏伊/가로리, 耆郎矣皃史/耆郎ᄋᆡ즈시, 蓬次叱巷中/다봊ㅅ굴헝ᄒᆡ, 房乙/방ᄋᆞᆯ, 吾肸/나ᄅᆞᆯ, 花肸/고ᄌᆞᆯ, 巷中/굴헝ᄒᆡ, 邊希/ᄀᆞᆺᄒᆡ, 此矣彼矣/이ᄋᆡ뎌ᄋᆡ, 尊衣希/尊ᄋᆡᄒᆡ, 月良/ᄃᆞᆯ아, 前良中/前아ᄒᆡ, 汀里也中/나리야ᄒᆡ(믈서리야ᄒᆡ), 筆留/부드로 (균여전), 郎也/郎이여, 彗星也/慧星이여, 花良/곶아, 矣徒良/의ᄂᆡ아, 二肸隱/두블흔, 汝隱/너는, 君隱/君은, 民焉/民ᄋᆞᆫ</td></tr>
<tr><td rowspan="3">词尾标记</td><td>终结词尾</td><td>知古如/알고다, 獻乎理音如/바도림다, 置內乎多/두ᄂᆞ오다, 四是良羅/넷이어라, 行齊/녀져, 何如爲理古/엇다ᄒᆞ리고, 去賜里遣/가시리고, 成遣賜去/일고실가, 陪立羅良/뫼셔라아</td></tr>
<tr><td>链接词尾</td><td>放教遣/놓이시고, 捨遣只/ᄇᆞ리곡, 嫁良置古/얼어두고, 見昆/보곤, 使以惡只/브리악, 吾下是如馬於隱/내해다마ᄅᆞᆫ</td></tr>
<tr><td>转成词尾</td><td>岳音見賜烏尸聞古/오롬 보시올 듣고, 白屋尸置內乎多/ᄉᆞᆲ올 두ᄂᆞ오다, 浮去隱・安支下/ᄠᅥ간 안디하, 明期月良/ᄇᆞᆯᄀᆡᄃᆞᆯ아, 去隱春/간 봄, 直等隱心音矣/고ᄃᆞᆫ ᄆᆞᅀᆞᆷ미, 行尸浪阿叱/녀ᇙ믈겨랏, 行乎尸道尸/녀올 길, 宿尸 夜音/잘밤, 白良/ᄉᆞᆲ아, 唱良/블어, 入良沙/들어사, 遣也置古/기텨 두고</td></tr>
</table>

其次, "乡札"最大的特点是单词和文章排列等的语序不是汉语的语序, 而是韩语的语序。使用韩语语序的这一点与"史读"很相似, 但是与"史读"根本不一样。像"史读"的情况, 中国汉字中间加"吐(韩语助词和词尾)", 像"乡札"的情况, 没有汉语的汉字, 只是借用汉文的音和训来使用。拿新罗第二十六代"真平王"的时候作的韩国固有歌谣"薯童谣"来举例 :

表6-4 乡札“薯童谣”

乡札标记	韩文标记	现代语翻译
善花公主主隱 他密只嫁良置古 薯童房乙 夜矣卯乙抱遣去如	선화공주주은 타밀지가량치고 서동방을 야의묘을포견거여	선화공주님은 남몰래 결혼해두고 서동방을 밤에 몰래 안고 가다

如果看“薯童谣”的话，可以知道以汉文的音和训为基础构成文章。第一行的善花公主和第三行的薯童房是指人物，直接借用汉文的音来表示。其次，“善花公主”后边的词语“主”不是借用汉文的音，而是借用汉文的训，即“意义”。“主”是指主人的“主”，从而地位高的人指“님(用于人称之后，表示尊称)”。再次，善花公主主后边的“隱”和薯童房后边的“乙”是指韩语的助词，借用汉文的音的汉字。然后，“他密只嫁良置古”的“他”的音训是“남 타”，借用“训”，“密只”的音训是“그윽할 밀”和“다만 지”，其中“密”借用“训”，“只”借用“音”。所以这两个词解释“그ᅀᆞ지”一词，古代时“그ᅀᆞ지”的意思是“深邃”，它可以解释“偷偷(몰래)”。然后“嫁”是指“出嫁(시집가다，결혼하다)”，借用“意义”，“置”是指“放(두다)”，也借用汉文的“意义”。除了这些词语以外的“良(어질 량)、古(예 고)、夜(밤 야)、矣(어조사 의)、卯(넷째 지지 묘)、乙(둘째 천간 을)、抱(안을 포)、遣(보낼 견)、去(갈 거)如(같을 여)”都是借用汉文的“音”。如此，借用汉字的音和意义就是“乡札”。

作品虽然不多，由于“乡札”标记法留下了新罗鄉歌的各种作品，借中国汉字的音和意义来使用的这借词标记法为表示韩国的诗歌做出了巨大贡献。后来灭亡统一新罗，进入高丽时代，“乡札”自然而然就消失了。

三、口诀

最早汉字从中国传入韩国的时候，汉文经典以及文献也一起传入到韩国。当时韩国古代人把中国经典按原文直接诵经，但汉语和韩语的语言系统有很大

差异而诵经不畅。所以当时古代人试图把以汉字写成的文献来读韩语式，这些结果产生了“口诀”这标记法。汉字从中国传入之后，韩国可以系统地学习，高丽时代的小兽林王2年(372年)设立大学后，给贵族子弟施行教育，这时“口诀”也肯定会发达。“口诀”一词在文献上具体的出现的是15世纪左右，从现在已经发现的口诀资料中，最早发现的资料是10世纪中叶的资料。现在发现的资料是在于日本奈良的东大诗图书馆所藏的“華嚴經寫經(화엄경사경, 740年)”、均如的“釋華嚴教分記圓通抄(석화엄교분기원통초, 960年)”、11世纪末的“華嚴經疏(화엄경소)”、12世纪前半期的“華嚴經(화엄경)”、13世纪前半期的“合部金光明經(합부금광명경)”、13世纪中期的“舊譯仁王經上(구역인왕경상)”、13世纪中期的“瑜伽師地論(유기사지론)”。

“口诀”是“汉字借用标记法”之一，读中国文献时为了自然而然的诵读，在汉文字里行间加“吐(韩语的助词和词尾)”来使用的标记方式，韩语助词和词尾借用汉字的“略體(약체)”来标记。“略體”是把汉字变形制作的汉字系统的文字，有“厶、ㄐ、阝、亻”等等。不使用原型的汉字，最大限度简化汉字缩小表示，其理由是因为在已经印刷的文献上用毛笔写字，应该要防止原文的损伤。文章的语序不改韩语式语序，直接在原文上表示口诀，如果在文章中脱落“略體”，这文章不是口诀标记法，而是完整的汉语。“略體”大部分引用原型中国汉字的前部或后部制作，可以这么说口诀字是借用汉字创制的新的一种文字。口诀字根据每个文献略微不同，但大体上一致。例如，“라(la)”音的“羅”是施加相当大的变形的代表的口诀字，据口诀资料，“羅”显得“罒”、“亽”、“丶”等的许多变迁过程。如上所述的口诀资料(8世纪“華嚴經寫經”至13世纪“瑜伽師地論”)上使用的口诀字如下：

古代的时候，韩国人通过这口诀标记法可以更容易诵读汉语，“口诀”比起朝鲜时代高丽时代，比起高丽时代新罗时代，上溯早期使用频率高。朝鲜前期主要以在儒家经典和佛经加“吐”为主，朝鲜后期在汉文本“九雲梦”或“三国纪”等的小说加“吐”诵读很时兴。

表6-5 口诀

ハ/只/ㄱ,기	艮/艮/ᄀᆞ	厺/去/거	𠂇/在/겨	口/古/고
人/果/과	尒/彌/금	十/中/긔	這/這/갖	1/隱/ㄴ
乃/那/나	又/奴/노	卜/臥/누	匕/尼/니	飞/飛
斤/斤/ᄂᆞᆯ	丨/之/다	丁/丁/뎌	彳/彼/뎌	刀/刀/도
巴/邑/도로	斗/斗/두	矢/知/디	支/支/디	止/止/디
入,の/入/ᄃᆞ	冬/冬/돌	厶/矣/ᄃᆡ	乙/乙/ㄹ	罒/羅/라
灬/以/로	禾,禾/利/리	令/令/리	音/音/ㅁ	彌/彌/며
邑/邑/ㅂ	火/火/ᄇᆞ	七/叱/ㅅ	氵/沙/사	一,三/三/삼
立/立/셔	示/示/시	白/白/ᄉᆞᆲ	賜/賜/ᄉᆞ	阝/良/아
亠,亦/亦/여	刂/是/이	印/印/인	之/之/ᄋᆡ,의	第/第/자히
齊/齊/제	下/下/하	丿,乎/乎/호,오	兮/兮/히	丷/爲/ᄒᆞ
令/令/ᄒᆞ이				

第二节 国音字和国义字

韩国属于东亚汉字文化圈国家, 从公元前2世纪到朝鲜第四代王世宗大王创制韩文之前, 大约两千年的时间使用汉字。中国的汉字本质上是为了标记汉语而创制的文字体系, 用来标记韩语有很多困难, 所以韩国把中国汉字和韩国传统文化结合起来, 以现有汉字为基础创制出韩国固有的汉字。这汉字是在中国《韵书》中也没有的韩民族的固有汉字, 只有在韩国使用的汉字, 在崔南善的《新字典》将这种汉字称为"朝鲜俗字"。"朝鲜俗字"也可以称为"朝鲜汉字"、"国字"、"韩国汉字"、"韩国固有汉字"。虽然对韩国固有汉字的"俗字"形成的时期没有明确的记录, 通过公元4世纪中叶中国汉字已经在韩国普遍使用的事实, 可以推定"俗字"形成的时期也是公元4世纪以前。

“俗字”主要分为“国音字”、“国义字”两种，“国音字、国义字”各自意味着“音”和“意义”的两个要素。“国音字”是在中国汉字上赋予新的音来使用的韩国汉字，“国义字”是在现有中国汉字上赋予新的意义来使用的韩国汉字。“国音字”是三国时代表示“地名、人名、官职名”等使用的韩国固有汉字。汉字借用标记法，即在史读标记中可以发现。由此可知“国音字”不但在汉字的音训标记过程中形成，表明俗字对史读标记来说是借字法。据“무붕우”的学位论文《对韩国国字的考察》，在史读文献中出现的韩国固有汉字的数量是一百次左右。

本章主要研究韩国固有汉字词的“国音字”和“国义字”。

一、国音字

“国音字”是在中国汉字上赋予新的音的韩国固有汉字，“国音字”一般在汉字音训借用过程中形成的。主要表示三国时代的“地名、人名、官职名”等，汉字借用标记法，即在史读标记中可以发现。由此可知“国音字”不但在汉字的音训标记过程中形成，而且表明俗字对史读标记来说是借字法。韩国国音字有“卜(짐)、上(차)、只(기)、召(죠, 쇼)、刺(라)、帖(체)、旀(며)、喻(지, 디)、這(갓)、落(지)、頉(탈)、員(곳)、牌(배, 패)”等。本章主要把韩国国音字与史读标记的借字法联系起来研究。

1. 国音字类型及读音

(1) 卜

“卜(짐)”是通过《新字典》中的“卜짐馬駄之稱짐바리見公私文簿”一句，标明了“卜(짐)”是“国音字”，而且在“鲇貝房之進”的《俗字攷》中也阐明。韩国国音字 “卜(짐)”是不管中国的汉字意义，是指“지다(ji-da, 负)”的动名词“짐(jim)”。有的学者主张“卜”这个汉字词像似“背夹子”的样子，“卜”是“背夹子”的象形造字，但没有根据。以“卜(짐)”为基础形成的史读语有“卜物、卜駄、公卜、卜馬、騎卜馬、卜軍、卜船”等，

这些词语中的"卜(짐)"是在史读文献上表示"딘、지、디、짐"等四种音。

韩国国音词中有"卜數、卜定、卜役"等的词语, 韩国国音字歪曲史读词语来看, "卜數"读"짐슈(jim-syu)", "卜定"和"卜役"是各自读"진졍(jin-jyeong)"和"진역(jin-yeok)"。这"진졍(jin-jyeong, 卜定)"和"진역(jin-yeok, 卜役)"的"진(jin)"是"지다(ji-da, 负)"的冠形词形。

(2) 上

史读文献中出现"上"一词, "上"有"자"、"차"两个音。如果是"上下"的话读"차(cha)", 如果是"外上、捧上、還上"的话读"자(ja)"。

韩国国音字的"上"是通过《史读便覧》中的"上下차하財官輸出給也如貢物上下之類"和《三國史記三十七 · 地理四》"車城縣本高句麗上(一作車)忽縣"两句, 可知"上"的国音是"차(cha)"。《史读便覧》中的"上下(차하cha-ha)"被用"支拂"和"支給"的意思。"上下(차하cha-ha)"的来源不太清楚, 但"梁柱東(韩国国文学者, 1903~1977)主张把"差下"叙述"上下", "差下"是指"赐官"的意思。

(3) 只

"只"是一般标记"地名"和"人名"的时候常用的词, 在史读文献上出现的"只"的音读"이(yi)、니(ni)、리(ri)、러(reo)、기(gi)、직(jik)、딕(dik)"等很多。举史读单词来说明, "最只"读"아직-이(ajik-yi)"、"弋只"读"과글-니"(gwageul-ni)、"進只"读"낫드-리(natdeu-ri)"或"낫드-러(natdeu-reo)"、"的只"读"마-기(ma-gi)"、"唯只"读"오-직(o-jik)"、"惟只"读"아-딕(a-dik)"。其中, 最普遍使用的音读是"기(gi)", 史读词语中"기(gi)"占有70%以上。因此可以推测国音字的音读也是"기(gi)"。

(4) 召

"召"在《全韻玉篇》中表示"召죠俗쇼", 在《三韻聲彙 · 奎章全韻》中表示"召쇼죠", 在《華東正音》中表示"召죠", 在《類合下六》中表示"召브를쇼"。以近代史读文献为中心观察字音, "召"表示"조(jo)"和"소(so)"两个音。

(5) 剌

“剌(라ra)”来源于宫中语, 由“水剌”形成的国音字。“水剌”的意思是“帝王世族所享用的饮食”, 是指古代宫廷的“御膳”。

(6) 帖

“帖(체)”是通过《新字典》中的“帖체帖紙톄지見公私文字……”一句, 标明“帖”是“国音字”。“帖”的词音是“체(che)”, 其他“帖加資、帖文、帖紙、紙下、勿禁帖”等的“帖”也都是指“체(che)”。

(7) 旀

“旀(며)”是通过《新字典》中的“旀며讀하며見使讀又地名新羅有旀知縣”一句, 标明“旀”是“国音字”, “旀”的词音是“며(myeo)”。但是在史读文献中, “旀”被称为“미”, 主要标记“地名”的时候使用。

(8) 喻

“喻”是通过《新字典》中的“喻지不喻아닌지見公私書”一句, 标明“喻”是“国音字”。“喻”是由史读的“不喻(아닌지a-nin-ji)”形成, “喻”的词音从新罗和高丽时代的史读到近世的史读, 一直被称为“디(di)”和“지(ji)”。

(9) 這

《增韻》中有“這凡稱此箇爲俗多改用”一句, 这个文章标明“這”是指“凡稱”。“這”在史读资料上被称为“갓갓(gat-gat)”。

(10) 落

“落”是由“斗落只(마지기ma-ji-gi)”形成的“国音字”, 所以“落”可以称为“지(ji)”。

(11) 頉

“頉”是“原因、理由、缘故”等的意思, 古代文献中常用的“国音字”, “頉”在《新字典》中也被用“有故”的意思。“頉”的词音是“탈(tar)”。

(12) 乭

"乭"是指"田在處(곳도라 ; got-do-ra)"的"国音字",在《公私文簿》中被用。然后在《新字典》中有"乭곳도라田在處見公私文簿"一句,通过这句话可知"乭"的字音是"곳"(got)"。

(13) 牌

"牌"是指"배지(下書于賤者牌旨)"的"国音字"。"牌子"和"牌旨"的字音是"배(bae)",除了"牌子"和"牌旨"这两个词语以外的其他词语都是读"패(pae)"。

二、国义字

汉字从中国传入韩国后,不管本来中国汉字的意义,而是按照韩国当时的文化和风习赋予新的意义,韩国把这些汉字称为"国义字",当作韩国固有字。例如,中国汉字"力"是指"力气"和"体力",韩国在汉字上赋予"朝鲜时代武科评价单位"的新的意义来使用,就成了"国义字"。下面的表格列出的是韩国国义字的表格,其中内容分为"韩国汉字、韩国汉字的音训、韩国汉字的意义、中国汉字的意义"四方面。

表6-6 国义字

韩国汉字	韩国汉字音训	韩国汉字意义	中国汉字意义
哥(哥)	성씨 가	国义：是一种后缀,用在性氏之后。《吏讀便覽,行用吏文》哥。南克寶曰,東人稱人姓,必曰某哥,如云朴哥。李哥。西陽雜俎云,新羅國有第一貴族金哥,其來久矣。	同父母或同族同辈而年龄比自己大的男子的称呼：哥哥。
錁(锞)	띠 치장 과	国义：治粧。装饰。	(1) 古代时,以货币使用的小块的金锞或银锞。 (2) 化学元素"镓"的旧译。
槐(槐)	회화나무 괴	国义：是木名,指榉树。	是木名,属于豆科的落叶乔木,指槐树。

棵(棵)	괘 괘	国义：把弓弦乐器的线支撑的柱子。	(1) 名词。某些植物的茎。小灌木。 (2) 量词。多用于植物。
禊(禊)	푸닥거리 계	国义：为了互相接济与和睦而制定的组织机构。	古代于春秋两季在水边举行的一种祭礼。
結(结)	맺을 결	国义：土地面积的单位。 《三國史記42, 金庾信傳》：冬十一月二十日, 至京, 賜庾信田五百結, 其餘將卒, 賞賜有差。	(1) 结束相连：《后汉书》 (2) 结绳而治：《易经》 (3) 结根弥於华岱：《孙绰》 (4) 精华结纽：《春秋元命苞》 (5) 好以义结：《摯虞》 (6) 花落实结：《傅玄》 (7) 思乎其所结：《淮南子》
級(级)	등급 급	国义：用两条线把二十条的鱼分为捆十条(黄花鱼二十条)，或数量单位。	等级。位次。职位或阶级等的。《礼记》：贵贱的等级。
鞁(鞁)	제사신 급	国义：举行祭祀时穿的鞋, 指祭鞋。	古代小儿穿的鞋子。前帮深而覆脚, 无后帮。形制与之类似的拖鞋也叫"鞁"。
藿(藿)	미역 곽	国义：海菜, 指海带。	豆类作物的叶子。
娚(喃)	오라비 남	国义：姊妹使用的称谓, 指哥哥(오라비, 오빠)。	象声词, 指"喃喃、喃藏经、呢喃"。
腩(腩)	삶은 고기 남	国义：用肝或鱼肉做的圆形的煎鱼饼, 祭祀时使用。称谓肝纳(간납、저냐、동그랑땡)。	肉干, 脯, 脯肉。
刀(刀)	칼 도	国义：高丽时代, 重量的单位。例如："斤-两-目-刀"。《高麗史78, 食貨志, 貢賦》：宣宗五年七月定雜稅……麻田一結, 生麻十一兩八刀, 白麻五兩二目四刀。	(1) 刀, 刀剑。 (2) 货币的名称。 (4) 没有帆的小驳船。 (3) 重量的单位。
丹(丹)	붉을 단	国义：(1) 箒匙、谷、劈柴等的捆或捆的数量单位。《萬機要覽, 財用編5, 信使, 盤纏, 注》：禿匙三丹。(2) 蒙古系的种族名称, 即"契丹"。《高麗史 63, 禮志, 雜祀》：顯宗二年二月, 以丹兵至長湍, 風雪暴作, 紺岳神祠若有旌旗士馬, 丹兵懼不敢前。(3) 落叶灌木的一种, 即"牡丹"。	(1) 红色, 赤色。《周礼 · 考工记》：染羽以朱湛丹秫。 (2) 矿物：丹沙 · 丹砂。 (3) 药：依成方制成的颗粒状或粉末状的中药。 (4) 姓氏：丹云
炟(炟)	일 달	国义：(1) 属于棉桃的落叶阔叶灌木。(2) 猕猴桃。	用于人名, 刘炟, 东汉章帝。

樾(樾)	물 샐 달	国义：木名, 指椴木。	(1) 泄水。 (2) 白桦科的落叶阔叶乔木, 指朴樾木。
糖(糖)	엿 당	国义：(1) 高粱。(2) 玉米。	(1) 有机化合物的一类, 可以分为单糖、双糖、多糖三种。 (2) 食糖的统称, 包括白糖、红糖、冰糖。 (3) 糖果。
穅(穅)	기 당	国义：玉米。	《集韵》徒郎切, 音唐。蜀人谓黍曰穅稞。
堗(堗)	굴뚝 돌	国义：火炕、炕面砖。	古同"突", 指灶上的烟囱。
棟(栋)	마룻대 동	国义：指柱子。	(1) 房屋的正梁。 (2) 量词。计算房屋建筑物的单位。例如："一栋房屋"。
垌(垌)	항아리 동	国义：为了截住水打埝的行为。	(1) 田地：田垌。 (2) 地名用字：儒垌(在中国广东省)。合伞垌(在中国贵州省)。
撈(捞)	잡을 로	国义：撒了种子以后, 用土把种子盖上的农具。与"榜"通用。	(1) 从液体里面取东西。 (2) 用不正当的手段取得。
擂(擂)	갈 뢰	国义：是农具, 用以碎土, 指耙子。	(1) 研磨: 擂成细末。 (2) 打：擂鼓。自吹自擂。
末(末)	끝 말	国义："桩子"的古语, 相当与"军都目"。	(1) 尖端, 末端。 (2) 最后, 终了。
木(木)	나무 목	国义：俗训绵布名称, 白木、木棉、棉布。	(1) 树类植物的通称。 (2) 木料、木制品。
面(面)	낯 면	国义：地方行政区域之一, 比新罗、高丽、朝鲜时代的县小的邑城。《高麗史58, 地理志, 北界》：成宗十四年, 分境内爲十道, 以西京所管爲浿西道, 後稱北界。肅宗七年, 又稱西北面。	(1) 头的前部, 脸面。 (2) 用脸对着, 向着。 (3) 事物的外表。韩愈《南山诗》：微澜动水面。 (4) 方位, 部分。前面。 (5) 量词, 多用于扁平的物件："一面鼓"。
保(保)	지킬 보	国义：责任兵役的壮汉组织。《朝鮮世祖實錄34, 10年10月乙未》：一, 二丁爲一保, 一, 田五結准一丁, 一, 有三保奉一保者, 曰甲士, 有二保奉一保者, 曰騎正兵。吹螺赤, 有一保奉一保者, 曰平虜衛。破敵衛。近仗。別軍。步正兵。大平嘯。騎船軍, 有獨保者, 曰烽燧軍。防牌。攝六十……一, 先作保, 次給保。	(1) 看守住, 护着不让受损害或丧失。《淮南子 · 人间训》：父子相保全。唐 · 韩愈《祭十二郎文》：少有强者不可保。 (2) 维持原状, 使不消失或减弱。沈括《梦溪笔谈》：至今保藏。 (3) 姓氏。

備(备)	갖출 비	国义：家具或器皿等的量词单位。《增正交隣志2, 差倭, 通信使請來差倭》：別幅(革裹大簿匣備……粹鑞累三淸鉢二備)。	(1) 要求全面完美。具备, 完备。 (2) 预备、准备：防备, 筹备。 (3) 设备：装备, 军备。
朴(朴)	순박할 박	国义："朴"是韩国的姓氏, 起源于新罗的建国神话中出现的《朴赫居世》。	(1) 没有细加工的木料, 喻不加修饰：朴素、朴实、朴厚、朴质。 (2) 落叶乔木, 叶椭圆形, 上部边缘有锯齿, 花细小, 色淡黄, 果实球形, 黑色, 味甜可食。本材可制器具。 (3) 古代的一种武器, 窄长有短把的刀, 双手使用。
縛(缚)	얽을 박	国义：得了天花有痘痕。 《大東野乘40, 光海朝日記1》：徐平甲……不縛而圓……金慶孫, 年可四十餘, 面縛多髯……鄭俠……暫有縛色。	用绳子或带子缠绕或绑缚、捆绑、拘束。《左传 · 文公二年》：战之明日, 晋襄公缚 秦囚。
栢(柏)	측백 백	国义：(1) 侧柏。(2) 海松。	同"柏"：常绿乔木, 叶鳞片状, 结球果, 有"扁柏、侧柏、圆柏、罗汉柏"等多种。
莎(莎)	사초 사	国义：莎草, 金丝草, 草茅, 小茅也, 俗为草坪。	多年生草本植物, 地下的块根称"香附子", 可入药。
柶(柶)	숟가락 사	国义：掷柶。(音译) 尤茨。掷柶是一种民俗游戏, 掷四根切成半圆的木棍得分, 按分走棋子, 规定棋子先到达终点算赢。	古代舀取食物的礼器, 像勺子, 多用角做成：有筐、实勺、觯、角柶。
蘇(苏)	차조기 소	国义：(1) 蔬菜的一种, 指紫苏。(2) 姓氏, 原籍是韩国庆尚南道晋州, 始祖是"소희철(蘇希哲) "。	(1) "紫苏"或"白苏"的种子, 称"苏子"。 (2) 指须头下垂物。 (3) 昏迷中醒过来。 (4) 缓解, 解除。 (5) 特指"江苏省"、"苏州市"：苏剧。苏绣(苏州的刺绣)。 (6) 前"苏联"的简称。
杉(杉)	삼나무 삼	国义：船的底部铺的"木板(삼) "。韩语"삼(音：sam) "的音借标记。 《舟橋司節目》：橋制, 排聯之際, 先擇諸船中體最大。杉最高者, 碇注於江中, 以表中央, 仍以大小。高下次第分聯於左右。	杉树(常绿乔木, 树干很高很直)。

楦(楦)	선 선	国义：门庭，门框。门框两边竖着的树。 《華城城役儀軌6，財用下，城神祠》：楦單八箇，壁楦六箇。	(1) 做鞋用的模型。 (2) 拿东西把物体中空的部分填满使物体鼓起来。
叔(叔)	아저씨 숙	国义：大伯，丈夫的哥哥。 《與猶堂全書，雅言覺非》：叔者，夫弟也。東俗，夫兄，亦謂之叔氏(呼之曰阿自般伊)。	(1) 兄弟排行次序第三。 (2) 父亲的弟弟，亦称跟父亲同辈而年纪较小的男子。 (3) 丈夫的弟弟。 (4) 拾。
慎(慎)	삼갈 신	国义："慎"是韩国姓氏，原籍是韩国居昌。韩国的慎氏是高丽文宗时中国宋朝人的"慎修"作为使臣来定居的之祖。	(1) 小心，当心。 (2) 姓氏。
省(省)	덜 생	国义：刷子，板刷，毛刷。《萬機要覽，財用編1，供上，大殿，四朔一改》：省六箇(每箇價二錢四分)。 《行用吏文》：省，솔。如梳省。馬省之類。	(1) 地方行政区域。 (2) 节约，不费。 (3) 简易，减免。 (4) 中国古官署名。 (5) 古代称王宫禁地。
襦(襦)	싸개갓장 이 유	国义：(1) 棉。《朝鮮成宗實錄12，2年10月己卯》：召經筵官任士洪.鄭徽夜對，賜襦衣各一領。 (2) 夹，双。《經國大典6，工典，工匠，京工匠，尙衣院》：襦笠匠二。	(1) 短衣，短袄。 (2) 幼儿的围嘴儿。
椳(椳)	지도리 외	国义：椳，板条。 《華城城役儀軌，附編3，財用，行宮賓入，奉壽堂行閣》：椝木三千七十二箇，椳木五十五駄。	门臼，承托门转轴的臼状物。
揚(扬)	오를 양	国义：胸背。《大典會通3，禮典，儀章，注》：御無揚黑圓領袍，則朝臣黑團領。	(1) 簸动，向上播散。 (2) 高举，向上。 (3) 在空中飘动。 (4) 称颂，传播。
租(租)	구실 조	国义：水稻，稻谷。 《續大典2，戶典，倉庫》：米一石，代黃豆二石，租二石七斗五升，小豆一石七斗五升。 《經世遺表7，地官修制，田制7》：書員考給租四斗(東俗，稻不舂者，謂之租)。	(1) 出代价暂用别人的东西。 (2) 收取一定的代价，把房屋、土地、器物等借给别人使用。 (3) 出租所收取的钱或实物。 (4) 田赋。

輾(辗)	돌 전	国义 : 打场, 碾场, 掼稻谷。	(1) 身体翻来覆去地。 (2) 间接, 经过曲折。
綜(综)	잉아 종	国义 : 船队。《續大典, 戶典, 漕轉》: 船隻一齊作綜(漕船每運以三十隻作一綜)。	总合。总括、总述、总览 : 综合事物的名称和实际, 加以考核。
遷(迁)	옮길 천	国义 : 陡壁, 绝壁, 悬崖。 《龍飛御天歌3, 13章》: 與達川(달내) 合, 爲淵遷(쇠벼)。	(1) 机关、住所等另换地点。 (2) 贬谪, 放逐 : 迁谪。 (3) 古代称调动官职, 一般指升职 : 升迁。
韂(韂)	말다래 첨	国义 : 垫于鞍下两侧以挡溅泥的马具, 指"馬韂(마첨) "。	马鞍子下面垫的东西, 垂在马背两旁可以挡泥土。
貼(贴)	붙을 첩	国义 : (1) 在药和剂(药房) 抓药后包装的袋子。 (2) 一百个单位数量词 : 鲍鱼一百个、肉干一百张、海苔一百张、韩纸一百张。	(1) 粘。把一种东西粘在另一种东西上。 (2) 靠近, 紧挨。 (3) 添补, 补助。 (4) 传统戏剧角色名。
淸(清)	맑을 청	国义 : (1) 韩国宫廷语, 指蜂蜜。(2) 垫鞋底的东西, 指鞋垫。	(1) 水或其他液体、气体纯净透明, 没有混杂的东西, 与"浊"相对。 (2) 安静, 不烦。
寸(寸)	마디 촌	国义 : 寸。表示亲戚原籍关系的单位。《與猶堂全書, 雅言覺非》: 伯父。叔父曰三寸, 伯父。叔父之子曰四寸……其法, 蓋以父子相承爲一寸。	(1) 中国市制长度单位, 一尺的十分之一。 (2) 短小 : 寸土。寸阴(日影移动一寸的时间。
吐(吐)	토할 토	国义 : 把汉语读以韩语为方式时, 为了表示韩国语法在每一个句子最后边附带"吐"。 《朝鮮世宗實錄40, 10年閏4月己亥》: 太宗命權近, 著五經吐(凡讀書, 以諺語節句讀者, 俗謂之吐)。	(1) 使东西从口里出来。 (2) 放出, 露出。 (3) 说出。
太(太)	클 태	国义 : (1) 豆, 大豆, 黄豆。《牧民心書3, 奉公, 文報》: 吾東吏文, 大豆曰太(太者, 菽也) , 蜀黍曰唐(其米曰唐米)。 (2) 棉。棉线。《典錄通考, 戶典, 收稅》: 上納布中, 唐太所織者現露, 則該邑守令, 當勘以不勸農桑之罪。	(1) 过于。 (2) 极端, 最。 (3) 高, 大。 (4) 很。 (5) 身分最高或辈分更高的。

鍚(钖)	대패 탕	国义 : (1) 刨子, 推刨。(2) 乐器名。	(1) 古代磨木使平的石制器具。 (2) 小铜锣 《清会典 · 乐部》: 钖, 面径两寸七分, 口径三寸一分, 深六分。 (3) 热酒。 李翊《俗呼小录》: 热酒谓之钖。
把(把)	줌통 파	国义 : (1) 把守人参地的地方。 (2) 刀、鏦、剪刀、扇子等的量词。 (3) 韩语称为"발"。张开双臂的长短, 大约十尺的长短。 (4) 韩语称为"줌"。为了计算租税的土地面积的单位。	(1) 拿, 抓住。 (2) 控制, 掌握。 (3) 看守。 (4) 自行车、手推车等的手柄。 (5) 可以用手拿的小捆。 (6) 介词, 义为拿, 处置, 致使。 (7) 量词。
袍(袍)	도포 포	国义 : (1) 旧时男人穿的普通礼服, 指道袍。 (2) 外出时穿的韩国固有的上衣, 指长袍(音译, 杜鲁马基)。	(1) 中式长衣。 (2) 衣服的前襟。
秛(秛)	조세 피	国义 : 大田作物的一种。韩语称为"피"。	田税, 田租。《广雅 · 释詁二》: "秛, 税也"。
咊(咊)	화할 화	国义 : 墙头饰, 透刻, 浮雕, 镂雕, 阳刻。 《經國大典1, 吏典, 雜職, 尙衣院》: 工造一員(玉匠 · 咊匠 · 銀匠, 遞兒)。	古同"和"。和谐, 协调。温和, 气候温暖。和顺。

上表共列出57个韩国国义字。国义字是随着韩国祖先的当时文化, 在汉字上赋予新的意义的汉字, 中国汉字的意义和韩国国义字的意义完全不同。但是研究结果发现, 有些韩国国义字的意义不变形而照样带来古代中国汉字的意义, 作为韩国国义字来使用。比如, 可以拿上述的"韂"来举例。韩国国义字"韂"的意义是垫于鞍下两侧以挡溅泥的马具, 指"馬韂(마첨)", 中国汉字的意义是马鞍子下面垫的东西, 也是指垂在马背两旁可以挡泥土的马具。还有在韩国国义字中某些汉字的意义受到中国的影响, 在汉字上赋予新的意义。比如, 可以拿上述的"愼"来举例。韩国国义字"愼"的意义是指韩国姓氏, 韩国的愼氏是高丽文宗时中国宋朝人的"愼修"作为使臣来韩国定居的之祖。由此可知韩国国义字可以分为三种, 第一种

是在中国汉字上赋予新的使用意义，第二种是照古代中国汉字的原来意义使用，第三种是由于中国影响产生的使用意义。不过五十七个韩国国义字中大部分的国义字是在中国汉字上赋予新的意义而使用的汉字。

第三节 繁体字和简体字

自古以来，中国和韩国处于很密切的位置上，对历史、经济、文化、语言等多方面产生了巨大影响，其中最有影响的就是语言。韩国是从古代的时候没有文字的国家，受到经济发展以及文学发展的制约。所以韩国借用中国汉字，作为韩国文字来使用。可以推定汉字至少中国春秋时代的时候传入韩国古代国家的古朝鲜，汉字在韩国正式渗透的时期是自从定公元前108年古朝鲜被汉朝灭亡设置“汉四郡”之后。韩语的汉字是指称在韩国使用的汉字，中国把韩国汉字称为“朝鲜汉字”。

几千年的时间里，中国汉字字体经过甲骨文、金文、篆书、隶书、行书、楷书等，演变为今天的汉字形态。中国汉字可以分为20世纪前后为分界线，中国18世纪之前使用繁体字。但是中国传统汉字“繁体字”笔画相对多，难背、难写，人口中文盲的比例相当高。所以1919年“五四”新文化运动以来，中国提倡简化汉字的学者越来越多，后来，国民政府在1935年尝试简化汉字，到1949年之后中国共产党领导的中华人民共和国政府成立了中国文字改革机构，1956年成功公布了《汉字简化方案》。[71] 所以中国从1956年开始进入了简体字时代，如今简体字是以现代北京语为中心构成的汉字，称为“汉语(한어)”或“普通话(보통화)”。与此相反，在韩国不使用简体字而使用繁体字。所谓繁体字，以中国为传统方式来使用的汉字，到19世纪以前使用过的文字。从古至今，韩国一直坚持中国传统汉字的繁体字，韩国作为偏爱中国传统汉字的国家，认为传统汉字是意义和形式上具有传统性，把它称为

71 彭泽润. “正体字、副体字”和“简体字、繁体字”---从“识正书简”和“识繁写简”看汉字规范[J]. 北华大学学报, 2009, (5)

“正体字(정체자)”。下面的表格是中国简体字和韩国繁体字, 在汉字的右边一起附加中韩汉字的读音。

	简体字	繁体字	简体字	繁体字	简体字	繁体字
A	爱[ài]	愛사랑 애	袄[ǎo]	襖윗옷 오		
B	罢[bà]	罷파할 파	办[bàn]	辦힘쓸 판	报[bào]	報알릴 보
	饱[bǎo]	飽배부를포	宝[bǎo]	寶보배 보	笔[bǐ]	筆붓 필
	闭[bì]	閉닫을 폐	币[bì]	幣재물 폐	毕[bì]	畢마칠 필
	边[biān]	邊가 변	变[biàn]	變변할 변	标[biāo]	標나무 끝표
	饼[bǐng]	餠떡 병	拨[bō]	撥다스릴발	补[bǔ]	補기울 보
	贝[bèi]	貝조개 패				
C	才[cái]	纔재주 재	沧[cāng]	滄푸를 창	产[chǎn]	産낳을 산
	场[cháng]	場마당장	尝[cháng]	嘗맛볼 상	厂[chǎng]	廠헛간 창
	畅[chàng]	暢통할 창	创[chuāng]	創단힐창	传[chuán]	傳전할 전
	刍[chú]	芻꼴 추	处[chǔ]	處곳 처	迟[chí]	遲더딜 지
	层[céng]	層층집 층	从[cóng]	從좇을 종	丛[cóng]	叢모일 총
	错[cuò]	錯섞일 착	蚕[cán]	蠶누에 잠	灿[càn]	燦빛날 찬
	厕[cè]	厠뒷간 측	侪[chái]	儕무리 제	尘[chén]	塵티끌 진
	衬[chèn]	襯속옷 친	蛏[chēng]	蟶긴맛 정	宠[chǒng]	寵사랑할총
	词[cí]	詞말 사	卆[zú,cù]	卒하인 졸	虫[chóng]	蟲벌레충
	残[cán]	殘해칠 잔	蚕[cán]	蠶누에 잠	聪[cōng]	聰밝을 총
D	达[dá]	達통할 달	导[dǎo]	導이끌 도	电[diàn]	電번개 전
	东[dōng]	東동녘동	动[dòng]	動움직일동	队[duì]	隊대오 대
	对[duì]	對대답할대	夺[duó]	奪빼앗을탈	邓[dèng]	鄧나라이름등
	跶[da]	躂발끝채일달	鸟[diǎo]	鳥새조	订[dìng]	訂바로잡을정
	读[dú]	讀읽을독	笃[dǔ]	篤도타울 독	夺[duó]	奪빼앗을 탈
	当[dāng]	當당할 당	党[dǎng]	黨무리 당	荡[dàng]	蕩움직일 탕

E	儿[ér]	兒아이 아	恶[ě,è]	惡미워할오	尔[ěr]	爾너 이

F	发[fā,fà]	發쏠 발	发[fà,fā]	髮머리 발	饭[fàn]	飯밥 반
	范[fàn]	範법 범	飞[fēi]	飛날 비	奋[fèn]	奮떨칠 분
	丰[fēng]	豐풍년 풍	风[fēng]	風바람 풍	凤[fèng]	鳳봉새 봉
	妇[fù]	婦지어미부	废[fèi]	廢못쓰게될폐	讣[fù]	訃부고 부
	烦[fán]	煩괴로워할 번	坟[fén]	墳무덤 분		

G	干[gān]	幹줄기 간	钢[gàng]	鋼강철 강	个[gě]	個낱 개
	观[guān]	觀볼 관	关[guān]	關빗장 관	观[guàn]	觀볼 관
	广[guǎng]	廣넓을광	归[guī]	歸돌아갈 귀	过[guo]	過지날 과
	夹[gā]	夾낄 협	该[gāi]	該갖출 해	刚[gāng]	剛굳셀 강
	阁[gé]	閣다락집각	纶[guān]	綸인끈 관	经[jīng]	經날 경
	龟[guī]	거북 귀	冈[gāng]	岡언덕 강		

H	汉[hàn]	漢물이름한	号[háo]	號부르짖을 호	还[hái]	還다시 환
	华[huá]	華빛화	欢[huān]	歡기뻐할 환	划[huai]	劃그을 획
	戏[hū]	戲서럽다할호	护[hù]	護지킬 호	讳[huì]	諱꺼릴 휘
	汇[huì]	滙물돌아갈 회	话[huà]	話이야기화	会모일 회	會[huì]
	环[huán]	環고리 환				

J	鸡jī]	鷄닭 계	机[jī]	機틀 기	击[jī]	擊칠 격
	极[jí]	極다할 극	几[jǐ]	幾얼마 기	记[jì]	記기억할 기
	际[jì]	際가 제	計[jì]	计셀 계	夹[jiá]	夾낄 협
	检[jiǎn]	檢검사할검	监[jiān]	監감시할감	举[jǔ]	擧들 거
	讲[jiǎng]	講예기할강	节[jiē]	節마디 절	价[jie]	價값 가
	纠[jiū]	糾얽힐 규	尽[jǐn]	儘다할 진	进[jìn]	進나아갈 진
	仅[jìn]	僅겨우 근	劲[jìng]	勁굳셀 경	经[jìng]	經짤 경
	军[jūn]	軍군사 군	艰[jiān]	艱어려울 간	阶[jiē]	階섬돌 계
	陆[liù]	陸땅 륙	旧[jiù]	舊옛날 구	间[jiān]	間사이 간
	浅[jiān]	淺빨리흐를천	坚[jiān]	堅굳을 견	鉴[jiàn]	鑑거울 감

	监[jiān]	監살필 감	剑[jiàn]	劍칼 검	贱[jiàn]	賤천할 천
	艰[jiān]	艱어려울 간	舰[jiàn]	艦싸움배 함	荐[jiàn]	薦천거할 천
	践[jiàn]	踐밟을 천	饯[jiàn]	餞전송할 전	缄[jiān]	緘봉할 함
	车[jū]	車수레 거	剧[jù]	劇심할 극	举[jǔ]	擧들 거
K	开[kāi]	開열 개	岂[kǎi]	豈화락할 개	壳[ké]	殼껍질 각
	课[kè]	課시험할 과	裤[kù]	褲바지 고	块[kuài]	塊흙덩이 괴
	矿[kuàng]	礦쇠돌 광	邝[kuàng]	鄺성 광	圹 [kuàng]	壙구덩이광
	亏[kuī]	虧이지러질 휴	恳[kěn]	懇정성 간		
L	蜡[là]	蠟밀랍 랍	兰[lán]	蘭난초 란	乐[lè]	樂즐거울 락
	离[lí]	離떠날 리	里[lì]	裏안 리	丽[lí]	麗 고울 려
	礼[lǐ]	禮예 례	历[lì]	歷지낼 력	励[lì]	勵권면할 려
	厉[lì]	厲엄할 려	脸[liǎn]	臉뺨 검	辽[liáo]	멀 료
	疗[liáo]	療고칠 료	临[lín]	臨임할 림	帘[lián]	簾발 렴
	零[líng]	령	岭[lǐng]	嶺고개 령	类[lèi]	類무리 류
	刘[liú]	劉죽일 류	虏[lǔ]	虜사로잡을 로	录[lù]	錄적을 록
	陆[lù]	陸뭍 륙	卢[lú]	盧검을 로	乱[luàn]	亂어지러울란
	仑[lún]	侖생각할륜	论[lún]	論말할 론	罗[luó]	羅그물 라
	龙[lóng]	龍용 룡	劳[láo]	勞수고할로	两[liǎng]	兩두 량
	灵[líng]	靈신령령	隶[lì]	隸종 례	伦[lún]	倫인륜 륜
	轮[lún]	輪바퀴 륜	囵[lún]	圇어리질 륜	连[lián]	連이을 련
	联[lián]	聯연할 련	练[liàn]	練누일 련	恋[liàn]	戀사모할 련
	殓[liàn]	殮염할 렴	绿[lù]	綠초록빛 록	录[lù]	錄적을 록
	虏[lǔ]	虜사로잡을 로	垆[lú]	壚목로 로		
M	妈[mā]	媽어미 마	马[mǎ]	馬말 마	吗[ma]	嗎의문조사마
	么[me]	麼그런가 마	买[mǎi]	買살 매	卖[mài]	賣팔 매
	麦[mài]	麥보리 맥	们[mén]	們들 문	灭[miè]	滅다할 멸
	无[wú]	無없을무	梦[mèng]	夢꿈 몽	蛮[mán]	蠻오랑캐만

N	难[nán]	難어려울난	脑[nǎo]	腦머릿골 뇌	尔[ni]	爾너 이
	宁[níng]	寧편안할녕	农[nóng]	農농사 농		

P	扑[pū]	撲칠 박	苹[píng]	蘋네가래빈		

Q	骑[qí]	騎말탈 기	气[qì]	氣기운 기	钱[qián]	錢돈 전
	浅[qiǎn]	淺얕을 천	乔[qiáo]	喬높을 교	壳[qiào]	殼껍질 각
	庆[qìng]	慶경사 경	龟[qiū]	거북 귀	穷[qióng]	窮다할궁
	劝[quàn]	勸권할 권	佥[qiān]	僉여러 첨	岂[qǐ]	豈어찌 기
	亲[qīn]	親친할 친				

R	让[ràng]	讓사양할양	热[rè]	熱열 열	认[rèn]	認알 인
	荣[róng]	榮번영할영	扰[rǎo]	擾어지러울 요	绕[rào]	繞얽힐 요
	娆[ráo]	嬈아리따울 요				

S	扫[sǎo]	掃쓸 소	赛[sài]	賽굿할 새	杀[shài]	殺죽일 살
	伤[shāng]	傷다칠상	什[shén]	甚열 사람	谁[shéi]	誰누구 수
	审[shěn]	審살필 심	圣[shèng]	聖스러울성	师[shī]	師스승 사
	书[shū]	書글 서	帅[shuài]	帥장수 수	说[shuō]	說말씀 설
	时[shí]	時때 시	苏[sū]	蘇차조기 소	孙[sūn]	孫손자 손
	岁[suì]	歲해 세	丝[sī]	絲실 사	实[shí]	實열매　실
	丝[sī]	絲실 사	师[shī]	師스승 사	丧[sàng]	喪잃을 상
	厕[si]	厠뒷간 측	双[shuāng]	雙쌍 쌍	诉[sù]	訴아뢸 소
	识[shí]	識알 식	适[shì]	適맞을 적	释[shì]	釋풀 석
	饰[shì]	飾꾸밀 식				

T	叹[tàn]	嘆한숨쉴 탄	汤[tāng]	湯끓인물 탕	讨[tǎo]	討칠 토
	体[tǐ]	體몸 체	铁[tiě]	鐵쇠 철	听[tīng]	聽들을 청
	厅[tīng]	廳마을 청	头[tóu]	頭머리 두		

W	万[wàn]	萬일만 만	网[wǎng]	網그물 망	问[wèn]	問물을 문

违[wéi]	違어길 위	为[wéi]	爲행할 위	伟[wěi]	偉클 위
伪[wěi]	僞거짓 위	卫[wèi]	衛지킬 위	乌[wū]	烏까마귀오
务[wù]	務힘쓸 무	韦[wéi]	韋가죽 위	无[wú]	無없을 무
误[wù]	誤그릇될오	雾[wù]	霧안개 무		

X	学[xué]	學배울 학	寻[xún]	尋찾을 심	讯[xùn]	訊물을 신
	习[xí]	習배울 습	戏[xì]	戲놀 희	吓[xià]	嚇으를 하
	线[xiàn]	綫실 선	乡[xiāng]	鄉마을 향	协[xié]	協합할 협
	写[xiě]	寫베낄 사	协[xié]	協합할 협	县[xiàn]	縣고을 현
	献[xiàn]	獻드릴 헌	显[xiǎn]	顯밝을 현	险[xiǎn]	險험할 험
	兴[xīng]	興일을 흥	謝[xiè]	谢사례할사	寻[xún]	尋찾을 심
	训[xùn]	訓가르칠훈	讯[xùn]	訊물을 신	逊[xùn]	遜겸손할손
	虾[xiā]	蝦새우 하	详[xiáng]	詳자세할상		

Y	压[yā]	壓누를 압	严[yán]	嚴엄할 엄	盐[yán]	鹽소금 염
	尧[yáo]	堯요임금요	药[yào]	藥약물 약	乐[yào]	樂좋아할요
	厌[yàn]	厭싫어할염	阳[yáng]	陽양기	样[yàng]	樣 모양 양
	业[yè]	業업 업	爷[ye]	爺아비야	优[yōu]	優뛰어날우
	邮[yóu]	郵역말 우	驭[yù]	馭부릴 어	与[yù]	與참여할여
	鱼[yú]	魚물고기어	余[yú]	餘남을 여	远[yuǎn]	遠멀 원
	运[yùn]	運돌 운	仪[yí]	儀거동 의	艺[yì]	藝재주 예
	义[yì]	義옳을 의	译[yì]	譯번역할 역	议[yì]	議의논할의
	阴[yīn]	陰응달 음	饮[yǐn]	飮마실 음	亚[yà]	亞버금 아
	应[yīng]	應응당 응	忆[yì]	憶기억할 억	亿[yì]	億억 억
	驿[yì]	驛역말 역	呓[yì]	囈잠꼬대 예	叶[yè]	葉잎 엽
	页[yè]	頁쪽 엽	优[yōu]	優뛰어날 우	忧[yōu]	憂근심할우
	犹[yóu]	猶오히려유	诱[yòu]	誘꾈 유	养[yang]	養기를 양
	营[yíng]	營경영할영	萤[yíng]	螢개똥벌레형		

Z	杂[zá]	雜섞일 잡	齐[zhāi]	齊조화할 제	长[zhǎng]	長어른장
	赵[Zhào]	趙조나라조	这[zhè]	這이 저	证 [zhèng]	證증명할증

烛[zhú]	燭초 촉	专[zhuān]	專오로지전	庄[zhuāng]	莊별장장
昼[zhòu]	晝낮 주	钟[zhōng]	鐘종 종	种[zhǒng]	種씨 종
众[zhòng]	衆무리중	总[zǒng]	總합칠 총	齐[zī]	齊조화할제
战[zhàn]	戰싸움 전	质[zhì]	質모양 질	转[zhuàn]	轉구를 전
浊[zhuó]	濁흐릴 탁				

一、韩文和繁体字的混用

所谓汉字文化圈，是指借用表义文字中之一的文字来使用的国家，其中韩国属于这一种。从上古以来，韩国开始借用中国汉字，15世纪《训民正音》被世宗大王创造以后也由于很多儒学者一直坚持使用汉字。当时很多儒学者提倡应该遵从事大主义而反对《训民正音》，有的学者主张在东亚汉字文化圈中不要孤立、落后，应该彻底地施行汉字教育，汉字沿用到现代。虽然《训民正音》适合于标记韩文最佳文字，但从古代到19世纪，中国汉字的使用是对统治阶级的官宦门第的必须品德，在各种文献以及公文书方面一直使用汉字的繁体字。后来，1894年高宗颁布“甲午改革”，命令应该法律敕令都以韩文为主，添加汉文翻译，或者韩文和汉文混用的，韩文和繁体字一起被使用。1980年在报纸或专业书籍等方面里活跃使用繁体字。下面的文章作为大韩民国宪法全文，规定有关宪法的制定目的、制定过程、国家的秩序形成的的指导理念等，构成了形式上不是单纯的公布文或宣言，而是宪法的一部分。大韩民国宪法全文是于1989年10月29日公布，韩文和繁体字一起被混用来记录。大韩民国宪法全文如下：[72]

悠久한 歷史와 傳統에 빛나는 우리 大韓國民은 3 · 1 運動으로 建立된 大韓民國臨時政府의 法統과 不義에 抗拒한 4 · 19 民主理念을 繼承하고, 祖國의 民主改革과 平和的統一의 使命에 立脚하여 正義 · 人道와 同胞愛로써 民族의 團結을 鞏固히 하고, 모든 社會的弊習과 不義를 打破하며, 自律과 調和를 바탕으로 自由民主的基

72 한글전용과 국한문혼용. 우리 모두의 백과사전 위키백과.

本秩序를 더욱 確固히 하여 政治·經濟·社會·文化의 모든 領域에 있어서 各人의 機會를 均等히 하고, 能力을 最高度로 發揮하게 하며, 自由와 權利에 따르는 責任과 義務를 完遂하게 하여, 안으로는 國民生活의 均等한 向上을 基하고 밖으로는 恒久的인 世界平和와 人類共榮에 이바지함으로써 우리들과 우리들의 子孫의 安全과 自由와 幸福을 永遠히 確保할 것을 다짐하면서 1948年 7月 12日에 制定되고 8次에 걸쳐 改正된 憲法을 이제 國會의 議決을 거쳐 國民投票에 依하여 改正한다.

如上所述,"悠久、历史、传统、大韩民国、运动、建立、大韩民国临时政府、法统、不义、抗拒、民主理念、继承"等总共61个的繁体字与韩文同时被使用。后来,2001年1月为了法院业务的繁体字4,789字,从2005年1月1日增加159个繁体字使用5,138字。如此,中国的汉字广泛地渗进了韩国生活,在新闻、专业书籍等各方面作为繁体使用。另外,繁体字在初中、高中教育过程中也为了教育目的被使用着,其历史是从1951年起开始的。1951年9月在韩国文教部制定了教育汉字1000字,1957年11月再加300字,把总共1300字的繁体字从1964年9月起在学校教育中开始使用。因此,如今初中、高中教育过程中,叫"汉文"的课目另外分离给学生实行义务教育。

第四节 现行韩字

公元前2世纪,韩国人在直接使用汉字的过程中,适应韩语的特征,创制了一种韩国固有的文字,它就称为"汉字借用标记法"。"汉字借用标记法"到15世纪仍使用,后来1443年朝鲜第四大王"世宗大王(1418至1450)"创造《训民正音》,于1446年10月颁布施行。《训民正音》是现代韩文的源头,随着时代的流逝虽有些改变,但一直沿用至今。美国的语言学者"Reeodeu Daieomeondeu(레어드 다이어먼드)"在美国广为人知的科学专门杂志《Discovery》1994年6月号"Writing Suitable(쓰기의 적합함)"的报道里赞赏韩文的独创性,尤其称赞韩文是世界上在符号配合等效率方面最合理的文字。而且他说韩文简洁而优秀,所以韩国人的文盲率是在世界上最低

的。[73] 现在《训民正音》是被制定为国宝第70号, 于1997年10月被登记为联合国教科文组织的世界记录遗产。目前在联合国教科文组织颂扬创制韩文的世宗大王的伟大的业绩, 制定了"世宗大王奖(UNESCO King Sejong Prize)", 每年选为人类的文盲率降低做出巨大贡献的团体或个人发奖。至此, 韩文已是跨出国门受到了全世界的关注。

本章主要研究中国汉字对现行韩字产生的影响, 探讨分为"汉字对韩字字体的影响"和"汉字对韩字构成方式的影响"两种。

一、汉字对韩字字形的影响

从现行韩字的文字结合方式看, 汉字和韩文具有很大的共同点, 就是汉字和韩文都是同样方块字体。方块字是中国几千年来汉字书写规范的传统, 是由于人们为了把字写得整齐美观, 在方格内写字。如此韩文也是把两个以上的文字结合起来, 归拢到方格内写字。我们在这个部分应该知道韩文为什么像罗马字母不往旁边写字, 像汉语一样在方格内写字。西方人使用英语时按照听觉感受的声音先后把声音把字母从左到右一个一个依次排列, 例如, 英语"water"(水)。但是韩文把辅音和元音结合时不自左至右排列为"ㅁㅜㄹ", 而归拢到方格里结合为"물"。实际上, 由于韩字与英文同样是"语音文字", 像英语一样按照听起来声音把文字左右排列也无妨, 相反从左到右写字, 拼写法并没有错误, 而标记更加容易。例如, 韩语的"더욱이"按照听起来声音往旁边写字的话, 就成为"ㄷㅓㅜㄱㅣ", 韩国人辨别终声时不必为此苦恼。但尽管如此, 韩语是像汉语一样在方格内把两个以上的文字结合起来写字。其理由是韩国本来没有文字的国家, 大概2世纪至15世纪一千年以上把汉字作为韩国的文字来使用, 韩国漫长的时间已经熟悉了以四方形状规范化的汉字字体, 因此韩文也像汉字一样归拢到方格里写字。从世界的语言来看,

73 조선일보(韩国朝鲜日报新闻), 1994. 5. 25

除了使用汉字的汉字圈国家香港、台湾、日本、韩国、越南以外，大部分的语言都具有横向形式的文字方式。汉字圈国家中拿越南来举例，自古以来越南是为了写越南语借用汉字来记录，这汉字符合越南语的音韵修改来使用，把它称作"字喃"。这种文字与韩国的史读和乡札相同。可见自古以来，因为包括越南在内的汉字圈国家把汉字作为母语使用很长时间，其国家的字形受到汉字的影响是不可否认的事实。

二、汉字对韩字构成方式影响

1454年刊行的《世宗实录》是记录着世宗32年间的实录。《世宗实录》记录：本月创制28字谚语，这文字模仿古篆字，分为初声、中声、终声后再结合起来，就形成文字。都能写有关于文字的和有关于理谚的，文字虽然简洁而简单，但转换无穷无尽，这个成为《训民正音》。如上所述，世宗大王创制文字的时候模仿古篆字创造韩文，这个文章中出现的"篆字"是指中国汉字。韩文大致分为"初声、中声、终声"三个，把这三个要素结合在一起才完成一个文字。

从汉语的文字构成方式和韩语的文字构成方式来看，现代汉语部件的名称概括为五种，第一种是"左旁右边"，第二种是"上头下地"，第三种是"内心外框"，第四种是"中腰"，第五种是"四角"。简单地解释，第一种"左旁右边"是左右结构词，左边的部件是"旁"，右边的部件是"边"，例如，"你"是人字旁、尔字边，"提"是提手旁、是字边。第二种"上头下地"是上下结构的字，上面的部件是"头"，下面的部件是"低"，例如："花"是草字头、化字低，"早"是日字头、十字低。第三种"内心外框"是全包围的字和三面包围的字，里面的部件是"心"，外面的部件是"框"，例如，"国"是方框、玉字心，"周"是同字框、吉字心。第四种"中腰"是上中下结构和左中右结构的字，中间的部件是"腰"。例如，"鼻"田字腰、"粥"是米字腰。最后第五种"四角"是字的左上、左下、右上、左下部件是"角"，例如，"韶"左上角是立、左下角是日、右上角是刀、右下角是口。

现代韩语部件的名称概括为六种，第一种是“人立之形”，有以“ㄴ[n]+ㅏ[a]=나[na]”为基础结构的“가、냐、더、벼、새、이”等，与上述的汉语的“左旁右边”形式的“你、提、林、快、海”相同。第二种是“地平之形”，有以“ㄴ[n]+ㅗ[o]=노[no]”为基础结构的“고、누、드、류、묘”等，与汉语的“上头下地”形式的“早、罢、音、尖”等相同。第三种是“人立之形”一种，一个辅音和一个元音结合后，在下边再加一个辅音，有以“ㄱ[g]+ㅣ[i]+ㄹ[l]=길[gil]”为基础结构的“갑、님、달、랭、멱”等，与汉语的“您、想、堡、梦、誓、繁”等相同。另外，这第三种韩语部件是在辅音和元音下边也可以加两个辅音，是汉语部件的“四角”相同。韩语中有以“ㄷ[d]+ㅏ[a]+ㄹ[l]+ㅁ[m]=닮[dam]”为基础构成的“값、넓、밝、삶、앓”等，汉语中有“韶”。第四种是“地平之形”一种，辅音在上、元音在中间、收音在元音的下边。有以“ㅅ[s]+ㅗ[o]+ㄴ[n]=손[son]”为基础结构的“굴、봄、곰、용、능”等，与汉语“中腰”形式的“量、曼、鼻、菖、莒、菩、蕙、蕾、箩、算、筥”等相同。另外，这第四种韩语部件是在元音下边也可以加两个收音，例如有以“ㄱ[g]+ㅗ[o]+ㄹ[l]+ㅁ[m]=곪[gom]”为基础结构的“긁、곯、늙、슭、옮、옳”等，与汉语“舞蓖、蓊、翥”等相同。第五种是构成为一个辅音和两个元音的音节，辅音在上边、元音在辅音的下边、另一个元音在辅音和元音的右边。例如有以“ㄱ[g]+ㅗ[o]+ㅏ[a]=과[goa]”为基础结构的“쇠、뒤、뭐、의、궤、홰”等，与汉语的“数、教、部、散”相同。最后第六种类型是构成为两个辅音和两个元音的音节，辅音摆在上边、元音摆在辅音的下边、另一个元音摆在辅音和元音的右边，另一个辅音作为收音，摆在最下边。例如，有以“ㄱ[g]+ㅗ[o]+ㅏ[a]+ㅇ[o]=광[guang]”为基础结构的“굉、뒷、왁、권、웹、횅”等，与汉语的“熟、懃”相同。

研究结果显示韩文的文字构成方式和汉语的文字构成方式非常一致。如上所述，在韩语中虽然没有汉语部件的“内心外框”，即“国、圈、圆、周、风”等的文字构成方式，但是韩语六种的部件都与汉语部件相同。

本章小结

本章研究的内容是汉韩语言接触在文字方面的影响, 总共探讨分为"借字标记法、国音字和国义字、繁体字和简体字、现行韩字"四类, "借字标记法"又分为"史读、乡札、口诀"三种, "现行韩字"又分为"汉语对韩字字体影响、汉语对韩字构成方式影响"两种。

第一节的"史读、乡札、口诀"这三个借字标记法是受到中国汉字的影响产生的韩国固有标记法, 研究本节的过程中知道了"史读、乡札、口诀"的特征, 结果显示这些标记法和中国汉字具有相关性。"史读"和"乡札"是虽然以韩语语序为基础排列, 但是"史读"和"乡札"的基本框架构成为汉语的汉字。分析结果可以整理如下 : "史读"把汉文文章改为韩语语序, 借用汉字的音和意义在文章之间加"吐", "吐"是韩语的助词和词尾。举一个例子, 汉语的"我爱你"换成史读的话是"我隱你乙爱爲如(나는 너를 사랑하다)"。乡札是借用汉语汉字的音和意义构成为韩语文章的标记法, 换成乡札说的话是"吾隐汝乙爱爲如(나는 너를 사랑하다)"。其次, 口诀是与"史读"和"乡札"不同是汉语语序, 汉文文章之间加"吐", 如果去掉文章中"吐", 这个文章是完整的汉语文章。拿汉语的"我爱你"来举例, 口诀是"我隐爱你爲如"。如此古代韩国人通过汉字借用标记法可以更容易了解汉文文章, 随着用汉字借用标记法进行翻译中国古籍, 很多中国古典文学及古籍活跃地传入到韩国, 都能大幅地提高学者的研究质量。

在第二节对在中国汉字上赋予新的音和意义来创造国音字和国义字的研究。国音字和国义字作为韩国固有的国字, 只是在韩国内使用的汉字, 包括中国、日本等其他汉字圈国家都不使用的汉字。在本节13个韩国国音字"卜、上、只、召刺、帖、旀、喻、這、落、頉、員、牌"和57个的国义字为中心研究, 研究结果显示, "卜"读"짐(jim)"、"上"读"차(ca)"、"只"读"기(gi)"、"召"读"죠(zho)和쇼(sho)"、"刺"读"라(la)"、"帖"读"체(chae)"、"旀"读"며(mye)"、"喻"读"지(ji)和디(di)"、"這"读"갓(gat)"、"落"读"지(ji)"、"頉"读"탈(tal)"、"員"读"곳(got)"、"牌"读"배(bae)和패(pae)"。通过研究

结果表明, 有些韩国国义字的意义不变形而照样带来古代中国汉字的意义, 作为韩国国义字来使用。比如可以拿上述的“韂”来举例。韩国国义字“韂”的意义是垫于鞍下两侧以挡溅泥的马具, 指“馬韂(마첨)”, 中国汉字的意义是马鞍子下面垫的东西, 也是指垂在马背两旁可以挡泥土的马具。还有在韩国国义字中某些汉字的意义受到中国的影响, 在汉字上赋予新的意义。比如可以拿上述的“慎”来举例。韩国国义字“慎”的意义是指韩国姓氏, 韩国的慎氏是高丽文宗时中国宋朝人的“慎修”作为使臣来韩国定居之祖。由此可知韩国国义字可以分为三种, 第一种是适应韩语特征, 中国汉字上赋予新的意义使用；第二种是照样带来古代中国汉字的意义使用；第三种是由于中国影响产生的意义使用。这57个韩国国义字中大部分的国义字是适应韩语特征, 在中国汉字上赋予新的意义来使用的汉字。

在第三节探讨对繁体字和简体字。研究结果显示, 古代时中国一直使用繁体字, 后来到1956年, 中国开始进入了简体字时代, 但与此相反, 韩国作为偏爱中国传统汉字的国家, 从古至今一直坚持中国传统汉字的繁体字, 现在韩国不使用简体字而使用繁体字。韩国1980年在公文、报纸、文学小说、各种专业书籍等方面里活跃地使用繁体字, 当然韩国生活各个方面中也总是能发现繁体字。而且如今初中、高中教育过程中, “繁体字”, 即“汉文”科目仍是韩国学生实行义务教育的重点。

在第四节研究对现行韩文的字形原理和文字构成方式。第一, 研究结果阐明现在韩国人使用的韩文模仿中国汉字创制的事实。现行韩文和中国汉字是同样方块字体, 对漫长的时间使用汉字的韩国人来说, 已经很熟悉了以四方形状规范化的汉字字体, 因此世宗大王创制韩文时模仿中国汉字字体来创制现行韩文。第二, 研究结果显示现行韩文的文字构成方式和中国汉字的文字构成方式非常一致。研究内容可以整理如下：现代韩语部件的名称概括为六种, 第一种“人立之形”是与汉语的“左旁右边”, 即“你、朴、林”一致 , 第二种“地平之形”是与汉语的“上头下地”, 即“早、呆、音”一致。第三种是“人立之形”一种, 一个辅音和一个元音结合后, 在下边再加一个辅音, 与汉语的“三角”, 即“您、想、梦”一致。第四种是“地平之形”一种, 辅音在上、元音在中间、收音在元音的下边, 与汉语的“中腰”, 即“曼、莒、莒"一致。第五种是构成为一个辅音和两个元音的音节，辅音在上边、元音在辅音的下边、另一个元音在辅音和元音的右边，与汉语的"数、部、散"等字构成一致。最后第六种类型是构成为两个辅音和两个元音的音节，辅音摆在上边、元音摆在辅音的下边、另一个元音摆在辅音和元音的右边，另一个辅音作为收音，摆在最下边，与汉语的"熟、懃"一词文字构成一致。如此韩文的文字构成方式和汉语的文字构成方式非常一致，但这两个语言部件有一些差异，就是在韩语中没有汉语部件的"内心外框"，即"国、周、风"等的文字构成方式。

结 语

中国和韩国隔海相望, 是友好邻邦, 自古以来, 中韩两国之间有着频繁的接触和交往, 两国具有数千年的交流历史。中国和韩国自1992年中韩建交为起点, 文化交流以及各方面交往更为频繁, 由以两国在经济、文化下进行丰富的贸易交流活动, 现在中国成为韩国的最大出口对象国, 第三大贸易伙伴。随着媒体发展, 电视剧、综艺节目等从中国或韩国进口, 对中国和韩国的关系日益增强, 旅客以及要学习汉语和韩语的人也急剧增加, 两国留学人数有逐年增加的趋势, 中韩建交25年以来, 两国的贸易额以2016年为起点增长33倍。由此, 中韩两国在经济、贸易、文化等方面都产生了巨大的影响, 两国结下了不解之缘的关系。中国和韩国期待今后定会持续良好的关系发展和友好往来的不断提升。

各个不同的国家和各个不同的民族之间的交流与语言息息相关, 语言是人类很重要的交际工具。但是古代的时候韩国没有文字, 只能靠嘴和耳朵, 在漫长的社会历史发展过程中, 韩国一直受到无文字带来的不便, 受到与中国的交流以及韩国社会和经济发展等的制约, 所以韩国开始借用中国的汉字来记录文字。古朝鲜的遗物中发现汉字的痕迹, 根据《山海经》和《管子》记录显示, 当时古朝鲜与中国春秋战国时代进行交流或在对等的地位上建立外交关系, 由此可推测这个时期古朝鲜已经形成相当的中央集权化, 为了以维持统治体制的手段来使用中国汉字。汉字从中国传入韩国时中国文献也一起进入韩国, 文献进入韩国的同时包括汉语词汇在内的许多中国成语和俗语等一并流入韩国, 中国汉字词汇以及成语和俗语等广泛地渗进了韩国人的生活以及各个方面, 尤其三国时代的时候汉字作为先进文化的流入, 在韩国传入的汉字在基本上起到书面语作用, 对韩国文学发展做出了巨大贡献。但用表义文字的汉字来标记表音文字的韩语有限, 而且汉语没有助词或词尾, 因而表达韩语有相当困难。所以三国时代, 创制史读、乡札、口诀等汉字借用标记法来使用标记韩国古代地名、人名、官职名等, 另外在现有的中国汉字上赋予新的音和意义来创制国音字和国义字，借用汉字来创制的韩国固有的借词标记法和国音字和国义字是在中国不存在的汉字。但是这标记法也只能表记完整的语句，造成许多不便。而且汉字笔画多，难写、难背，很多百姓不识字。于是15世纪朝鲜第四代王世宗大王创制《训民正音》28字。在《世宗实录》和《训民正解例本》中有模仿古代文字即汉字来创制韩文的内容，创制原理也详细地记录着。《训民正音》是世界上在符号配合等效率方面最合理的文字，标记简洁，能表达完整的韩语。虽然《训民正音》是适合于标记韩文最佳文字，到19世纪汉字仍是支配阶层的必须品，各种文献以及公文一直使用汉字。后来，1894年高宗颁布"甲午改革"，命令应该法律敕令都以韩文为主，添加汉文翻译，或者韩文和汉文混用的，韩文和汉字一起被使用。1980年在报纸或专业书籍等方面里活跃使用繁体字，初中和高中阶段学生一定要学习汉文繁体字，现在学校义务性地实施汉字教育。因此在如今日常生活中经常会发现中国的汉字词汇，在韩国使用的汉字词汇的比重硕大无比。韩语词汇中60%是汉字词汇，1992年建交以后，随着中韩两国的文化交流日益频繁起来，在中国和韩国产生许多的新词汇和新词语开始使用，汉字不仅词汇方面，词法和句法方面也产生了很大影响。如此，中国和韩国的相互文化交流自然会导致语言之间的相互影响，不同民族的交往，不同文化的交流，必然带来不同语言的接触，中韩两国的语言接触在语音、词汇、语法、文字各方面产生了重大影响。

本论文采纳汉韩、韩汉双向研究的框架，研究和考察自古至今中韩两国语言在文化交流接触中所受的影响。研究结果显示，汉语对韩语的影响总计可以概括成一下十三个方面：第一，世宗大王应用中国音韵的分类方法和中国音韵名称，《训民正音》辅音系统与中国《洪武正韵》里记载的中国音韵系统完全一致。例如"四声七音"："四声"分为"全清、次清、全浊、不清不浊"，"七音"分为"牙音、舌音、唇音、齿音、喉音、反舌音、半齿音"；第二，《训民正音》受到创制时唯一的中国语言学"韵学"，即"音声学"和"音韵论"的影响，中国的韵学成为《训民正音》和《东国正韵》创制的基础。受到中国"韵学"影响产生的韩文辅音是送气音"ㅋ、ㅌ、ㅍ、ㅊ"、硬

音"ㄲ、ㄸ、ㅃ、ㅆ、ㅉ、ㆅ、ㅭ"、轻唇音"ㅸ、ㆄ、ㅹ、ㅱ"、半齿音"ㅿ",元音是"•、一、丨、ㅏ、ㅓ、ㅑ、ㅕ、ㅗ、ㅜ、ㅛ、ㅠ、ㅐ、ㅘ、ㅝ、ㅒ、ㅖ、ㆇ、ㆊ、ㅙ";第三,本来韩语是没有声调的语言,但中世韩语受到古代中国的声韵学中"平上去入"四声理论的影响,也一度产生过"平声、上声、去声、入声"四个声调;第四,在现代韩语中存在的60%的所有的汉字词语都使用"音借"来读,这个"音借"方式从中国传入韩国,汉语和韩语语音上很相同,例如"父母"是指"아비부(a-bi-bu;爸爸)"、"어미모(e-mi-mo;妈妈)",这个词语直接读"부모(bumo)";第五,公元前2世纪,借中国的汉字来记录文字,所以现代韩语中,汉字词占有的比重是60%,在日常生活中使用的大部分单词都是从中国传入的汉字,例如"국가(國家)、중국(中國)、한자(漢字)、언어(言語)、방언(方言)、부모(父母)、형제(兄弟)"等,这些词汇都是从中国传入的汉字词;第六,中韩两国1992年中韩建交以来,文化交流更为频繁,通过电视剧、电影、大众音乐,美容、时装、饮食逐渐广泛地传播,出现了更多的新词语。现代韩语中,受到中国影响产生的新的词语是"保健操、太极拳、共产党、解放军、文化大革命、改革开放、群众路线、人民大会堂、国庆节"等,现代汉语中,从韩国传入的新的词语是"光复节、制宪节、开天节、显忠日、民俗村、欧巴、欧尼、大发、能力者、国民MC、漫撕男、铁壁男、取向狙击、颜值担当"等,其中"欧巴、欧尼、大发、能力者、国民MC、漫撕男、铁壁男、取向狙击、颜值担当"是在中国很流行的网络词语;第七,汉字进入韩国同时中国古籍也一起传入到韩国,成语和俗语等的汉字词汇广泛地渗进了韩国生活的各个方面。目前在韩语中存在的成语的占有率是22.35%,其中汉韩同形同义形态的成语占有的比重最高,中国的"把吃奶的力气也使尽了、不入虎穴,焉得虎子、耳闻不如目睹"等这些俗语传入韩国,与韩国的俗语形式和意义上完全相同,韩国人最熟悉的"说曹操曹操就到"和"画饼充饥"这两个俗语是从中国传入的,原来的意义没变,为适应输入国的文化和情绪,只改变了单词的形式,"曹操"变成"老虎","饼"变成"糕";第八,随着中国的汉字传入,许多的中国汉字词语传入韩国,在韩语里融进了中国的汉字词语,语言使用范围扩大,产生了"词缀",分为"前缀"和"后缀"。常用的前缀有"대~(大~)、무~(无~)、비~(非~)、불~(不~)、소~(小

~)、생~(生~)、신~(新~)、초~(超~)、총~(总~)、최~(最~)"等, 常用的后缀有"~가(~家)、~간(~间)、~사(~社)、~소(~所)、~식(~式)、~성(~性)、~원(~员)、~자(~者)、~화(~化)、~학(~学)"等；第九, 中国的汉字广泛地渗进了韩国生活的各个方面, 受到汉语复句的影响, 韩语中产生并使用着一批新兴关联词, 例如"우선……직후……(于先……直后……)、심지어(甚至於)、혹은……혹은……(或者……或者……)、기왕……즉시(既往……即时)、만일……즉시……(万一……即时……)、만약……즉각……(万若……即刻……)"；第十, 由于汉语和韩语是完全不同的语言, 所以用汉字来记录韩文有受到局限, 为突破这一局限古代韩国发明了包括"史读、乡札、口诀"在内的三种"汉字借用标记法"；十一, 韩国在中国汉字上赋予新的音和意义来创造包括"国音字"和"国义字"在内的两种国字, 只在韩国内使用, 国音字有"卜、上、只、召、刺、帖、旀、喻、這、落、頉、員、牌"等, 韩国国义字有"娚、腩、備、蘇、輾、遷、貼、鍚"等；十二, 韩国1980年起在公文、报纸、文学小说、各种专业书籍等方面进一步活跃地使用繁体字, 如今初中、高中教育过程中, "繁体字"仍是韩国义务教育的重要项目；十三, 世宗大王模仿中国汉字字体创制出现行韩文。现行韩字的方块形状及构成方式和中国汉字非常一致。

如上所述, 汉语对韩语在语音、词汇、语法、文字等方面均产生了巨大影响, 但根本找不出来韩语对汉语语音方面、语法方面、文字方面产生的影响。韩语对汉语产生的影响尽管微弱, 但当代韩国的电视剧、电影、综艺节目、网络媒体对中国当代社会产生了巨大影响, 受到韩国文化以及媒体影响的当代汉语也从韩语中吸收了一批词语。

汉韩语言接触的这种不平衡现象促使我们思考并追溯原因。中国对韩国产生巨大影响的主要原因如下：中国是世界上文明发达最早的国家之一, 拥有五千年灿烂文化历史。自古以来, 韩国崇拜文明发达的中国, 乃至深度模仿中国的一切。韩国实施"慕华事大"政策, 在"慕华事大"的政策下, 政治、经济、社会、教育等各方面都效仿古代中国。中国的文化广泛地渗进了韩国生活的各个方面, 很多教育机构应运而生, 中国文字和思想广为传播, 对《训民正音》创制原理以及韩语语音、词汇、语法、文字等许多方面产生了巨大影响，对韩国语言发展做出了很大贡献。

汉语几乎没有受到韩语影响的原因如下：古代，韩国仅有口语而没有可以记载的文字，在漫长的中韩语言文化的接触和交流中一直处于弱势。后来15世纪，韩国模仿中国的韵学和周易的理学来创制《训民正音》，《训民正音》的创造是今日韩文的始初。韩文是所有国家的文字创造以后弥补别的国家文字的缺点才创制的文字，在世界上文字的优秀性得到认可，包括中国在内的其他任何一个国家的文字都没有到韩文的受影响。

通过本论文研究探讨认识到从文明发达之前到21世纪现在，几千年的无数历史中韩两国在历史矛盾和冷战下，仍一起合作保持友好关系共存的事实，认识到两国的数千年的文化交流带来了中韩两国的经济、文化、语言等方面很大的发展，这是本人从研究中收获的第一点重要心得。而且本人通过调查得到中韩语言接触相互产生的影响，认识到中韩语言接触的不平衡现象和原因，是本人从研究中收获的第二点重要心得。

本人选定这个题目写论文的理由是现在登载的学术期刊或论文中关于汉韩语言接触的研究极少，并且现有的研究内容中尚未查明很多韩语对汉语产生影响的部分，而本人认为把这主题进行研究可能成为有独创性、有价值的研究。自古以来，因为韩国崇拜中国实施慕华思想，汉语对韩语产生的影响众多，而韩语对汉语没有产生过多的影响是不可避免的事实。因此，本人计划以后还要继续探讨关于韩语对汉语产生影响的持续研究，希望本论文能够促进汉韩语言研究的发展，对汉韩语言接触研究的学者有所帮助。

参考文献

中文文献

[1] 艾丽. 韩国汉字成语中的因素[D]. 解放军外国语学院, 2007, (1).

[2] 安华林. 语言学理论与训练[M]. 广州：暨南大学出版社, 2015.

[3] 奥丽佳. 汉俄语言接触研究[D]. 黑龙江大学博士学位论文, 2012.

[4] 把晓琳. 日语汉字的音读与汉语读音的辅音对应规律[J]. 华西语文学刊, 2013, (2).

[5] 白杨. 语言接触与语言变化的社会—心理语言学研究——以汉英语言接触产生的网络语言为例[D]. 西南大学, 2009.

[6] 边丽真. 中韩汉字词研究一一以同形异义词为中心[J]. 剑南大学, 2012, (12).

[7] 曹聪孙. 语言类型学与汉语的SVO和SOV之争[J]. 天津师大学报, 1996, (2).

[8] 曹云波. 中文句法对英文句法的影响研究[J]. 科教文汇, 2014, (11).

[9] 陈保亚. 语言接触与语言联盟[M]. 北京：语文出版社, 1996.

[10] 陈大为. 中古汉语声母、韵母相关问题讨论——基于汉越语的视角[J]. 科技信息, 2008, (11).

[11] 陈辉. 论早期东亚与欧洲的语言接触[D]. 浙江大学, 2006.

[12] 陈尚胜. 中韩交流三千年[M]. 北京：中华书局, 1997.

[13] 陈篼潞. 方块字[J]. 美文, 2016, (6).

[14] 陈志法. 韩国语汉字词词缀与汉语词缀的对比[D]. 延边大学, 2013, (6).

[15] 程丽霞. 语言接触、类推与形态化[J]. 外语与外语教学, 2004, (8).

[16] 储冰 对外汉语词汇教学中的固定用语教学[J]. 语文学刊, 2013, (12).

[17] 崔承一. 浅谈汉语的谓宾关系在朝鲜语中的直接对应格式[J]. 汉语学习, 1981, (4).

[18] 崔承一. 汉语述补(结果)宾谓语句在朝鲜语中的对应形式[J]. 延边大学学报, 1991, (2).

[19] 崔奉春. 朝汉语词汇对比[M]. 延吉：延边大学出版社, 1989.

[20] 崔红梅. 中古汉音牙音系浊音与韩日汉字音对比研究[D]. 中央民族大学, 2005.

[21] 崔红花. 汉韩日体词修饰词类对比研究[D]. 上海外国语大学, 2009.

[22] 崔惠玲. 韩国语词类学的历时研究[D]. 复旦大学, 2011.

[23] 崔松虎. 15世纪后期—17世纪初期朝鲜语的历时变化研究——以《杜诗谚解》初 ·

重刊本的比较为中心[D]. 延边大学, 2014.
[24] 崔永华. 汉字部件和对外汉字教学[J]. 语言文字应用, 1997, (3).
[25] 崔玉波. 汉韩语音对比和汉字音分析及对韩汉语语音教学研究[D]. 吉林大学硕士学位论文, 2007.
[26] 戴昭铭. 文化语言学导论[M]. 北京：语文出版社, 2005.
[27]董向荣. 中韩经济关系:不对称依赖及其前景[J]. 国际经济评论, 2013, (2).
[28] 方欣欣. 语言接触与双语研究的经典著作——Weinreich《语言的接触:已发现的与待解决的问题》[J]. 国外汉语教学动态, 2004, (3).
[29] 方一新. 中韩汉字词对比研究[D]. 浙江大学, 2010.
[30] 高玮. 汉韩语音对比与教学[J]. 现代语文(语言研究版), 2013, (9).
[31] 葛本仪. 语言学概念[M]. 济南：山东大学出版社, 2012.
[32] 耿晔强. 基于产品分类视角的中韩双边贸易动态增长研究[J]. 社会科学战线, 2016, (5).
[33] 郭圣林. 汉字的笔画特点与外国学生汉字笔画偏误[J]. 暨南大学华文学院学报, 2008 , (4).
[34] H. G. Widdowson. 社会语言学[M]. 上海：上海外语教育出版社, 2012.
[35] 韩江玲. 韩国汉字和汉字词研究[D]. 吉林大学博士学位论文, 2009.
[36] 韩振乾、金光洙. 中韩文化关系之力作——评李得春教授主编的《中韩语言文字关系史研究》[J]. 东疆学刊, 2007, (4).
[37] 贺国伟. 韩国语中的汉字源词及对韩汉语的词语教学[J]. 华东师范大学学报, 1998, (2).
[38] 何佳. 从语言接触角度研究汉语中的日语借词[J]. 现代语文, 2016, (3).
[39] 洪凯云. 汉韩语音比较与对韩汉语语音教学研究[J]. 沈阳师范大学学报(社会科学版), 2011, (5).
[40] 胡慧. 语言接触、中西文化交融与和谐文化建构[J]. 求索, 2007.
[41] 胡开宝. 汉外语言接触研究近百年:回顾与展望[J]. 外语与外语教学, 2006, (5).
[42] 胡兴莉. 汉语对英语影响研究:语言接触视角[J]. 南华大学学报, 2014, (4).
[43] 火兴彩. 浅析日汉同形词的偏误类型——基于《汉语词汇大纲》中的甲级双音节动词[J]. 现代语文, 2013, (9).
[44] 贾佚萌、马猛. 现代韩国语派生词与汉语派生词的对比研究[J]. 才智, 2010,(35).
[45] 季欣. 韩国语中韩源汉字词研究[D]. 中国人民解放军外国语学院, 2007.

[46] 金惠贞. 汉韩外来语对比分析研究[D]. 辽宁大学, 2015, (5).
[47] 金基石. 关于中韩语言对比的视角与方法[J]. 东北亚外语研究, 2013, (1).
[48] 金莲正. 中韩同形词对比研究[D]. 东北师范大学, 2009.
[49] 金喜成. 试论古代朝鲜语的助词[J]. 满族研究, 1991, (4).
[50] 金喜成. 试论古代朝鲜的"吏读"[J]. 满族研究1989, (4).
[51] 金鲜花. 日汉同素异序词比较研究[J]. 科教文汇, 2011, (2).
[52] 金秀昌. 汉韩辅音对比与韩国学生辅音偏误纠正[D]. 黑龙江大学, 2013.
[53] 金贞丹. 中韩成语对比研究[D]. 云南师范大学, 2007, (5).
[54] 金洙京. 中韩成语比较研究[D]. 山东大学, 2005, (5).
[55] 井米兰. 韩国汉字及俗字研究综述[J]. 延边大学学报, 2011, (1).
[56] 菊地良介. 汉日同形词的偏误分析及对日汉语教学[D]. 内蒙古师范大学, 2013.
[57] L. R. 帕默尔. 语言学概论[M]. 北京：商务印书馆出版社, 2013.
[58] 李冰. 汉日汉字词研究——兼谈对外汉语教学[J]. 汉语学习, 2008, (6).
[59] 李波. 语言类型学视野下的日汉语序对比研究[D]. 上海外国语大学, 2011.
[60] 李得春. 韩国汉字音声母系统的几个特征[J]. 延边大学学报, 2003, (1).
[61] 李得春. 朝鲜语汉字词和汉源词[J]. 民族语文. 2007, (5).
[62] 李海菊. 韩国语中的外来词词源研究[J]. 南昌教育学院学报, 2013, (11).
[63] 李虹. 日汉同形异义词及其教学问题[J]. 科技信息, 2011, (1).
[64] 李俊敏、李德高、马博森. 英语学习者英语屈折词和派生词识别加工中的差异[J]. 外语教学与研究, 2014, (6).
[65] 李凯. 汉语类型学研究中的几个问题[J]. 现代语文, 2011, (8).
[66] 李清萍. 从语言接触角度考察汉语中的日语借词[J]. 安徽文学, 2015, (6).
[67] 李香玲. 语言接触与文化融合交织出和谐文化[J]. 江苏外语教学研究, 2010, (2).
[68] 李英武. 古代中韩文化交流探析[J]. 东北亚论坛, 2005, (5).
[69] 梁溪仁. 韩国汉字的今昔[J]. 当代韩国, 1997, (3).
[70] 林美淑. 对韩汉语教学离合词研究[D]. 山东大学, 2005.
[71] 刘丹青. 语言类型学与汉语研究[J]. 世界汉语教学, 2003, (4).
[72] 刘侃侃、唐亮. 汉韩俗语文化语义差异解读[J]. 语文学刊, 2016, (5).
[73] 刘梦宇. 中韩汉字词对比及对策[J]. 佳木斯职业学院学报, 2016, (4).
[74] 刘明月.《现代汉语词典》(第5、6版)外来词研究[D]. 辽宁师范大学, 2014.
[75] 刘祥清. 语言接触与汉语音译词的形成与变化[J]. 湖南第一师范学院学报, 2013, (3).

[76] 卢思齐. 汉韩惯用语中颜色隐喻的对比研究——以“红、黑、白、黄、青”为例[D]. 山东大学, 2016.
[77] 卢卓群. 语言接触的文化背景[J]. 汉语学习, 1990, (4).
[78] 鲁昀. 汉语国际推广视角下的中韩语音对比研究[D], 山东大学, 2012.
[79] 罗常培. 语言与文化[M]. 北京：语文出版社, 1996.
[80] 罗天华. 语言类型学和我国语言学研究[J]. 北京教育学院学报, 2006, (4).
[81] 娄桂玲. 浅谈韩国语中的汉字词[J]. 中外企业家, 2010, (14).
[82] 吕永龙. 关于日语汉字读法的研究——以现代汉语拼音和日语汉字音读的对应关系为中心[D]. 大连海事大学, 2012.
[83] 马彪. 汉语语用词缀系统研究——兼与其他语言比较[M]. 北京：中国社会科学出版社, 2010.
[84] 马娟. 语言接触视域下的英语借词对汉语词汇的影响述评[J]. 科教导刊, 2014, (5).
[85] 马诗帆 语言接触与汉语[J]. 南开语言学刊, 2013, (1).
[86] 潘睿. 文化语言学视角下的汉韩惯用语[D]. 湖北师范学院, 2014.
[87] 彭嫵. 语言接触研究述评[J]. 新疆大学学报(哲学社会科学版), 2007, (2).
[88] 彭泽润. “正体字、副体字”和“简体字、繁体字”——从“识正书简”和“识繁写简”看汉字规范[J]. 彭泽润, 2009, (5).
[89] 朴原熙. 汉韩语音对比与汉语语音教学研究[D]. 东北师范大学硕士学位论文, 2008.
[90] 朴钟锦. 汉语言文字的传播及其对韩语言文字的影响[J]. 北京第二外国语学院学报, 1999, (1).
[91] 皮细庚. 汉字音读与汉字原音[J]. 外国语, 1996, (5).
[92] 朴初源.《新标准韩国语》中的中韩汉字词对比研究[D]. 浙江大学, 2010.
[93] 朴光海. 中韩文化交流的现状及问题[J]. 当代亚太, 2007, (7).
[94] 朴锦海. 从语言接触看汉语对朝鲜语的影响[J]. 语文学刊, 2010, (4).
[95] 朴庆珍. 中韩思想文化传播历史概述[J]. 散文百家, 2017, (1).
[96] 朴雅映. 韩国语中的汉字词研究[D]. 吉林大学, 2008.
[97] 齐琳. 中韩汉字词比较研究[J]. 考试周刊, 2009, (40).
[98] 齐沪扬. 现代汉语[M]. 北京：商务印书馆出版社, 2007.
[99] 齐欣. 中韩经济一体化趋势分析[D]. 中国地质大学, 2015.
[100] 钱叶萍、李维英. 汉语音的类型学比较[J]. 北京第二外国语学院学报, 2013, (4).

[101] 秋阳. 谁造方块字, 创开文明门?——汉字起源新说[J]. 文化遗产研究, 2014, (1).
[102] 曲辰. 语言类型学视角下的汉语和法语研究[D]. 上海外国语大学, 2012.
[103] 权恩珠. 汉韩连词比较研究[D]. 青岛大学, 2012.
[104] 任少英. 韩汉声韵比较[D]. 华东师范大学博士学位论文, 2003.
[105] 商洪博. 日汉同形词比较研究[D]. 对外经济贸易大学, 2006.
[106] 邵大艳. 汉俄语言接触研究[D]. 辽宁师范大学, 2012.
[107] 邵帅. 汉韩日源外来词对比研究[D]. 山东大学, 2012.
[108] 申东月. 汉字音对韩国语辅音系统的影响——论塞音和塞擦音送气不送气的对立[J]. 汉语学习, 2003, (6).
[109] 申东月. 汉韩语言接触对韩语语音发展的影响[J]. 民族语文, 2005, (6).
[110] 申东月. 汉日语言接触对日语辅音系统的影响[J]. 外语研究, 2007, (2).
[111] 申东月. 语言接触对语言结构的影响——以汉韩语言接触为例[J]. 北方语言论丛, 2011.
[112] 沈光浩、何林英. 语言接触对于汉语派生式新词语的影响[J]. 江西社会科学, 2015, (2).
[113] 宋洪民. 元代蒙、汉语言接触在喉音声母和复元音韵母上的表现——论蒙语音系对《蒙古字韵》标音体系的影响[J]. 中国语文, 2017, (2).
[114] 宋兆祥. 中上古汉朝语研究[D]. 华中科技大学, 2008.
[115] 隋瑶、胡晓研. 试论韩国语中的汉字词[J]. 商业文化, 2012, (2).
[116] 孙皓. 韩汉两语音韵体系的对比分析——以中国学习者的发音偏误为中心[D]. 大连大学硕士研究生学位论文, 2007.
[117] 孙金秋. 类型学视角下的汉韩数量短语语序历时比较[J]. 东北亚外语研究, 2017, (1).
[118] 田丽丽. 语言接触视域中的英汉借词比较研究[D]. 中南大学, 2007.
[119] 万玲华. 中日同字词比较研究[D]. 华东师范大学, 2004.
[120] 王金东. 日汉外来语的吸收方式比较[J]. 佳木斯职业学院学报, 2016, (7).
[121] 王金玲. 语言接触视角下的韩汉同形异义词研究[J]. 四川省干部函授学院学报, 2017, (1).
[122] 王晓. 从语言接触的角度分析当代汉语中的日语借词[J]. 日语学习与研究, 2009, (4).
[123] 王延红. 首尔大学零起点——速成韩国语[M]. 北京：外语教学与研究出版社,

2013.
[124] 王艳峰. 韩国语中"吏读"、"谚文"与汉字的关系探析[J]. 忻州师范学院学报, 2014, (1).
[125] 王增艳. 汉英语言音节的比较[J]. 科学之友, 2005, (5).
[126] 文美振. 从语言接触看汉语成语对韩语与其成语的影响[J]. 南京航空航天大学学报(社会科学版), 2005, (4).
[127] 吴安其. 语言接触对语言演变的影响[J]. 民族语文, 2004, (1).
[128] 吴芳. 汉俄成语对比及翻译[D]. 黑龙江大学, 2003.
[129] 吴菲. 日汉英语言合璧语音教学研究[D]. 吉林大学, 2007.
[130] 吴建伟、潘艳艳. 英、汉、日运动事件动词的句法——语义比较研究[J]. 外语研究, 2017, (2).
[131] 吴倩. 汉韩韵母对比分析及对韩汉语韵母教学研究[D]重庆师范大学, 2013.
[132] 乌日勒. 汉韩语音比较与对韩语语音教学探析[J]. 高考(综合版), 2013, (10).
[133] 夏莲. 语言接触和语言迁移——试论英汉语言的相互影响[D]. 上海海事大学, 2004.
[134] 肖蓉. 试论汉日同形词词义的异同[J]. 湖北科技学院学报, 2014, (6).
[135] 许璧. 朝鲜语中的汉字词——论汉语和日本语对朝鲜语的影响[J]. 汉语学习, 1991, (2).
[136] 徐灿. 汉日同形词的来源[J]. 中国外资, 2011, (16).
[137] 徐大明、陶红印、谢天蔚. 当代社会语言学[M]. 北京：中国社会科学出版社, 2012.
[138] 徐来娣. 社会语言学视角下的汉俄词汇接触研究[J]. 学海, 2012, (6).
[139] 徐敏、彭艳青. 新时期英汉语言接触对汉语词汇系统的影响[J]. 哈尔滨师范大学社会科学学报, 2015, (3).
[140] 徐通锵、胡吉成. 语言学纲要——学习指导书[M]. 北京：北京大学出版社, 2008.
[141] 徐厦荣. 文化语言学视角下的汉韩谚语对比研究[D]. 复旦大学, 2009.
[142] 薛杏丽. 对于通过日汉对比确定日语语法教学的重点及难点分析[J]. 佳木斯职业学院学报, 2014, (9).
[143] 许玉岭. 汉日量词比较研究[D]. 天津师范大学, 2007.
[144] 药盼盼、李妮、陈宝国. 词根频率对汉语母语者英语屈折词和派生词表征方式的影响[J]. 外语教学与研究, 2012, (5).

[145] 杨畅. 日汉语言语法隐喻的比较研究[D]. 南京农业大学, 2010.

[146] 杨丹. 韩语汉字音和汉语的语音比较[D]. 四川师范大学, 2015.

[147] 杨红. 日语含有形容词的存在句的连续性一一从语言类型学角度解释[J]. 成都师范学院学报, 2013, (2).

[148] 杨立国、佟葳. 中日成语 · 谚语的文化属性[J]. 海外英语, 2016, (8).

[149] 杨昭金. 我的中朝、中韩关系史研究[J]. 朝鲜—韩国历史研究, 2009.

[150] 叶蜚声、徐通锵. 语言学纲要[M]. 北京：北京大学出版社, 2007.

[151] 益岡隆志、陈燕青. 日语被动句及其语言类型学特征[J]. 汉日语言对比研究论丛, 2016, (1).

[152] 应骥. 试析日语汉字音读及其汉语读音[J]. 日语学习与研究, 1997, (1).

[153] 应李淑. 语言接触和词汇替换——以瑞安方言为个案[D]. 温州大学, 2011.

[154] 遇笑容. 汉语语法史中的语言接触与语法变化[J]. 汉语史学报, 2004.

[155] 余志鸿. 语言接触与语言结构的变异[J]. 民族语文, 2000, (4).

[156] 元莲仙. 汉韩语言对比研究及在对韩汉语教学中的应用[D]. 南开大学, 2010.

[157] 袁咏. 社会变化与语言接触类型及变异探究[J]. 新疆社会科学, 2013, (5).

[158] 赵江民. 试论语言接触的语外和语内因素[J]. 新疆社会科学, 2013, (6).

[159] 赵杰. 语言接触与推挤式义变——论汉语对朝鲜语、韩国语持久影响的语义消化规律[J]. 北方语言论丛, 2011.

[160] 赵艳平. 语言接触影响汉语词缀的方式[J]. 河北大学学报(哲学社会科学版), 2014, (2).

[161] 赵爱国. 语言文化学方法论[J]. 外语与外语教学, 2017, (11).

[162] 赵艳平. 语言接触影响汉语词缀的方式[J]. 河北大学学报, 2014, (2).

[163] 赵祎男. 关于日语二外教学中的日汉同形词[J]. 科技视界, 2017, (2).

[164] 张帆、李晓平. 方块字[J]. 新语文学习, 2013, (4).

[165] 张嘉星. 汉语与亚洲、欧洲语言的接触与交流国际学术研讨会简述[J]. 闽台文化交流, 2012, (31).

[166] 张娟娟. 论中英文化差异对汉英语言形式及语词含义的影响[D]. 成都理工大学, 2005.

[167] 张竞婷. 国内语言接触研究综述[J]. 合肥学院学报(社会科学版), 2012, (5).

[168] 张孔彰、任国钧. 汉语方块字的优越性与其世界地位[J]. 山西农业大学学报, 2002, (1).

[169] 张苹英. 英汉语言接触中英语在句法层面对汉语的影响[J]. 重庆文理学院学报, 2015, (3).

[170] 张晓曼. 试论中韩语言的接触[J]. 语言研究, 2002, (1).

[171] 张晓曼. 试论中韩语言接触及中韩音韵关系[J]. 山东大学学报(哲社版), 2004, (4).

[172] 张天宇、周桂君. 近现代中英语言接触与汉语词汇借用[J]. 外语学刊, 2016, (1).

[173] 张伟、李冰. 关于语言接触的心得[J]. 中国校外教育, 2010, (8).

[174] 张延国、郝树壮. 社会语言学研究方法的理论与实践[M]. 北京：北京大学出版社, 2008.

[175] 张有志. 中韩汉字词比较考察一一以同形异义语为中心[J]. 才智, 2010, (3).

[176] 郑莲香. 汉英语言词汇文化差异比较[J]. 上饶师范学院学报, 2006, (1).

[177] 郑阳寿. 试论韩语词汇的组成类型及结构特点[J]. 百色学院学报, 2010, (4).

[178] 郑泽芝. 字母词语与汉语文字系统[J]. 厦门大学学报, 2010, (6).

[179] 周刚. 汉、英、日语连词语序对比研究及其语言类型学意义[J]. 语言教学与研究, 2001, (5).

[180] 周瑾. 接触语言学视角下英语中的汉语借词研究[J]. 西部素质教育, 2017, (4).

[181] 周婷婷. 从中韩文化对比看中韩语言差异——以语构、语义、语用文化为中心[J]. 人文高地, 2015, (28).

[182] 周樱格. 汉语辅音[z]、[c]、[s]、[zh]、[ch]、[sh]与日语汉字音读的比较研究[D]. 南京农业大学, 2008.

[183] 宗艳艳. 韩国语中的汉字词与汉语词汇的比较研究[J]. 科技信息, 2010, (25).

[184] 邹晓玲. 语言接触：一个多维度的分析路径[J]. 思想战线, 2012, (4).

外文文献

[1] 김경선. 중한 언어차이와 문법[D]. 이화여자대학교, 2006.

[2] 김동소. 중세 한국어의 종합적 연구 : 표기법과 음운 체계[J], 한글학회, 1996, (3).

[3] 金美英. 韓中常用四字成語比較硏究—意味 · 形態를 中心으로—[D]. 慶星大學校, 2004.

[4] 김영사. 우리말의 수수께끼——의혹은 왜 생기는 것일까?[M], 2002. (4).

[5] 김용만、신병주. 인물한국사. 네이버지식백과, 2011, (4).

[6] 金浩順. 中國文字의 發生과 發展樣相 考察[D]. 全州大學校, 2010.

[7] 곡녕녕. 韓 · 中 四字成語 對照硏究[D]. 의미 · 형태 · 어법 구조를 中心으로, 경희대학교, 2010.

[8] 등아연. 韩中俗语中动物象征意义对比研究—以韩国俗谈和中国成语为中心 —[D]. 건국대학교, 2012.

[9] 純菱. 現代 中國語와 韓國 漢字語 對照 硏究[D]. 韓國外國語大學校, 2006.

[10] LIU SIYANG. 중국인의 한국어 한자어 발음에 미치는 중국어 성조의 영향:동형 동의어를 중심으로[D]. 경희대학교, 2011.

[11] 劉暢. 한국어 발음교육을 위한 한 · 중 음운 비교[D]. 昌原大學校, 2012.

[12] 鹿一奔. 한 · 중 사자성어의 통사 · 의미에 대한 대조 연구[D]. 국민대학교, 2011.

[13] 미설. 중국어 성조가 한국어 동형 한자어 발음에 미치는 영향 연구[D]. 한국외국어대학교, 2013.

[14] 文英喜. 한국어와 한국어의同素逆词 이음절어 비교연구[D]. 이화여자대학교, 2001.

[15] 문영희. 한국어에 수용된 중국어 聯綿語에 대한 연구[D]. 이화여자대학교, 2014.

[16] 朴恩用. 中國語가 韓國語에 미치는 影響——音韻篇[J]. 暁大論文集, 1970.

[17] 朴玉花. 日本語 · 韓國語 · 中國語의 漢字接尾辭에 관한 고찰—人間指稱漢字接尾辭를 중심으로—[D]. 崇實大學校, 2010.

[18] 박재홍. 가로짜기 글줄기준선을 적용한 한글 글자틀 구조 연구[D]. 서울대학교, 2013.

[19] 백설영. 한국 고유한자에 대한 연구[D]. 한양대학교, 2013.

[20] 백은희. 언어 유형학적 관점에서 본 중국어의 수 범주[J]. 韩国中国文学会, 2009.

[21] 서승아. 중국인 학습자의 한국어 발음 교육 연구 : 자음과 모음을 중심으로[J]. 우석대학교, 2010.

[22] 서정범. 음운의 국어사적 연구[D]. 유씨엘아이엔씨, 2005.

[23] 仇美琳. 한국어와 중국어의 음운대조와 발음 교육 방안[J]. 東新大學校, 2014.

[24] 蘇暢. 한국어와 중국어 어순의 유형론적 대조연구—영어의 어순과 관련하여—[D]. 전남대학교, 2015.

[25] 손금추. 한 · 중 어순에 대한 유형론적 연구—명사구, 합성명사, 부치사구를 중심으로—[D]. 경희대학교, 2011.

[26] 송성재. 한글 타이포그래피——한글 글꼴의 기원[M]. 커뮤니케이션북스, 2013, (2).

[27] 왕방. 중 · 한 속담 비교연구[J]. 한서대학교, 2012.

[28] 武鵬宇. 한국 국자(國字)에 대한 고찰[D]. 成均館大學校, 2017.

[29] 이기문. 국어음운사연구[D]. 국어학회, 1990.

[30] 이소영. 한국어 교육에서의 외래어 수용 양상과 변천과정[D]. 건국대학교, 2012.

[31] 李成九. 训民正音解例의哲学思想에 관한 研究—易理와 性理学을 중심으로—[D]. 明知大學校, 1984.

[32]이응백、김원경、김선풍. 국어국문학자료사전[M]. 한국사전연구사, 1994,(8).

[33] 윤슬비. 한국어 학습자의 언어문화적 배경에 따른 언어표현 양상 분석 연구[D]. 이화여자대학교, 2015.

[34] WANGMENG. 중국 국내 학습자를 위한 관용어,속담 교육 현황 분석 및 교육 방안 연구[D]. 경희대학교, 2011.

[35] 汪夢覺. 韓 · 中俗談比較研究[D]. 釜山外國語大學校, 2007.

[36] 赵林. 韩汉四字成语的比较研究[D]. 건국대학교, 2014.

[37] 조제은. 한국어와 중국어 음소대조분석을 통한 중국어 발음지도 연구[D]. 이화여자대학교, 2007.

[38] 齐沪扬. 现代汉语[M]. 商务印书馆出版, 2007, (1)

[39] 장경평. 한국어와 중국어의 음운현상 비교 연구—자음과 관련된 현상을 중심 으로—[D]. 강릉원주대학교, 2014.

[40] 张楠. 한중문화교류—수교 이후의 현황과 전망—[D]. 목포대학교, 2015.

[41] 장러. 한 · 중 외래어 수용 방식에 따른 한국어 외래어 교육 방안 연구[D]. 부산대학교, 2012.

[42] 鄭有眞. 중국어와 한국 한자어 비교분석—語彙를 中心으로—[D]. 東國大學校, 2002.

[43] 鄒皓. 韓 · 中四字成語대조 연구[D]. 成均館大學校, 2015.

[44] 董磊. 中韩汉字词比较研究——以同形异义词为中心[D]. 한서대학교, 2012.
[45] 최남희. 고려 향가의 차자표기법 연구[D]. 건국대학교, 1985.
[46] 최란화. 중국어 영향에 의한 연변지역 한국어의 변화[D]. 전남대학교, 2010.
[47] 崔美真. 中韩文化의 交流现状과 课题——"韩流"现象을 중심으로[D]. 大邱大學校, 2002.
[48] 최성규. 차자표기 자료의 격조사 연구—삼국시대부터 고려시대까지를 중심으로—[D]. 서울대학교, 2016.
[49] 최은정. 훈민정음 창제원리에 나타난 음양오행사상을 형상화한 실험적 한글 서체 개발[D]. 이화여자대학교, 2010.
[50] 하정수. 한국한자어사전_의 음독구결[D]. 檀國大學校, 2016.
[51] 한림학사. 통합논술 개념어사전 : 삼국의 언어생활[M]. 청서출판사, 2007, (12).

附 录

附录一. 韩语汉字词表

1. 同形同义词

家具(가구)	家庭(가정)	歌手(가수)	家族(가족)
價格(가격)	加入(가입)	歌謠(가요)	價值(가치)
可能性(가능성)	加速化(가속화)	加濕器(가습기)	期間(기간)
記憶(기억)	機器(기계)	機關(기관)	紀念(기념)
企業(기업)	紀念日(기념일)	技能(기능)	記錄(기록)
基準(기준)	氣溫(기온)	機會(기회)	基本(기본)
季節(계절)	計劃(계획)	故宮(고궁)	期待(기대)
教室(교실)	教授(교수)	科目(과목)	軍人(군인)
共同(공동)	近處(근처)	結婚(결혼)	公演(공연)
感謝(감사)	劇場(극장)	公園(공원)	各各(각각)
科學(과학)	各自(각자)	管理(관리)	各種(각종)
關心(관심)	褐色(갈색)	僑胞(교포)	强盜(강도)
國旗(국기)	決心(결심)	國立(국립)	競技(경기)
顧客(고객)	姑母(고모)	教會(교회)	經費(경비)
國際(국제)	景致(경치)	軍隊(군대)	高級(고급)
今年(금년)	禁止(금지)	高速(고속)	祈禱(기도)
空間(공간)	技術(기술)	空氣(공기)	缺席(결석)
警察(경찰)	經驗(경험)	繼續(계속)	公務員(공무원)
教訓(교훈)	國家(국가)	國內(국내)	國土(국토)
菊花(국화)	克服(극복)	禁忌(금기)	今日(금일)
氣候(기후)	緊張(긴장)	懇請(간청)	甲骨文字(갑골문자)
開講(개강)	改良(개량)	開放(개방)	介入(개입)
客觀(객관)	建國(건국)	健忘癥(건망증)	謙遜(겸손)
契約(계약)	契約金(계약금)	契約書(계약서)	固執(고집)
恭敬(공경)	供養米(공양미)	工場(공장)	公害(공해)
果然(과연)	慣例(관례)	關節炎(관절염)	購買(구매)
驅迫(구박)	區分(구분)	構造(구조)	國防(국방)

規則(규칙)	根據(근거)	祈禱(기도)	祈願(기원)
記者(기자)	基礎(기초)		

難關(난관)	男女老少(남녀노소)	男性(남성)	綠色(녹색)
農法(농법)	農事(농사)	農藥(농약)	錄音(녹음)
暖爐(난로)	內科(내과)	內容(내용)	努力(노력)
樂觀(낙관)	鹿茸(녹용)	農產物(농산물)	能力(능력)
男性(남성)	男女(남녀)		

對話(대화)	登山(등산)	多數(다수)	大衆(대중)
大使館(대사관)	大學生(대학생)	圖書館(도서관)	登山(등산)
豆腐(두부)	多樣(다양)	多情(다정)	都市(도시)
童話(동화)	多樣化(다양화)	短髮(단발)	端午(단오)
斷絕(단절)	斷定(단정)	團體(단체)	短縮(단축)
擔當(담당)	當然(당연)	大概(대개)	大亂(대란)
大量(대량)	大陸(대륙)	代理(대리)	大門(대문)
大眾(대중)	大型(대형)	道路(도로)	途中(도중)
圖表(도표)	獨特(독특)	動機(동기)	同僚(동료)
東洋畫(동양화)	冬季(동지)	頭痛藥(두통약)	登記(등기)
登錄(등록)	登場(등장)	蛋白質(단백질)	答禮(답례)
大監(대감)	大廳(대청)	代表(대표)	洞窟(동굴)
動物學者(동물학자)	東方禮儀之國(동방예의지국)		

滿員(만원)	漫畫(만화)	免稅店(면세점)	滅種(멸종)
名聲(명성)	武術(무술)	武藝(무예)	無限(무한)
物質(물질)	民間療法(민간요법)	民族(민족)	滿足(만족)
末伏(말복)	媒體(매체)	面積(면적)	名譽(명예)
名畫(명화)	模型(모형)	目的(목적)	目標(목표)
無視(무시)	無條件(무조건)	文書(문서)	文字(문자)
問題(문제)	物價(물가)	未來(미래)	微笑(미소)

未婚(미혼)	民俗(민속)	文化(문화)	美術館(미술관)
民俗村(민속촌)	貿易(무역)	文學(문학)	牧師(목사)
命令(명령)	魅力(매력)		

父母(부모)	本來(본래)	附近(부근)	部分(부분)
佛教(불교)	排球(배구)	博物館(박물관)	博士(박사)
方法(방법)	放送(방송)	妨害(방해)	背囊(배낭)
普通(보통)	秘密(비밀)	反對(반대)	半額(반액)
發生(발생)	發展(발전)	發表(발표)	發行(발행)
發揮(발휘)	訪問(방문)	方向(방향)	犯罪(범죄)
法院(법원)	法學(법학)	便秘(변비)	變化(변화)
報告(보고)	補償(보상)	補完(보완)	保證(보증)
保護(보호)	複雜(복잡)	本名(본명)	本文(본문)
本質(본질)	負擔(부담)	不道德(부도덕)	不分(부분)
否定(부정)	分明(분명)	不可能(불가능)	不可思議(불가사의)
佛教(불교)	悲觀(비관)	費用(비용)	批判(비판)
反復(반복)	反省(반성)	頒佈(반포)	發明(발명)
方位(방위)	百姓(백성)	變更(변경)	補藥(보약)
補助(보조)	保存(보존)	補充(보충)	普遍(보편)
服用(복용)	封套(봉투)	不動產(부동산)	富裕(부유)
貧血(빈혈)	不滿(불만)	不安(불안)	比較(비교)
秘密(비밀)	拍手(박수)	發見(발견)	發音(발음)
夫婦(부부)	發表(발표)	方法(방법)	方向(방향)
背景(배경)	復習(복습)		

選手(선수)	稅金(세금)	少女(소녀)	謝禮(사례)
事實上(사실상)	事項(사항)	三角關係(삼각관계)	三國時代(삼국시대)
森林(삼림)	上昇(상승)	象徵(상징)	象形文字(상형문자)
狀況(상황)	生薑(생강)	生存(생존)	庶民(서민)
書籍(서적)	石油(석유)	石炭(석탄)	選定(선정)
盛代(성대)	承認(성인)	誠意(성의)	成長(성장)

世代(세대)	疏通(소통)	手術(수술)	水蒸氣(수증기)
宿所(숙소)	純粹(순수)	市內(시내)	示範(시범)
神經痛(신경통)	申告(신고)	身份證(신분증)	神聖(신성)
信號(신호)	神話(신화)	失敗(실패)	深刻(심각)
思考(사고)	沙漠(사막)	私生活(사생활)	使用(사용)
思維(사유)	產業(산업)	三面(삼면)	想像(상상)
商店(상점)	狀態(상태)	署名(서명)	西洋畫(서양화)
碩士(석사)	船舶(선박)	仙人掌(선인장)	選擇(선택)
成功(성공)	性能(성능)	性別(성별)	世界(세계)
消費(소비)	消化劑(소화제)	俗語(속어)	消費(소비)
手段(수단)	數量(수량)	壽命(수명)	水產物(수산물)
水準(수준)	垂直(수직)	收集(수집)	順序(순서)
濕氣(습기)	習得(습득)	時間(시간)	市民(시민)
設施(시설)	植物園(식물원)	食品(식품)	神奇(신기)
迅速(신속)	身體(신체)	新婚夫婦(신혼부부)	室內(실내)
實力(실력)	失望(실망)	實績(실적)	實際(실제)
獅子(사자)	箱子(상자)	創傷(상처)	商品(상품)
生辰(생신)	生活(생활)	生活費(생활비)	西洋(서양)
說明(설명)	燒酒(소주)	速度(속도)	首都(수도)
手機(수집)	習慣(습관)	申請(신청)	新婚(신혼)
信號燈(신호등)	心理(심리)	詞典(사전)	蔘雞湯(삼계탕)
生日(생일)	手巾(수건)	手冊(수첩)	市場(시장)
數學(수학)	新郎(신랑)	詩人(시인)	成績(성적)

眼鏡(안경)	旅行(여행)	練習(연습)	鉛筆(연필)
外國(외국)	雨傘(우산)	牛奶(우유)	郵票(우표)
運動(운동)	有名(유명)	銀行(은행)	飲食(음식)
椅子(의자)	理由(이유)	危險(위험)	旅館(여관)
年末(연말)	禮節(예절)	人參(인삼)	眼科(안과)
眼藥(안약)	軟膏(연고)	聯絡(연락)	連休(연휴)
英語(영어)	藝術(예술)	外出(외출)	憂鬱(우울)

留學(유학)	姨母(이모)	以上(이상)	利用(이용)
人氣(인기)	入學(입학)	顏色(안색)	安全(안전)
鞍裝(안장)	暗稱(애칭)	野生動物(야생동물)	野外(야외)
野遊會(야유회)	藥材(약재)	陽曆(양력)	諒解(양해)
嚴格(엄격)	業務(업무)	歷史學(역사학)	連接(연결)
演技(연기)	聯絡(연락)	沿岸(연안)	熱帶(열대)
閱覽室(열람실)	列車(열차)	映像(영상)	影響(영향)
預防(예방)	預想(예상)	預約(예약)	禮儀(예의)
豫定(예정)	預測(예측)	誤解(오해)	溫度(온도)
溫泉(온천)	溫和(온화)	完成(완성)	完全(완전)
外交(외교)	外貌(외모)	要領(요령)	友情(우정)
運行(운행)	原來(원래)	危機(위기)	由來(유래)
幼稚(유치)	流行(유행)	陰曆(음력)	音樂(음악)
疑心(의심)	依存(의존)	衣食住(의식주)	意志(의지)
異國(이국)	移民(이민)	理性(이성)	理解(이해)
若干(약간)	飮料(음료)	差異(차이)	以前(이전)
離婚(이혼)	以後(이후)	日常(일상)	妊娠(임신)
入院(입원)	印象(인상)	印刷(인쇄)	人員(인원)
日較差(일교차)	一等(일등)	一時(일시)	一周(일주)
日出(일출)	臨時(임시)	立場(입장)	立春(입춘)
握手(악수)	曖昧(애매)	抑制(억제)	業績(업적)
逆境(역경)	狂熱(열광)	營養(영양)	英雄(영웅)
永遠(영원)	污染(오염)	溫室(온실)	王族(왕족)
外科(외과)	外來語(외래어)	要求(요구)	浴室(욕실)
龍宮(용궁)	用語(용어)	偶然(우연)	憂鬱症(우울증)
怨望(원망)	圓形(원형)	危急(위급)	偉大(위대하다)
委任(위임)	儒教(유교)	有無(유무)	唯一(유일)
類型(유형)	恩惠(은혜)	音節(음절)	飮酒(음주)
應用(응용)	義務(의무)	意義(의의)	醫學(의학)
以熱制熱(이열치열)	人類(인류)	因緣(인연)	認定(인정)
日記(일기)	一例(일례)	日程(일정)	

資金(자금)	姐妹(자매)	資源(자원)	作用(작용)
長期(장기)	葬禮(장례)	長壽(장수)	裝飾(장식)
材料(재료)	災殃(재앙)	全部(전부)	第一(제일)
折半(절반)	秩序(질서)	店員(점원)	製品(제품)
終日(종일)	主要(주요)	主題(주제)	重要(중요)
自由(자유)	症狀(증상)	暫時(잠시)	積極(적극)
地點(지점)	全世界(전세계)	轉換(전환)	絕對(절대)
絕望(절망)	漸次(점차)	接近(접근)	接觸(접촉)
精巧(정교)	精密(정밀)	征伐(정벌)	政府(정부)
正式(정식)	提供(제공)	祭祀(제사)	綜合(종합)
主管(주관)	廚房(주방)	主食(주식)	土演(주연)
主張(주장)	住宅(주택)	即位(즉위)	憎惡(증오)
地球(지구)	直面(직면)	真心(진심)	真情(진정)
嫉妒(질투)	刺戟(자극)	自己(자기)	資料(자료)
仔細(자세)	自信(자신)	自然(자연)	自信感(자신감)
自尊心(자존심)	壯觀(장관)	將來希望(장래희망)	財產(재산)
適當(적당)	全額(전액)	絕壁(절벽)	節約(절약)
整理(정리)	情報(정보)	精誠(정성)	精神(정신)
正直(정직)	政治(정치)	正確(정확)	提案(제안)
條件(조건)	調查(조사)	祖上(조상)	調節(조절)
尊敬(존경)	坐席(좌석)	周年(주년)	周邊(주변)
注意(주의)	準備(준비)	中立(중립)	重複(중복)
重要(중요)	增加(증가)	證明(증명)	支給(지급)
知識(지식)	地域(지역)	支援(지원)	直線(직선)
職業(직업)	直接(직접)	集中(집중)	全國(전국)
專用(전용)	全體(전체)	傳統(전통)	正常(정상)
庭院(정원)	助教(조교)	注射(주사)	住所(주소)
中心(중심)	中央(중앙)	職員(직원)	炸醬麵(자장면)
雜誌(잡지)	場所(장소)	電話(전화)	週末(주말)
地圖(지도)	地下(지하)	宗教(종교)	

治療(치료)	體重(체중)	最初(최초)	撮影(촬영)
寢室(침실)	稱讚(칭찬)	車票(차표)	錯覺(착각)
参考(참고)	創造(창조)	責任(책임)	處理(처리)
哲學(철학)	體驗(체험)	最近(최근)	出國(출국)
出勤(출근)	出演(출연)	出入(출입)	出戰(출전)
出版物(출판사)	取消(취소)	親近(친근)	就業率(출연료)
侵害(침해)	初級(초급)	祝賀(축하)	親切(친절)
天才(천재)	清掃(청소)	體格(체격)	體育(체육)
追憶(추억)	出口(출구)	出發(출발)	就職(취직)
親戚(친척)	倉庫(창고)	創製(창제)	創造(창조)
冊封(책봉)	處女(처녀)	鐵粉(철분)	青年(청년)
體系(체계)	體溫(체온)	體操(체조)	初期(초기)
最少化(최소화)	趨勢(추세)	推薦(추천)	祝福(축복)
祝祭(축제)	忠告(충고)	衝動(충동)	充足(충족)
沉沒(침몰)			

討論(토론)	誕生(탄생)	碳水化物(탄수화물)	太陽熱(태양열)
土壤(토양)	統計(통계)	痛癥(통증)	投資(투자)
態度(태도)	太陽(태양)	颱風(태풍)	通信(통신)
統制(통제)	特性(특성)	特異(특이)	跆拳道(태권도)
太極旗(태극기)	特別(특별)	特徵(특징)	

表情(표정)	表現(표현)	疲勞(피로)	避暑(피서)
被害(피해)	包裝(포장)	包括(포함)	葡萄(포도)
偏見(편견)	平日(평일)	筆筒(필통)	便利(편리)
評價(평가)	平凡(평범)	暴雨(폭우)	瀑布(폭포)
必要(필요)	必需品(필수품)	破壞力(파괴력)	編纂(편찬)
平素(평소)	暴食(폭식)	表音文字(표음문자)	品目(품목)
豐富(풍부)	豐盛(풍성)	風水地理(풍수지리)	豐饒(풍요)

學校(학교)	學生(학생)	學生證(학생증)	韓服(한복)

幸福(행복)	學習(학습)	香氣(향기)	紅茶(홍차)
畵家(화가)	花盆(화분)	會員(회원)	學期(학기)
合格(합격)	海外(해외)	華麗(화려)	確認(확인)
歡迎(환영)	患者(환자)	灰色(회색)	後悔(후회)
學科(학과)	合理(합리)	解決(해결)	海洋(해양)
行動(행동)	幸運(행운)	虛僞(허위)	革命(혁명)
現金(현금)	現實(현실)	現在(현재)	形式(형식)
形態(형태)	湖水(호수)	混亂(혼란)	畵廊(화랑)
火山(화산)	化妝(화장)	化妝品(화장품)	貨幣(화폐)
環境(환경)	回信(회신)	會議(회의)	效果(효과)
休假(휴가)	希望(희망)	學期(학기)	學問(학문)
學者(학자)	漢字(한자)	解答(해답)	解熱劑(해열제)
現代社會(현대사회)	血壓循環(혈액순환)	兄嫂(형수)	兄弟(형제)
護身術(호신술)	婚禮(혼례)	混雜(혼잡)	洪水(홍수)
和解(화해)	擴張(확장)	歡送會(환송회)	會費(회비)
孝女(효녀)	效率(효율)	孝子(효자)	後援(후원)

2. 同形异义词

中国汉字词	韩国汉字词	韩语	韩国汉字词意义
汽车	汽車	기차	火车
教练	教練	교련	操练。训练
功夫	功夫	공부	学习
客气	客氣	객기	血性。意气
讲究	講究	강구(하다)	谋求
结束	結束	결속	团结
结实	結實	결실	结果。成果。果实。成就
老婆	老婆	노파	老太婆。奶奶
大家	大家	대가	大师。宗匠

敷衍	敷衍	부연	附言(附带地加以说明、补充说明)
非常	非常	비상	着急
本事	本事	본사	根本的事情
事情	事情	사정(하다)	处境。 请求。恳求
小心	小心	소심(하다)	谨小慎微
小子	小子	소자	对弟子的爱称。儿子对父母的自谦语
水平	水平	수평	地面平坦
新闻	新聞	신문	报纸
有数	有數	유수	有定数。屈指可数
演出	演出	연출	导演。执导
一道	一道	일도	一条路。一个道理
地方	地方	지방	除了首尔以外的其他地区
操心	操心	조심	小心
作业	作業	작업	工作单位布置给工人的任务。男人追求女人的行为(新的意义)
点心	點心	점심	午饭
接着	接著	접착	黏着。附着
中学	中學	중학	初中
悄悄	悄悄	초초(하다)	忧心如焚
清楚	淸楚	청초(하다)	清秀。清丽
便宜	便宜	편이	方便。便利。简便
后头	後頭	후두	后脑
学院	學院	학원	补习班
合同	合同	합동	联合。共同。联袂
行业	行業	행업	修炼佛道。善恶的行为

3. 异形同义词

中国汉字词	韩国汉字词	韩文词形
估量	假量	가량
房屋	家屋	가옥
家用电器	家電製品	가전제품
客厅	居室	거실
交易处	去來處	거래처
高级中学	高等學校	고등학교
辛苦	苦生	고생
成员	構成員	구성원
交通。交通情况	交通便	교통편
交通堵塞	交通滯症	교통체증
宿舍	寄宿舍	기숙사
过度消费	誇消費	과소비
饼干	菓子	과자
举办	開催	개최
鸡蛋	鷄卵	계란
账户	計座	계좌
零食	間食	간식
护士	看護士	간호사
感冒药	感氣藥	감기약
欣赏	感賞	감상
礼堂	講堂	강당
简化。精简	簡素化	간소화
强国	强大國	강대국
笔记本	空冊	공책
谦恭。恭顺	恭遜	공손(하다)
公用电话	公衆電話	공중전화
公共费用	公共料金	공공요금
婚礼	結婚式	결혼식

决赛	決勝戰	결승전
检索语	檢索語	검색어
情况	境遇	경우
警察	警察官	경찰관
奖品	景品	경품
入场费	觀覽料	관람료
工作单位	勤務處	근무처
金戒指	金半指	금반지
马上	今方	금방
公用收费	公課金	공과금

老小伙子。老光棍	老總角	노총각
明天	來日	내일
明细	內譯	내역
明年	來年	내년
涂鸦	落書	낙서
兄弟姐妹	男妹	남매
丈夫。老公	男便	남편
篮球	籠球	농구
玩笑。笑话	弄談	농담
效率	能率	능률
冰箱	冷藏庫	냉장고
冷水池	冷湯	냉탕

盗窃	盜難	도난
到达	到着	도착
到达目的地	到着地	도착지
对待	待接	대접
回答	對答	대답
大雪注意警报	大雪注意報	대설주의보
代替	代身	대신

货款	貸出	대출
缺点	短點	단점
粉条	唐麵	당면
中奖	當籤	당첨
惊慌。慌张	唐慌	당황
多亏	德分	덕분
重感冒	毒感	독감
童话书	童話冊	동화책
同学	同窓	동창

样了	模樣	모양
舞蹈	舞踊	무용
免费	無料	무료
对不起	未安	미안
每次	每番	매번
收买。收购	買收	매수
小卖店。小铺	賣店	매점
脱销。卖光	賣盡	매진
饺子	饅頭	만두
钢笔	萬年筆	만년필
面试	面接	면접
节日	名節	명절
风水宝地	明堂	명당
名片	名銜	명함
星期四	木曜日	목요일
文具店	文房具	문방구
文物。文化遗产	文化財	문화재
探病	問病	문병
民宿	民泊	민박
啤酒	麥酒	맥주

拜托	付託	부탁
演员	俳優	배우
密码	秘密番號	비밀번호
紧急用药	砒霜藥	비상약
飞机	飛行機	비행기
还给。交还	返納	반납
戒指	半指	반지
菜肴	飯饌	반찬
放假	放學	방학
广播电台。电视台	放送局	방송국
失眠症	不眠症	불면증
权宜之计	方便	방편
医院	病院	병원
律师	辯護士	변호사
外号	別名	별명
彩票	福券	복권
复印	複寫	복사
规范	本格	본격
奉献	奉仕	봉사
失物	紛失	분실
丢失物品	紛失物	분실물
气氛	雰圍氣	분위기

道歉	謝過	사과(하다)
办公室	事物室	사무실
原委。缘由	事緣	사연
照片	寫真	사진
照相馆	寫眞館	사진관
照相机	寫眞機	사진기
糖	砂糖	사탕
苹果	沙果	사과

叔伯兄弟	四寸	사촌
文件	書類	서류
钟表	時計	시계
开始	始作	시작
考试	試驗	시험
介绍	紹介	소아과
自我介绍书	紹介書	소개서
噪音	騷音	소음
珍贵。宝贵	所重	소중
学费	授業料	수업료
胡须	鬚髥	수염
手续费	手數料	수수료
游泳馆	水泳場	수영장
支票	手票	수표
郊游	消風	소풍
上课	授業	수업
游泳	水泳	수영
星期三	水曜日	수요일
视听室	視聽覺室	시청각실
洗脸	洗手	세수
洗衣店	洗濯所	세탁소
洗衣机	洗濯機	세탁기
洗漱用具	洗面道具	세면도구
洗涤。洗衣	洗濯	세탁
洗涤剂	洗劑	세제
失误	失手	실수
前辈	先輩	선배
鲜鱼	生鮮	생선
礼物	膳物	선물
作业	宿題	숙제
吃饭。用餐	食事	식사(하다)

饭桌	食卓	식탁
先后次序	先着順	선착순
偏爱	選好	선호
提问。问卷	設問	설문
姓名	姓銜	성함
俗语	俗談	속담
汇款	送金	송금
住宿	宿泊	숙박
新职员	新入社員	신입사원
上流阶层	上流層	상류층
生态系统	生態系	생태계
电风扇	扇風機	선풍기
白糖	雪糖	설탕
晋升	昇進	승진

宠物	愛玩動物	애완동물
委屈	抑鬱	억울
条件	與件	여건
养分	營養分	영양분
存款户	預金主	예금주
火炕屋	溫突房	온돌방
完整。完全	穩全	온전(하다)
温泉水。热水	溫湯	온탕
原因	要因	요인
原子能	原子力	원자력
月租	月貰	월세
有段位者	有段者	유단자
油轮	油槽船	유조선
光泽	潤氣	윤기
急诊室	應急室	응급실
正面写字背面空白的纸张	裏面紙	이면지

利息	利子	이자
利率	利子率	이자율
道理	理致	이치
一次性用品	一回用品	일회용품
引导	案內	안내
问候	安否	안부
闹腾	惹端	야단
与否	與否	여부
还是	亦是	역시
收据	領收證	영수증
往返	往復	왕복
饶恕	容恕	용서
雨季	雨期	우기
运命	運命	운명
游船	遊覽船	유람선
服装	衣類	의류
搬家	移徙	이사
一周	一週日	일주일
输入	入力	입력
入场费	入場料	입장료
你好	安寧	안녕
棒球	野球	야구
袜子	洋襪	양말
西装	洋服	양복
西餐	洋食	양식
电影	映畵	영화
上午	午前	오전
下午	午後	오후
邮局	郵遞局	우체국
运动鞋	運動靴	운동화
星期一	月曜日	월요일

医生	醫師	의사
星期日	日曜日	일요일
开车	運轉	운전
人	人間	인간
菜	野菜	야채
药泉水	藥水	약수
护照	旅券	여권
明信片	葉書	엽서
预售	豫賣	예매
收费	料金	요금
邮件	郵便物	우편물
右转	右回轉	우회전
玻璃	琉璃	유리
月薪。工资	月給	월급
天桥	陸橋	육교
饮料	飮料水	음료수
餐馆。饭店	飮食店	음식점
娃娃	人形	인형
入学典礼	入學式	입학식

汽车	自動車	자동차
自行车	自轉車	자전거
仔细	仔詳	자상(하다)
本身	自體	자체
早餐	朝食	조식
急躁情绪	躁急症	조급증
星期	週日	주일
主角	主人公	주인공
订购	注文	주문
身份证号	住民登錄番號	주민등록번호
身份证	住民登錄證	주민등록증

停车场	駐車場	주차장
订单	注文書	주문서
钱包	紙匣	지갑
地铁	地下鐵	지하철
现在。目前	只今	지금
支付	支拂	지불
延迟	遲延	지연
地下通道	地下道	지하도
传统市场	在來市場	재래시장
家庭办公	在宅勤務	재택근무
可回收	再活用	재활용
抱歉	罪悚	죄송
左转	左回轉	좌회전
工作单位	職場	직장
邮递员	集配員	집배원
汽车税	自動車稅	자동차세
子女	子息	자식
储蓄	貯蓄	저축
去除	除去	제거
祭品	祭物	제물
压制	制壓	제압
手套	掌匣	장갑
车站	停車場	정거장
毕业	卒業	졸업
直行	直進	직진
玫瑰	薔薇	장미
提问	質問	질문
特长	長技	장기
鳗鲡	長魚	장어
优点	長點	장점
存款	積金	적금

兴趣。素质	適性	적성
电子邮件	電子郵便	전자우편
分数	點數	점수
停车站	停留場	정류장
二手	中古	중고
二手货	中古品	중고품
二手车	中古車	중고차
残疾人	障碍人	장애인
手续	節次	절차
定居	定着	정착
毕业生	卒業生	졸업생
项目	種目	종목

下届	次期	차기
切断。隔断	遮斷	차단
差异。不同点	差異點	차이점
邀请信	招請狀	초청장
小学校	初等學校	초등학교
中秋	秋夕	추석
又及	追伸	추신
受理。处理	取扱	취급
牙科	齒科	치과
牙齿	齒牙	치아
牙膏	齒藥	치약
蔬菜	菜蔬	채소
窗户	窓門	창문
桌子	冊床	책상
书柜	冊欌	책장
足球	蹴球	축구
庆典	祝祭	축제
虫牙	蟲齒	충치

出席	参席	참석
请柬	請牒狀	청첩장
听取	聽取	청취
朋友	親舊	친구
黑板	漆板	칠판
床	寢臺	침대
书店	冊房	책방

舒适	快適	쾌적

星期六	土曜日	토요일
下班	退勤	퇴근
统计厅	統計廳	통계청
折子	通帳	통장
走读	通學	통학
乒乓球	卓球	탁구
快递	宅配	택배

疲倦。疲劳	疲困	피곤
指示牌	標識板	표지판
信	便紙	편지
销售	販賣	판매
销售量	販賣量	판매량
便利店	便宜店	편의점
信纸	便紙紙	편지지

称呼	呼稱	호칭
后代	後孫	후손
手纸。卫生纸	休紙	휴지
停课	休講	휴강
休息室	休憩室	휴게실

休息日	休日	휴일
海鲜料理	海物料理	해물요리
海鲜	海産物	해산물
口才	話術	화술
星期二	火曜日	화요일
卫生间	化粧室	화장실
公司	會社	회사
职员	會社員	회사원
会餐	會食	회식
韩餐厅	韓食家	한식집
人行横道	横斷步道	횡단보도
折扣店	割印店	할인점
当地人	現地人	현지인
姐夫	兄夫	형부
或许	或是	혹시
宣传	弘報	홍보
宣传部	弘報部	홍보부
退款	還拂	환불
沙尘	黃砂	황사
活动	行事	행사

附录二. 韩语中传自中国的成语

1. 同形同义成语

	汉语成语	韩语成语	汉语成语	韩语成语	汉语成语	韩语成语
ㄱ	街談巷議	가담항의	家和萬事成	가화만사성	苦盡甘來	고진감래
	孤掌難鳴	고장난명	奇岩怪石	기암괴석	教學相長	교학상장
	孤立無援	고립무원	杞人憂天	기인우천	居安思危	거안사위
	開券有益	개권유익	過如不及	과유불급	各樣各色	각양각색
	肝膽相照	간담상조	雞鳴狗盜	계명구도	隔世之感	격세지감
	見利忘義	견리망의	骨肉相殘	골육상잔	鶴立鸡群	군계일학
	國泰民安	국태민안	群雄割據	군웅할거	錦上添花	금상첨화
	捲土重來	권토중래				
ㄴ	怒氣衝天	노기충천	內憂外患	내우외환	落花流水	낙화유수
	男尊女卑	남존여비				
ㄷ	多多益善	다다익선	徒勞無功	도로무공	徒勞無益	도로무익
	大器晚成	대기만성	大驚失色	대경실색	大同小異	대동소이
	大書特筆	대서특필	大逆無道	대역무도	東問西答	동문서답
	同病相憐	동병상련	同床異夢	동상이몽		
ㅁ	毛骨悚然	모골송연	毛遂自薦	모수자천	無窮無盡	무궁무진
	無事安逸	무사안일	萬事大吉	만사대길	萬事如意	만사여의
	萬事亨通	만사형통	萬壽無疆	만수무강	亡羊補牢	망양보뢰
	目不識丁	목불식정	物物交換	물물교환	面貌一新	면모일신
	民心動搖	민심동요	盲人摸象	맹인모상		
ㅂ	富國強兵	부국강병	夫唱婦隨	부창부수	博而不精	박이부정
	博聞強記	박문장기	薄利多賣	박리다매	冰炭不相容	빙탄불상용

	鵬程萬里	붕정만리	百家爭鳴	백가쟁명	百花齊放	백화제방
	百家爭鳴	백가쟁명	百聞不如一見	백문불여일견	百發百中	백발백중
	百戰百勝	백전백승	變化無常	변화무상		

ㅅ	四面楚歌	사면초가	事必歸正	사필귀정	手不釋卷	수불석권
	守口如瓶	수구여병	塞翁失马	새옹지마	殺氣騰騰	살기등등
	上行下效	상행하효	雪上加霜	설상가상	殺身成仁	살신성인
	信賞必罰	신상필벌	新陳代謝	신진대사	束手無策	속수무책
	速戰速決	속전속결	心术不正	심술부정	實事求是	실사구시

ㅇ	吳越同舟	오월동주	嗚呼哀哉	오호애재	愚公移山	우공이산
	悠悠自適	유유자적	有備無患	유비무환	以熱治熱	이열치열
	曖昧不明	애매불명	有名無實	유명무실	意味深長	의미심장
	外柔內剛	외유내강	安贫乐道	안빈낙도	兩虎相鬥	양호상투
	言行一致	언행일치	溫故知新	온고지신	两者择一	양자택일
	人面獸心	인면수심	人山人海	인산인해	人生無常	인생무상
	仁者無敵	인자무적	一刀兩斷	일도양단	一觸卽發	일촉즉발
	一朝一夕	일조일석	一攫千金	일확천금	一葉知秋	일엽지추
	一擧兩得	일거양득	一石二鳥	일석이조	一場春夢	일장춘몽
	一觸卽發	일촉즉발	一字千金	일자천금	一視同仁	일시동인
	一目了然	일목요연	一笑千金	일소천금	一言以蔽之	일언이폐지

ㅈ	自高自大	자고자대	自強不息	자강불식	自力更生	자력갱생
	自給自足	자급자족	自問自答	자문자답	自生自滅	자생자멸
	自我陶醉	자아도취	自暴自棄	자포자기	自畫自讚	자화자찬
	朝三暮四	조삼모사	知彼知己	지피지기	知彼知己	지피지기
	坐不安席	좌불안적	坐井觀天	좌정관천	長幼有序	장유유서
	適者生存	적자생존	全心全力	전심전력	進退維谷	진퇴유곡
	進退兩難	진퇴양난				

ㅊ	天衣無縫	천의무봉	天壤之差	천양지차	忠言逆耳	충언역이

	千差萬別	천차만별	千篇一律	천편일률	清風明月	청풍명월
	天下大亂	천하대란	天下無敵	천하무적	天下壯士	천하장사

ㅌ	兔死狗烹	토사구팽	泰然自若	태연자약		

ㅎ	狐假虎威	호가호위	虎視眈眈	호시탐탐	後生可畏	후생가외
	厚顏無恥	후안무치	喜怒哀乐	희로애락	畫蛇添足	화사첨족

2. 异形同义成语

	中国成语	韩国成语	中国成语	韩国成语	中国成语	韩国成语
ㄱ	掐头去尾	去頭截尾 (거두절미)	孤军奋战	孤軍奮鬥 (고군분투)	古色古香	古色蒼然 (고색창연)
	一成不变	固定不變 (고정불변)	顽固不化	固執不通 (고집불통)	无药可救	救濟不能 (구제불능)
	气焰熏天	氣高萬丈 (기고만장)	异想天开	奇象天外 (기상천외)	气势磅礴	氣勢堂堂 (기세당당)
	过犹不及	過如不及 (과유불급)	改恶从善	改過遷善 (개과천선)	沒齒難忘	刻骨難忘 (각골난망)
	孤注一掷	乾坤一擲 (건곤일척)	见财起意	見物生心 (견물생심)	公正无私	公平無私 (공평무사)
	殘暴無道	極惡無道 (극악무도)	闻所未闻	今始初聞 (금시초문)	刮目相看	刮目相對 (괄목상대)

ㄴ	怒气冲冲	怒髮大發 (노발대발)	老当益壮	老益壯 (노익장)	堅不可摧	難攻不落 (난공불락)
	凌迟处死	淩遲処斬 (능지처참)				

ㄷ	途中下車	半途而废 (닥중하차)	闭门不出	杜門不出 (두문불출)	大书特书	大書特筆 (대서특필)
	胆大包天	大膽無雙 (대담무쌍)	答非所问	東問西答 (동문서답)		

ㅁ	惨不忍睹	目 忍見 (목불인견)	眉清目秀	眉目秀麗 (미목수려)	遍体鳞伤	滿身瘡痍 (만신창이)
	当耳边风	馬耳東風 (마이동풍)	枯燥无味	無味乾燥 (무미건조)	蒙昧无知	無知蒙昧 (무지몽매)
	不相上下	莫上莫下 (막상막하)	长生不老	無病長壽 (무병장수)	白吃白住	無爲徒食 (무위도식)
	囤积居奇	賣店投機 (매점투지)	未雨绸缪	未然防止 (미연방지)		

ㅂ	不计其数	不知其數 (부지기수)	半身不遂	半身 具 (반신불구)	傍若无人	傍若無人 (방약무인)
	覆水难收	覆水 收 (복수불수)	有其父, 必 有其子	父傳子傳 (부전자전)	比比皆是	非一非再 (비일비재)
	游手好闲	白手幹達 (백수건달)	不偏不倚	偏不黨 (불편부당)	长生不老	不老長生 (불로장생)
	错综复杂	複雜多端 (복잡다단)	鹤发童颜	白髮紅顔 (백발홍안)	有百害而无 一益	百害無益 (백해무익)

ㅅ	沧海桑田	桑田碧海 (상전벽해)	生死未卜	生死 明 (생사불명)	始终如一	始終一貫 (시종일관)
	先入为主	先入見 (선입견)	山珍海味	山海真味 (산해진미)	素不相识	生面不知 (생면부지)
	如愿以偿	所願成就 (소원성취)	凑份子	十匙一飯 (십시일반)	袖手旁观	袖手傍觀 (수수방관)
	辞旧迎新	送舊迎新 (송구영신)	成千上万	數千數萬 (수천수만)	贪小失大	小貪大失 (소탐대실)
	举目无亲	四顧無親 (사고무친)	深思熟虑	深思熟考 (심사숙고)	十有八九	十中八九 (십중팔구)

ㅇ	目中无人	眼下無人 (안하무인)	五谷丰登	五穀豊盛 (오곡풍성)	威风凛凛	威風堂堂 (위풍당당)
	一脉相承	一脈相通 (일맥상통)	一丝不苟	一絲不亂 (일사불란)	议论纷纷	意見紛紛 (의견분분)
	意气相投	意氣投合 (의기투합)	语言不通	言語不通 (언어불통)	不得要领	要領不得 (요령부득)

因果报应	因果應報 (인과응보)	脍炙人口	人口膾炙 (인구회자)	不省人事	人事不省 (인사불성)
五十步笑百步	五十步百步 (오십보백보)	一日三秋	一刻如三秋 (일각여삼추)	对牛弹琴	牛耳讀經 (우이독경)
物以类聚	類類相從 (유유상종)	五颜六色	五色玲瓏 (오색영롱)	五彩缤纷	五色燦爛 (오색찬란)
精神抖擞	元氣旺盛 (원기왕성)	目不识丁	一字無識 (일자무식)	没精打采	意氣銷沉 (의기소침)
绰绰有余	餘裕綽綽 (여유작작)	擅自为谋	我田引水 (아전인수)	荒谬绝伦	言語道斷 (언어도단)
剑拔弩张	危機一發 (위기일발)	完美无缺	完全無缺 (완전무결)	独一无二	唯一無二 (유일무이)
日新月异	日就月将 (일취월장)	屡战屡胜	連戰連勝 (연전연승)	一望无际	一望無際 (일망무제)
优柔寡断	優柔不斷 (우유부단)	随机应变	臨機應變 (임기응변)	脍炙人口	人口膾炙 (인구회자)
杀一儆百	一罰百戒 (일벌백계)	虎头蛇尾	龍頭蛇尾 (용두사미)	哑口无言	有口無言 (유구무언)
自食其言	一口二言 (일구이언)				

ㅈ

白手起家	自手成家 (자수성가)	状元及第	壯元及第 (장원급제)	前所未闻	前代未聞 (전대미문)
前途无量	前途洋洋 (전도양양)	反客为主	主客顚倒 (주객전도)	寡不敌众	眾寡不敵 (중과부적)
贼喊捉贼	賊反荷仗 (적반하장)	井然有序	秩序整然 (질서정연)	信心十足	自信滿滿 (자신만만)
自我反省	自我省察 (자아성찰)	一致公认	自他公認 (자타공인)	一蹶不振	再起不能 (재기불능)
杳无音信	終無消息 (종무소식)	德才兼备	才德兼備 (재덕겸비)	自相矛盾	自家撞著 (자가당착)
三天打鱼,两天晒网	作心三日 (작심삼일)	当头棒喝	頂門一針 (정문일침)	举足轻重	左之右之 (좌지우지)
惨无人道	殘忍無道 (잔인무도)	空前绝后	前無後無 (전무후무)	切齿痛恨	切齒腐心 (절치부심)

	朝令夕改	朝令暮改 (조령모개)	出尔反尔	朝變夕改 (조변석개)	一而再, 再而三	再三再四 (재삼재사)
	作茧自缚	自繩自縛 (자승자박)	自作自受	自業自得 (자업자득)		

ㅊ	天怒人怨	天人共怒 (천인공노)	千载难逢	千載一遇 (천재일우)	开天辟地	天地開闢 (천지개벽)
	开天辟地	天地開闢 (천지개벽)	秋风扫落叶	秋風落葉 (추풍낙엽)	酒后吐真言	醉中真談 (취중진담)
	天真无邪	天真無垢 (천진무구)	言过其实	針小棒大 (침소봉대)		

ㅍ	表里不一	表裏不同 (표리부동)	平地起风波	平地風波 (평지풍파)	骨瘦如柴	皮骨相接 (피골상접)
	半斤八两	彼此一般 (피차일반)	暴虐无道	暴惡無道 (포악무도)	家破人亡	敗家亡身 (패가망신)

ㅎ	下落不明	行方不明 (행방불명)	血气方刚	血氣旺盛 (혈기왕성)	好事多磨	好事多魔 (호사다마)
	津津有味	興味津津 (흥미진진)	引领而望	鶴首苦待 (학수고대)	安于现状	現狀維持 (현상유지)
	满面春风	喜色滿面 (희색만면)	哑口無言	緘口無言 (함구무언)	言谈举止	行動擧止 (행동거지)
	荒诞无稽	荒唐無稽 (황당무계)	开诚布公	虛心坦懷 (허심탄회)	板上钉钉	确固不動 (확고부동)
	点睛之笔	畫龍點睛 (화룡점정)				

附录三. 韩语中传自中国的俗语

1. 同形同义俗语(46个)

汉语俗语	韩语俗语
狗改不了吃屎	개가 똥을 마다할까
贫贱之交不可忘, 糟糠之妻不下堂	가난했을 때 사귄 친구는 잊을 수 없고, 고생을 같이 한 조강지처는 버릴 수 없다
苦尽甘来, 否极泰来	고생 끝에 낙이 온다
来得早, 不如赶得巧	가는 날이 장날
敬酒不吃吃罚酒	권하는 술은 마시지 않고 벌주를 마신다
久病床前无孝子	긴 병에 효자 없다
有其父必有其子	그 아버지에 그 아들
只见树木, 不见森林	나무만 보고 숲을 보지 못한다
坏事传千里	나쁜 소문이 빨리 퍼진다
以眼还眼, 以牙还牙	눈에는 눈 이에는 이
有钱能使鬼推磨	돈만 있으면 귀신도 부린다
快马加鞭, 永不下鞍	달리는 말에 채찍질
宁为鸡头, 不为牛后	닭 벼슬은 될망정 소 꼬리는 되지 마라
无消息即好消息	무소식이 희소식
一语值千金	말 한마디로 천냥 빚을 갚는다
只要功夫深, 铁杵磨成针	무쇠도 갈면 바늘이 된다
人老心不老	몸은 늙어도 마음은 늙지 않는다
含在嘴里怕化了, 攥在手里怕碎了	불면 꺼질까 쥐면 터질까
肚脐比肚子大	배보다 배꼽이 더 크다
一分耕耘一分收获	뿌린 대로 거둔다
一个巴掌拍不响	손바닥도 마주쳐야 소리 난다
人死留名, 豹死留皮	사람은 죽어서 이름을 남기고 호랑이는 죽어서 가죽을 남긴다
好的开始是成功的一半	시작이 반이다
时间是最好的良药	시간이 약이다

不打不相识	싸우면서 서로를 이해하게 되다
塞翁失马, 焉知非福	인생사 새옹지마
无火不生烟	아니 땐 굴뚝에 연기 날까
母鸡叫, 要败家	암탉이 울면 집안이 망한다
能哭的孩子有奶吃	우는 아이 젖 준다
井底之蛙	우물 안의 개구리
良药苦口利于病	입에 쓴 약이 병에는 좋다
冤家对头, 窄路相逢	원수는 외다리 나무에서 만난다
养儿方知父母恩	자식을 낳아 키워보아야 부모의 은혜를 안다
把吃奶的气力也使尽了	젖 먹던 힘까지 다하다
好事多磨	좋은 일에는 방해되는 일이 많다
忠言逆耳利于行, 良药苦口利于病	좋은 약은 입에 쓰지만 병에 이롭고, 충언은 귀에 거슬리지만 행함에 이롭다
忠臣不事二主, 烈女不嫁二夫	충신은 두 군주를 섬기지 않고, 열녀는 두 남자에게 시집가지 않는다
千里之行, 始于足下	천 리 길도 한 걸음부터
胳膊肘往里拐	팔은 안으로 굽는다
上天摘星星	하늘의 별 따기
天助自助之人	하늘은 스스로 돕는 자를 돕는다
一日不见, 如隔三秋	하루를 못 보니 3년이나 못 본거 같다
只知其一, 不知其二	하나만 알고 둘은 모른다
不入虎穴焉得虎子	호랑이를 잡으려면 호랑이 굴에 들어가야 한다
画虎不成反类狗	호랑이를 그리려다가 강아지를 그린다
太阳从西边出来	해가 서쪽에서 뜨겠다
一个锅里吃饭	한솥밥 먹는 사이

2. 同形异义俗语(8个)

汉语俗语	韩语俗语
此一时彼一时 ：指时势不同, 情况也会随之改变	차일피일 ：要干的事情不干, 总是拖延
鸡蛋里挑骨头 ：百般挑剔	계란에도 뼈가 있다 ：形容运气不好的人会遇到意想不到的麻烦
靠在井边也被渴死 ：形容人很懒惰	우물 옆에서 말라 죽겠다 ：形容人无知, 没有灵活性
竹篮打水一场空 ：形容人白忙一场, 徒劳无功	대바구니로 물을 푸다 ：形容人挣钱很少, 但花钱很多
灯台不照自己 ：看不到自己的缺点	등잔 밑이 어둡다 ：知道离自己远的事情, 却不知道自己身边的事情
喝口凉水都塞牙 ：形容人很倒霉	냉수 먹고 이 쑤시기 ：形容人没有钱却装门面
一锥子扎不出血 ：形容人不爱讲话, 对外界事物反应慢	바늘로 찔러도 피 한 방울 안 난다 ：形容一个人很冷酷, 没有人情味
鱼离水, 草离根 ：比喻失去了根本, 离开适合自己生存的环境	물 밖에 난 물고기 ：比喻已经陷了危险的情况

3. 异形同义俗语(56个)

汉语俗语	韩语俗语
一礼还一礼；礼尚往来	가는 말이 고와야 오는 말이 곱다 (你不说他秃, 他不说你眼瞎)
树欲静而风不止	가지 많은 나무 바람 잘 날 없다 (多枝的树上风不止)
五十步笑百步；以五十步笑百步	겨 묻은 개가 똥 묻은 개를 나무란다. (一嘴屎的狗骂一嘴糠的狗)
千里长堤, 溃于蚁穴	개미구멍이 큰 뚝 을 무너뜨린다 (一蚁之毁, 可以决堤)

好了伤疤忘了疼	개구리 올챙이적 생각 못 한다 (青蛙不记得自己曾经也是嫩蚪)
画中之饼	그림의 떡 (画中之米糕)
无牛捉了马耕田	꿩대신닭 (以鸡代雉)
隔墙须有耳, 窗外岂无人；隔墙有耳；墙有风壁有耳；壁有耳	낮말은 새가 듣고 밤 말은 쥐가 듣는다 (昼语有鸟听, 夜语有鼠听)
眼中钉, 肉中刺	눈엣가시 (眼中刺)
煮熟的鸭子飞了	다 된 죽에 코 풀기 (熬好的粥里擤鼻涕)
半斤对八两	도토리 키 재기 (两个橡子之间争高矮)
贼去了关门	도둑맞고 사립 고친다. 소 잃고 외양간 고친다 (贼走了才修柴扉。亡牛补牢)
身在曹营心在汉	마음이 콩밭에 가있다 (人心放在豆地)
枪打出头鸟；枪打出头鸟, 刀砍地头蛇	모난 돌이 정 맞는다 (有棱角的石头挨凿打)
知事少时烦恼少；无知便是福	모르는 게 약이다 (耳不听, 心不烦。不知道是一种药)
病急乱投医	물에 빠지면 지푸라기라도 잡는다 (落水哪怕稻草也抓)
猪八戒上阵倒打一耙	물에 빠진 놈 건져 놓으니까 내 봇짐 내라 한다 (我救了你的命, 你却向我要包)
一个老鼠坏了一锅汤	미꾸라지 한 마리가 온 웅덩이를 흐려놓는다 (一条泥鳅搅混了一池水)
响水不开, 开水不响	물은 깊을수록 소리가 없다 (水深不响)
小时偷油, 大时偷牛	바늘 도둑이 소 도둑 된다 (偷针的小偷会变成偷牛的贼)

人心不足蛇不吞象	바다는 메워도 사람의 욕심은 못 채운다 (海能填平, 欲壑难填)
夫妇无隔宿之仇	부부싸움은 칼로 물 베기 (夫妇打架如刀劈水)
一传十, 一传百	발 없는 말이 천리 간다 (话无腿行千里)
打一巴掌揉三揉	병 주고 약 주고(给病又给药)
远来的和尚会念经	본지(본 부서)의 인재는 중시하지 않고, 외지(외부 부서)의 인재를 더 신임하다. [外地(外部单位)的人才比本地(本部门)的人才更信任]
一瓶醋不响, 半瓶醋晃荡； 一瓶子不响, 半瓶子晃荡	빈 수레가 더 요란하다 (空车响声反而大)
江山易改本性难移	세 살 적 버릇이 여든까지 간다 (三岁习惯, 八十依旧)
瞎猫碰上死耗子	소경이 문고리를 잡는다 (瞎子摸门环儿)
一寸光阴一付金	시간은 금이다 (时间就是黄金)
小菜一碟(儿)；易如反掌；不费吹灰之力	식은죽 먹기. 누워서 떡 먹기. 땅 짚고 헤엄치기 (喝凉粥。躺着吃米糕。趴在岸上游水)
对牛弹琴	소 귀에 경읽기 (对着牛耳读经)
过了一关又是一关	산 넘어 산 (过了一山又是一山)
贪贱买老牛	싼 게 비지떡 (便宜的是豆渣饼)
瘦死的路蛇比马大	썩어도 준치 (腐烂了也是鲥鱼)
一条道走到黑	우물을 파도 한 우물만 파라 (挖井也要挖一口井)

知人知面不知心	열 길 물속은 알아도 한 길 사람 속은 모른다 (十丈深潭可测, 一拃人心难知)
拳头不打笑脸	웃는 얼굴에 침 뱉으랴 (笑脸上难吐吐沫)
马有失蹄, 人有失足；人有失错, 马有失蹄；马有漏蹄, 牛有失脚；人有失错, 马有漏蹄；智者千虑, 必有一失；老虎也有打盹儿的时候	원숭이도 나무에서 떨어질 때가 있다(猴子也会从树上掉下来)
功夫不负有心人	열 번 찍어 안 넘어가는 나무 없다 (没有十斧砍不倒的树)
骑着驴找驴	업은 아이 삼 년 찾는다 (背着孩子找三年)
一朝被蛇咬, 十年怕井绳	자라보고 놀란 가슴 솥뚜껑보고 놀란 다(被王八惊吓, 看见锅盖也害怕)
人倒了霉放个屁也碰脚后跟	재수없는 놈은 뒤로 자빠져도 코가 깨진다 (人要倒霉, 往后倒下也摔破鼻子)
肥水不流外人田	제 논에 물 대기 (往自家田里灌水, 只顾自己)
只要功夫深, 铁杵磨成针	지성이면 감천이라 (至诚感天, 心到神知)
人不知, 鬼不觉	쥐도 새도 모르게 (鼠不知, 鸟不知)
真心对真心, 石头变黄金	정성이 지극하면 돌 위에도 풀이 난다(精诚所至, 石上长草)
近朱者赤, 近墨者黑	좋은 사람을 가까이 하면 좋게 변하고, 나쁜 사람과 가까이 하면 나쁘게 변한다 (近好人变好, 近坏人变坏)
一口吃不了个大胖子	첫 술에 배부르랴 (一口酒不饱)
种瓜得瓜, 种豆得豆	콩심은데 콩나고 팥심은데 팥난다 (种豆得豆, 种红豆得红豆)
积土成山	티끌 모아 태산 (灰尘聚集成泰山)

平时不烧香, 临时抱佛脚	평소에 준비하지 않고 있다가 그 때가 되어 급하게 서두르다 (平时不准备, 临时急慌慌)
天无人之路	하늘이 무너져도 솟아날 구멍은 있다(天塌下来也有洞钻出)
初生牛犊不怕虎；二初生犊儿不怕虎； 初生之犊不惧虎；二初生之犊猛于虎； 初生兔儿不识虎；	하룻강아지 범 무서운 줄 모른다 (出生小狗不怕虎)
天上掉馅儿饼	호박이 넝쿨째 굴러 들어오다 (南瓜连藤掉下来)
说曹操, 曹操就到	호랑이도 제 말하면 온다 (说老虎, 老虎就到)
丢了西瓜捡了芝麻；丢了西瓜拣芝麻； 丢了黄金抱碌砖	한 논 팔아 밭 산다 (卖水田买旱田)

박경진(朴慶珍)

중국 하얼빈 흑룡강대학교에서
중국어문학을 전공하여 학사를 졸업하고,
중국어국제교육학과로 석사 졸업,
중국어문자학으로 박사학위를 받았다.
중국 흑룡강 외국어대학교에서 외국인교수,
중국 하얼빈직업기술대학교에서 외래교수,
한국 백석예술대학교에서 중국어학과
외래교수를 지냈다.

논문으로는『新汉语水平考试真题集』(HSK5级),
『中韩思想文化传播历史概述』,
『汉韩语言接触研究』등을 발표했다.

社会语言学

汉韩语言接触研究

以语音、词汇、语法、文字为中心

초판 1쇄 발행 _ 2019년 12월 10일

저　　자 • 박 경 진
발 행 인 • 정 현 걸
발　　행 • 신 아 사
인　　쇄 • 대명프린팅
출판등록 • 1956년 1월 5일 (제9-52호)
주　　소 • 서울특별시 은평구 통일로 59길 4 (2층)
전　　화 • 02)382-6411 · 팩스 02)382-6401
홈페이지 • www.shinasa.co.kr
E-MAIL • shinasa@daum.net

ISBN 978-89-8396-367-3 (93720)

정가 16,000원